本书为西安交通大学2025年度基本科研业务费重大成果专项资助项目

刑事证明标准的二元建构

The Dual Construction of Criminal Proof Standards

寿媛君　著

法律出版社
LAW PRESS · CHINA
北京

图书在版编目（CIP）数据

刑事证明标准的二元建构 / 寿媛君著. -- 北京 : 法律出版社, 2025. -- ISBN 978 - 7 - 5244 - 0651 - 8

Ⅰ. D925.213.4

中国国家版本馆 CIP 数据核字第 2025SG2166 号

刑事证明标准的二元建构
XINGSHI ZHENGMING BIAOZHUN DE ERYUAN JIANGOU

寿媛君 著

策划编辑 李 军
责任编辑 李 军
装帧设计 李 瞻

出版发行 法律出版社
编辑统筹 法律应用出版分社
责任校对 王晓萍
责任印制 刘晓伟
经　　销 新华书店

开本 710 毫米 × 1000 毫米 1/16
印张 8.625 **字数** 250 千
版本 2025 年 9 月第 1 版
印次 2025 年 9 月第 1 次印刷
印刷 河北虎彩印刷有限公司

地址：北京市丰台区莲花池西里 7 号（100073）
网址：www.lawpress.com.cn
投稿邮箱：info@lawpress.com.cn
举报盗版邮箱：jbwq@lawpress.com.cn
销售电话：010 - 83938349
客服电话：010 - 83938350
咨询电话：010 - 63939796

书号：ISBN 978 - 7 - 5244 - 0651 - 8
定价：58.00 元
凡购买本社图书，如有印装错误，我社负责退换。电话：010 - 83938349

目录

绪　论

在刑事诉讼证明活动中，刑事证明标准是一个可以涉及刑事诉讼全部内容的复杂概念。其因蕴含深厚且庞杂的理论，又因在实践中具有较大争议而难以一言以蔽之。

1979 年我国第一部《刑事诉讼法》用“案件事实清楚，证据确实、充分”的表述界定了刑事证明标准。1996 年《刑事诉讼法》迎来第一次修改，沿用了此表述。直至 2010 年 6 月，最高人民法院、最高人民检察院、公安部、国家安全部、司法部联合发布《关于办理死刑案件审查判断证据若干问题的规定》《关于办理刑事案件排除非法证据若干问题的规定》（以下简称“两个证据规定”），对“案件事实清楚，证据确实、充分”的理解与适用进行了比较细致的解释。其中，《关于办理死刑案件审查判断证据若干问题的规定》分别解释了“事实的证明”应当达到的标准，从 5 个方面解释了证据“确实、充分”的内涵。2012 年,我国《刑事诉讼法》的第二次修改,将“两个证据规定”的证明标准内容上升至法律规范层面。2018 年,《刑事诉讼法》的第三次修改,保留了“事实清楚,证据确实、充分”内容。《刑事诉讼法》第 55 条第 2 款规定:“证据确实、充分”应当符合以下 3 个条件:(1)定罪量刑的事实都有证据证明;(2)据以定案的证据均经法定程序查证属实;(3)综合全案证据,对所认定事实已排除合理怀疑。在《刑事诉讼法》历经 3 次修改期间,最高人民法院、最高人民检察院等国家机关又先后发布了关于证据、证明的司法解释,从司法实践的角度不断对刑事证明标准进行了科学化的阐释。

尽管我国《刑事诉讼法》的刑事证明标准法律规范日益科学化,但仍在理论研究、司法改革、实践适用、配套制度保障等方面存在矛盾之处,掣肘刑事诉讼证明活动。首先,刑事诉讼证明活动是认识犯罪事实的过程,认识具有递进性。当前,刑事证明标准立法采用了统一标准。立法规范与认知规律、司法规律的龃龉会导致刑事证明标准在实践适用中的异化。其次,自党的十八届四中全会提出“以审判为中心”的诉讼制度改革,统一证明标准与“以审判为中心”的改革方向的适配度亦成为学界讨论的热门话题。刑事诉讼审前程序是否适用证明标准?刑事诉讼证明活动是围绕证据、事实、法律展开证明、论证的活动。有关程序合法性与案件事实真相的发现、证明贯穿刑事诉讼的始终。如果适用证明标准,审前程序与审判程序适用相同的证明标准,又如何体现刑事诉讼以审判为中心?再次,《刑事诉讼法》关于证据确实、充分的阐释吸纳“排除合理怀疑”,尽管契合我国刑事诉讼证明确立的“主客观结合”的特点，但主观标准与客观标准的耦合方法语焉不详。主观标准的适用应当能有效区隔自由裁量与主观恣意以约束或者保护裁判者独立作出裁判，但“排除合理怀疑”作为舶来品，产生它的“土壤”条件与我国既有制度基础存在的共性与差异，导致立法层面热烈支持，而在司法实践层面遭受冷遇。最后，我国既有的审判组织议事规则，与“排除合理怀疑”存在制度层面的矛盾。“排除合理怀疑”是多数服从少数的决策方式，这与我国审判组织“少数服从多数”的决策方式存在明显的矛盾。配套的司法责任制度规范了司法机关、司法人员行使司法权的正当性，在一定程度上增加了司法人员的决策面临的风险。当决策机制与保障制度之间存在嫌隙时，刑事证明标准的适用不可避免地会发生“漂移”。

准确认定案件事实既涉及刑法的正确适用，也涉及实现保障无罪的人不受刑事责任追究的目标。事实认定的过程是集合经验认知与彰显法律正当程序的过程，是司法裁判的核心价值。认定结果的准确性是裁判公正与可被接受的基础。理性、公正地认定事实的出发点与落脚点聚焦在证据与证明上。刑事证明标准是一个国内外普遍关注的理论与实践问题，中外学者关于刑事证明标准的研究一直没有停歇。刑事证明标准的研究离不开“司法”语境，司法是在专门机关与当事人共同参与之下，依照法定程序与要求展开的活动。刑事证明标准与证明主体、诉讼证明、证据规则、证明责任等制度呈现有机联系。证明主体依照刑事诉讼规则认定案件事实，诉讼证明活动受制于证据规则，达到证明标准得以卸除证明责任。相应的制度设计与运行难以截然分开。因此，刑事证明标准的研究不得不置于诉讼证明的框架内，从证明程序、证据规则、证明责任之间有机联系的视角展开讨论,方能厘清刑事诉讼中对案件事实的证明应当达到何种程度,才能兼容地实现实体公正与程序公正。

我国刑事诉讼法即将迎来的第四次修改为刑事证明标准的理论探索与制度完善提供了宝贵的契机。借此机会,在理论上系统地梳理刑事证明标准的内涵、特征、演化过程等内部要素,从静态视角研究与之适配的证明主体、证明对象、证明责任等外部制度。再从演化视角比较国内外刑事证明标准嵌入的诉讼目的、诉讼构造等的差异,爬梳我国刑事证明标准内涵在司法实践中的流变,以分析我国刑事证明标准的特点、优点与不足,探查舶来的"排除合理怀疑"主观标准耦合我国既有证明标准的路径,可为刑事证明标准在理论层面与制度层面的完善提供有益的借鉴。

刑事证明标准是否能够一概而论?何种程度的证明标准既不会超越人类认识能力,也不会因为过分追求还原真相而侵害其他的合法利益。早期有学者认为,标准的客观化、具体化特性,与法官判断案件事实的主观性、证明标准的抽象性是格格不入的,这种标准的构建只能是一种"乌托邦"式的空想。① 证明程度的把握只能在确定的原则和理念指导下,法官凭借自己的良心和知识,对个案进行综合判断。相反,也有学者认为,司法证明的标准是指司法证明必须达到的程度和水平,是衡量司法证明正确与否的依据和准则。② 标准是抽象或具体是相对而言的,然而,如何判

---

① 参见张卫平:《证明标准建构的乌托邦》,载《法学研究》2003 年第 4 期。

② 参见何家弘:《司法证明标准与乌托邦——答刘金友兼与张卫平、王敏远商榷》,载《法学研究》2004 年第 6 期。

断“具体”“抽象”也离不开人们的主观判断。证明标准是否统领证据的客观性与证明的主观性,在抽象概括与具体指引之间寻求平衡,既是刑事证明标准面临的难点,也是刑事证明标准需要与否的争议焦点。国外学术研究成果的引入,为我国的相关研究带来了新鲜的研究对象与观点、思路,逐步衍生出与自由心证证明制度相关的比较研究,产生了自由心证与印证等证明模式①、客观真实与法律真实②等的观点碰撞。

1. 客观真实与法律真实之辩

在对国家的诉讼证明活动深入了解之前,我国的理论界缺乏对诉讼证明理论与制度的系统性研究。③ 1979 年《刑事诉讼法》即确定了“事实清楚,证据确实、充分”的证明标准。

我们对客观真实的理解,是以马克思主义认识论为基础的。④理论界在辩证唯物主义认识论的影响下,认为定罪证明标准坚持客观真实说。20 世纪 90 年代以来,强调案件真实的客观性。根据辩证唯物主义可知论与反映论原理,司法人员也完全有可能对案件事实作出符合客观实际的认定。⑤ “客观真实”说要求,在任

---

① 参见易延友:《对自由心证哲学基础的再思考》,载《比较法研究》1998 年第 2 期;龙宗智:《印证与自由心证——我国刑事诉讼证明模式》,载《法学研究》2004 年第 2 期;汪海燕、胡常龙:《自由心证新理念探析——走出对自由心证传统认识的误区》,载《法学研究》2001 年第 5 期。

② 参见樊崇义:《客观真实管见——兼论刑事诉讼证明标准》,载《中国法学》2000 年第 1 期;裴苍龄:《论实质真实》,载《中国刑事法杂志》1999 年第 4 期。

③ 参见王超:《中国刑事证据法学研究的回顾与转型升级》,载《法学评论》2019 年第 3 期。

④ 参见徐益初、肖贤富编著:《刑事诉讼证据学基础知识》,法律出版社 1983 年版,第 12 页。

⑤ 参见陈一云主编:《证据学》(第 2 版),中国人民大学出版社 2000 年版,第 34 页。

何情况下证明主体的认知都必须与客观真实相符，这引起了学界的质疑和批判。

从哲学与法学的视角分析，客观真实是在诉讼场域的客观真实，应当是指经过人的主观认知而获得的事态为真实的结果，是认识论范畴的概念。① 在诉讼程序运行中，极力追求客观真实既有可能导致对犯罪嫌疑人、被告人权利保障的轻视或者忽视，与现代诉讼理念相悖，也有可能违反我国签署的相关国际公约的要求。② 龙宗智教授从诉讼证明模式的向度揭示了我国的印证证明模式导致刑事诉讼秉持“客观真实”证明标准，并从证明标准的运行现状论证随着我国刑事诉讼制度对人权保障的重视程度日渐提升，有一些案件尽管有证据支持但无法达到相互印证的要求。同时，证明标准设定不太符合司法现实，在实践中发生了嬗变，反而会产生冤假错案。故否定了“客观真实”的证明标准。③ 诉讼程序并非为了片面追求客观真实，而不顾当事人饱受讼累之苦的制度。左卫民教授从法官的立场分析，以客观真实为证明标准，法官在诉讼中主动调查收集证据，查明案件，重实体轻程序，诸如此类的结果都与对客观事实真相孜孜不倦的理论追求和制度取向一脉相承。熊秋红教授立足司法实践也认同这一观点，法律判决

---

① 参见舒国滢：《“事实”与“案件事实”概念之再探讨——基于哲学与法学双重视角》，载《清华法学》2024年第4期。

② 参见樊崇义：《客观真实管见——兼论刑事诉讼证明标准》，载《中国法学》2000年第1期；陈瑞华：《刑事诉讼的前沿问题》(第4版)，中国人民大学出版社2013年版；黄胜、曹瑜：《重建我国刑事诉讼证明标准确有必要》，载《法学杂志》2007年第6期。

③ 参见任伊珊、田应朝：《对“以事实为根据”的再认识》，载《政法论坛》1999年第1期。

一贯主张的事实认定应当达到“客观真实”的程度，但在实践中证据大多达不到这种证明要求。裴苍龄教授另辟蹊径，从理论层面运用比较研究方法，在《论证明标准》中鲜明提出，客观真实不能构成证明标准，西方的高度盖然性也不能成为证明标准。从真实性的立场反驳了可能性作为刑事证明标准的正当性，最终提出司法证明的高标准是实质真实，低标准是形式真实。

来自不同研究方向的学者对刑事证明标准从内含要素与外部制度的研究表明，学术界关于刑事证明标准的探究与反思，与域外相关研究的部分观点有一定的共识。在证明事实真相的方法探讨与反思中，对形式真实也有所关照，逐步显露出刑事诉讼程序的独立价值。以客观真实与诉讼效率的双重追求为目的，法律真实应运而生。学术界的研究揭示了发现案件真实与保障人权、程序正义、诉讼效率等多元价值应当兼顾，坚持客观真实与法律真实相结合。① 形成诉讼证明标准应当是实体真实与形式真实二元标准的辩证统一。

尽管真实之争摒弃了非此即彼的研究模式，不再针锋相对，更多研究偏向于两者如何融合以体现公平兼顾效率的价值追求。但是，无论是客观真实还是法律真实均未给予证明标准以确切内涵。

2. 自由心证与印证之争

在诉讼证明的历史上，前后经历了 3 种证明模式。最早出现的是神明裁判模式，即将判断证明是否达到证明标准的权力交付

① 参见李玉华：《哲学上的真理和诉讼中的真实》，载《西北大学学报（哲学社会科学版）》2007 年第 4 期。

给神的意志,作出事实判定。随着科技祛魅的发展,渐渐产生了法定证明模式,即证据与待证事实的证明力大小由法律预设,通过证据证明力计算获得裁判结论。最后是自由心证模式,即由裁判者根据案件的实际情况,证据材料与经验、逻辑,对案件事实的证明是否达到证明标准作出判断。

在国际主流的证据理论研究中,已经采用证据论与证明论分立模式,我国关于证明理论的研究还处于证明对象、证明标准、证明责任等制度层面的探讨,关于证明方法或证明模式的研究相对薄弱。① 直至21世纪初,随着域外证明理论的日渐引入,学术界开始探讨大陆法系的自由心证理论。一方面,有学者认为,自由心证的合理之处在于,它适应并反映了证据与事实之间,即证明根据与证明目的之间逻辑关系的多样性,适应并反映了影响事实判定各种因素的复杂性,重要之处在于,它充分尊重了人作为认识主体把握客观事实的能力。②

另一方面,有学者总结中国本土的司法实践经验,提出"印证"的证明方法。印证法是指将若干证据所分别证明的若干事实结合起来进行验证,以考察它们之间是否相互呼应、协调一致的方法。③ 印证证明既适用于个别证据的判断,也适用于证据的综合判断,还适用于对证据真实性、合法性和相关性的判断,属于自由心证的亚类型。④ 该观点丰富了我国司法证明的理论体系,对

① 参见肖胜喜:《刑事诉讼证明论》,中国政法大学出版社1994年版,第107页。

② 参见龙宗智:《印证与自由心证——我国刑事诉讼证明模式》,载《法学研究》2004年第2期。

③ 参见陈一云主编:《证据学》,中国人民大学出版社1991年版,第115页。

④ 参见龙宗智:《刑事印证证明新探》,载《法学研究》2017年第2期。

证据法学研究产生了重大影响。① 印证证明的优势在于:其一,可以提高证明结论的可靠性。其二,印证带来的外显性便于实践的检验与把握。"印证"也成为司法解释与司法解释性文件中指导证据运用或者认证方法的高频词汇。另有学者也对印证提出了疑问。认为"印证"从最初的证明标准判断扩张到证据的采信,甚至采纳,带来实践风险。② 如果案件中的待证事实都需要有两个以上证据印证才能证明,这会激励司法实践出现偷工取巧和以次充好两种不当做法。③ 办案人员为了避免无罪判决的不利后果,可能会在勉强印证时弄虚作假,而且这种"形式化的操作标准"还可能对侦查人员制造"表面印证"形成一种"反向鼓励"。④

学术界关于印证证明模式的讨论逐渐揭示,这种来自司法实践经验总结的证明方法未能在理论层面形成揭示证据与证据、证据与待证事实之间的关系,⑤因此饱受争议,甚至因无法防范冤假错案而被质疑能否处于诉讼证明实践中的主导地位。⑥ 基于此,学术界开始斟酌印证作为事实认定方法的机理,以解决印证模式的实践性与理论有效性的种种迷思。

有学者从程序正当性的角度回应印证证明模式的主导地位

---

① 参见何家弘:《司法证明模式的学理重述——兼评"印证证明模式"》,载《清华法学》2021 年第 5 期。

② 参见吴洪淇:《印证的功能扩张与理论解析》,载《当代法学》2018 年第 3 期。

③ 参见何家弘:《司法证明模式的学理重述——兼评"印证证明模式"》,载《清华法学》2021 年第 5 期。

④ 参见林劲松:《刑事审判书面印证的负效应》,载《浙江大学学报(人文社会科学版)》2009 年第 6 期。

⑤ 参见吴洪淇:《印证的功能扩张与理论解析》,载《当代法学》2018 年第 3 期。

⑥ 参见左卫民:《"印证"证明模式反思与重塑:基于中国刑事错案的反思》,载《中国法学》2016 年第 1 期。

受到非议的问题，认为印证证明模式具有合理性与普适性，现在饱受质疑的原因在于印证规则与程序机制相互限制、相互作用，是因为程序规则不足掩盖了印证证明模式的优越性。① 另有学者从法庭科学的角度审视印证证明模式，认为事实认定可以打破“心证”不可言说的神话，通过“证据之镜”原理与模糊概率对过往事实作出经验推论。② 还有学者从印证模式的生成背景展开论证印证与心证分别应有的正当性。从审判中心主义的视角分析认为，印证规则生成于我国刑事化的庭审证明活动，庭审活动的实质化转向会呼唤自由心证的回归。③ 从国家治理的整体主义视角分析认为，印证证明模式产生的直接原因是非直接和非言词的审理方式、审理与判定的分离。近年来有所改善，但法律规范在某些方面反而强化印证模式，这与我国目前整体主义之理论逻辑等是契合的。④

自由心证与印证之争先后经历了两轮激烈的辩论。第一轮辩论可以概括为印证作为从实践中总结的经验方法与域外自由心证法律移植方法，从比较法层面寻找理论共识的过程。第二轮辩论可以概括为，印证证明和自由心证证明与中观的刑事诉讼制度、宏观的国家治理体系契合度的讨论。可见，印证也好，心证也罢，尽管根植于不同的制度土壤与文化氛围，但经过在我国的适

---

① 参见向燕：《“印证”证明与事实认定——以印证规则与程序机制的互动结构为视角》，载《政法论坛》2017 年第 6 期。

② 参见张保生：《事实、证据与事实认定》，载《中国社会科学》2017 年第 8 期。

③ 参见杨波：《审判中心下印证证明模式之反思》，载《法律科学（西北政法大学学报）》2017 年第 3 期。

④ 参见龙宗智：《“印证”的治理》，载《法学家》2022 年第 2 期。

应性融合，渐渐生出诉讼证明模式自主话语体系的萌芽。心证与印证的探讨也从水火不容的对立发展到“你中有我、我中有你”的融合性讨论。

3.“排除合理怀疑”诠释刑事证明标准之争

大陆法系法律体系与普通法系证明标准在我国发生融合。从法律体系的层面来看，我国的刑事诉讼主要继受大陆法系国家的传统，是以还原事实真相为目标。诉讼模式带有职权主义色彩。若以普通法系证明标准的“排除合理怀疑”作为断案的标准，则会产生以下疑问：“排除合理怀疑”与大陆法系的“内心确信”内涵相同吗？两者在我国刑事诉讼程序框架下能否融合？[①]“排除合理怀疑”能否准确诠释“犯罪事实清楚，证据确实、充分”？既有研究从法律移植的角度分析了证明标准能否南橘北枳这一问题。

从法律移植层面来看，有学者建议我国可以适当引入域外的心证方法，以破解印证模式下诉讼案件证据“一对一”无法定案的难题，形成客观标准与主观标准相互弥补的混合模式，以修正既有证明标准的不足。[②] 但已有多位学者就“排除合理怀疑”的引进

---

① 参见陈光中教授、龙宗智教授等学者的观点，在其公开发表的学术论文《评自由心证》和《我国刑事诉讼的证明标准》中，均详细比较两者存在多方面的同一性。李昌盛教授的《排除合理怀疑等于内心确信吗？》则详细论证两者存在的诸多不同。

② 参见龙宗智：《印证与自由心证——我国刑事诉讼证明模式》，载《法学研究》2004 年第 2 期；蔡元培：《论印证与心证之融合——印证模式的漏洞及其弥补》，载《法律科学（西北政法大学学报）》2016 年第 3 期；陈光中、陈海光、魏晓娜：《刑事证据制度与认识论——兼与误区论、法律真实论、相对真实论商榷》，载《中国法学》2001 年第 1 期。

与解读问题发表了不同评论视角的学术论文。[①] 部分学者认为，“排除合理怀疑”在中国运用需要注重证明方法的消极解构，是从追求真实之要求向追求真实之信念的转变，是证明标准本质的回归。需要以审判为中心的诉讼模式构建为基础，佐以心证形成过程的程序要求和证据规则制度保障。[②] “排除合理怀疑”作为英美证据法上的专门术语，在其源起之地尚且具有极大争议，贸然引进，会对我国当前追求绝对确定的可能性的证明标准造成混乱。[③] 另有观点认为，出于准确定罪与保障人权的目的，“排除合理怀疑”并非降低证明标准，而是从应然到实然的转移。[④] 从有力打击犯罪的角度考虑，部分复杂的刑事案件，案件事实的证明确实难以达到确信无疑的程度，可以适当降低证明标准，达到“排除合理

---

① 参见陈瑞华：《刑事证明标准中主客观要素的关系》，载《中国法学》2014 年第 3 期；周塞军、熊秋红：《对“自由心证”原则的思考》，载《法律科学（西北政法学院学报）》1993 年第 3 期；陈光中：《评自由心证》，载《北京政法学院学报》1982 年第 1 期；杨宇冠、郭旭：《“排除合理怀疑”证明标准在中国适用问题探讨》，载《法律科学（西北政法大学学报）》2015 年第 1 期。文章提出合议庭和审判委员两种审判组织可能面对更多的重大、疑难案件的决议。而适用的裁判规则和对案件的处理程序与审判阶段适用“排除合理怀疑”是否能够达到此标准持怀疑态度，有待进一步研究解决。

② 参见龙宗智：《中国法语境中的“排除合理怀疑”》，载《中外法学》2012 年第 6 期；刘晓丹：《刑事证明标准的维度分析》，载《中国刑事杂志》2016 年第 3 期；张勇玲：《英美法系排除合理怀疑的借鉴与运用——以江西“精彩生活”非法传销特大经济犯罪案件为例》，载《江西财经大学学报》2017 年第 2 期。

③ 参见李玉华：《刑事证明标准的新发展——评刑事诉讼法修正案（草案）第 52 条及相关规定》，载《中国人民公安大学学报（社会科学版）》2012 年第 1 期；王敏远：《重新认识“排除合理怀疑”——摒弃“法定证据”后的证据标准都是主观标准 排除合理怀疑并不能使证明标准具有可操作性》，载《检察日报》2013 年 11 月 26 日，第 3 版。

④ 参见陈卫东、刘计划：《关于完善我国刑事证明标准体系的若干思考》，载《法律科学（西北政法学院学报）》2001 年第 3 期；江显和等：《对我国刑事证明标准的再探讨》，载《人民司法》2009 年第 5 期。

怀疑”的程度即可。[①] 可见,支持引入“排除合理怀疑”的观点,与普通法系国家“排除合理怀疑”的适用都是为了让有罪判决更加容易。“排除合理怀疑”从其字面解读到与诉讼程序的价值追求等多个层面都存在不小的争议。

程序上的不同并不源于任何职能上的不同,只有历史上的理由才能说明。[②] 立法内容的变化回应了曾经有关刑事证明标准的争论,但并不意味着相关的争论就此平息。当我们沿着刑事证明标准的脚步回顾过往的研究成果时,会发现关于“事实清楚,证据确实、充分”的批判或解读并未因法律的更改而淡出研究者的视野;相反,讨论角度的选择更加多元化。一方面是主张域外刑事证明标准法律移植,沉迷于“拿来主义”与“水土不服”之争;另一方面是立足本土法律规范却受困于“客观真实”与“法律真实”之辩摇摆不定。在刑事证明标准应当为何的争论尚未尘埃落定之时,引进本身具有理解争议的域外证明标准的内容,可能会进一步增加刑事证明标准的复杂性。这意味着,“排除合理怀疑”引进之后的本土化过程还需要从规范分析、后果主义两个层面进行更加深入的考量。

关于刑事证明标准的研究既有从规范分析切入,用法教义学方法解释了刑事证明标准的理解与适用,也有用实证研究方法揭示刑事证明标准在适用中凸显的规律。刑事证明标准作

① 参见陈光中:《构建层次性证明标准》,载陈光中、江伟主编:《诉讼法论丛》第7卷,法律出版社2002年版。

② 参见[奥]凯尔森:《法与国家的一般理论》,沈宗灵译,商务印书馆2013年版,第393页。

为在诉讼中对事实认定程度的要求既有主观性,亦有客观性,但主客观之间实现辩证统一以制度性方式的呈现有待形成统一认识。与之相关的制度完善也有待以此结论展开进一步讨论。

第一章　刑事证明标准的内涵与外延

一、刑事证明标准的内涵

（一）诉讼证明与证明标准

证明是人类在生产生活中时常进行的活动。通常意义的证明是指“用可靠的材料来表明或者断定人或者事物的真实性”。[①] 证明活动是人类认识事物的重要方法之一。人类的进化史表明，大千世界无论是宏观层面还是微观层面都存在千丝万缕的联系。证明因适用的场域不同，其背后反映的事物间联系的复杂程度亦随之不同。

黑格尔指出，诉讼证明是对经验事实的证明，不同于理性规定和几何定理的证明。[②] 诉讼证明

---

① 中国社会科学院语言研究所词典编辑室编：《现代汉语词典》（第7版），商务印书馆2016年版，第1673页。

② 参见［德］黑格尔：《法哲学原理》，范扬、张企泰译，商务印书馆2011年版，第234页。

既包括在诉讼活动中以证据规则为指导所进行的诉讼行为，也包括在诉讼场景中，运用、分析、判断证据与待证事实关系的思维过程。普通法系国家有关证明过程(process of proof)的定义更倾向于后者，认为诉讼证明是一种事实探究活动。一般而言，诉讼证明发生在特定场域中，是指法律规定的，证明责任主体运用证据对待证事实加以证明所要达到的要求或程度，又被称为证明要求、证明程度。① 我国的证据理论存在广义说与狭义说之争。广义的诉讼证明主张证明活动贯穿于诉讼始终，不局限于审判阶段。狭义说则认为，诉讼证明只发生在审判阶段。

诉讼证明需要达到何种程度即完成了证明任务，可以获得证明结论作出裁判，即为证明标准。证明标准是指证据对裁判者所产生的对法庭事实的一种主观印象，这种主观印象应当达到的确定性或可能性的程度，也是承担证明责任的当事人为赢得案件必须说服裁判者的程度。② 由此，证明标准不仅是针对证据而提出的标准，亦应当是对裁判者主观层面的确信度提出的标准。

(二)刑事证明标准的法律规范

法律规范如何定义证明标准？普通法系主要国家美国很少从法律层面给予“证明”明确的定义。《联邦证据规则》《统一证据规则》均未见到有关证明的定义条款，但根据证明所需确定性的不同，划分了多层次的标准。从高标准到初始标准共分为9个

① 参见陈光中主编：《证据法》(第4版)，法律出版社2019年版，第344页。

② See Peter Murphy, *Murphy on Evidence*(7th edition), Blackstone Press, 2000, p. 119.

层次。[①]《布莱克法律词典》对证明的解释是："证据的效果；通过证据确立事实。该事实或情况导致内心作出肯定或否定的判断。通过展示证据使法官或陪审员相信或说服他们相信所主张事实的真实性。"[②]大陆法系主要国家德国给予证明的界定是，职权机关和参加人按照法律规定的范围、程序、方式和标准探明、阐明或者说明特定的事实的行为。在各种诉讼中，法院都承担着探明义务，应当依职权将证据调查延伸到一切对裁判有意义的事实。在职权原则和探明义务的范围之内，法院是证明的主体。当事人或参加人是最重要的证明主体，他们承担证明责任。[③] 法国刑事诉讼法确立了诉讼证明的相关规范，审判长有权自由裁量采取一切其认为有助于揭示真相的措施。[④] 不难发现，普通法系的诉讼证明侧重证明主体对证据的说明与说服，大陆法系的诉讼证明则更强调通过证据查明犯罪事实。前者注重主观认知，后者更关注待证事实之客观存在。

与大陆法系和普通法系相关制度相比，我国诉讼证明均有着一定的区别和联系。我国法学界关于诉讼证明的学说纷纭。其中代表性观点认为，诉讼证明内涵在学理层面至少具有3层含义，具体如下：其一，证明作为以人类理性和事物发展规律为基础，由已知推测未知的一种认识世界的有效手段，推动着人类在历史的长河中不断发展进步。在众多领域的证明活动中，诉讼证

---

① 参见《美国联邦刑事诉讼规则和证据规则》，卞建林译，中国政法大学出版社1996年版，第22页。

② *Black's Law Dictionary*, Abridged ninth edition by the Publisher's Editorial Staff, p. 1334.

③ 参见何家弘主编：《外国证据法》，法律出版社2003年版，第428～429页。

④ 参见《法国刑事诉讼法典》，方蔼如译，法律出版社1987年版，第100页。

明有自身特点,它是指司法机关或当事人依法运用证据确定或阐明案件事实的诉讼活动。[①] 其二,诉讼法领域的证明,是指国家公诉机关和诉讼当事人在法庭审理时,依照法律规定的程序和要求向审判机关提出证据,运用证据阐明争议的事实,论证诉讼主张的活动。[②] 其三,司法活动中的证明,是指司法人员或司法活动的参与者运用证据明确或表明案件事实的活动。广义的诉讼证明包括两层含义:第一,提出事实主张的当事人、律师、检察官等用证据向法官说明或表明案件事实存在与否的活动;第二,法官运用证据查明和认定案件事实的认识活动。狭义的证明,仅指前一种含义上的证明。[③]

由此可见,我国的诉讼证明既注重最大限度地还原犯罪事实,也重视证明主体需要承担一定的说明与说服义务,以期接近认定有罪的标准。然而,由于时间的不可逆性,在具有说服力的犯罪事实与客观存在的犯罪事实之间还存在一定的差距。我国法学界对诉讼证明的定义表现出两点争议:第一,证明主体的范围是否包括审前程序中的公安机关;第二,诉讼证明开始的时间。且两点之间具有内在的逻辑关系,会影响证明标准的设置和刑事诉讼程序中各专门机关的权力配置。

(三)刑事证明标准的演化

一般而言,证明标准是当事人对其主张事实的证明应达到的

---

① 参见陈一云主编:《证据学》(第2版),中国人民大学出版社2000年版,第114页。

② 参见卞建林、谭世贵主编:《证据法学》(第3版),中国政法大学出版社2014年版,第366页。

③ 参见何家弘、刘品新:《证据法学》,法律出版社2004年版,第197页。

程度。有学者认为,证明标准是指当事人进行诉讼证明的尺度,它告诉当事人什么时候诉讼证明成功,其证明责任得以卸除,其事实主张得以成立。①

普通法系国家与大陆法系国家均在法律中明文规定何为证明标准。普通法系主要国家的法律既规定了证明标准的不同层次,也明确了其与证明责任的密切关系。根据《布莱克法律词典》,"证明标准有:排除合理怀疑(只用于刑事案件)、清楚和有说服力的证据、优势证据"。普通法系国家的证据法学者摩菲认为,证明标准是指履行举证责任必须达到的范围或程度……是证据必须在事实裁判者头脑中造成的确定性或者盖然性的程度,是承担举证责任的当事人在有权赢得诉讼之前实施使裁判者形成确信的标准。

大陆法系主要国家却有着不同的认知。大陆法系国家给予法官更多的尊重与信任,实行相对完全的自由心证主义。德国学者汉斯·普维庭认为,如果说证明评价仅限于检验证明是否成功……那么证明尺度则是一把尺子,衡量什么时候证明成功了;证明尺度也决定对某个具体内容的法官心证,它决定着法官必须依据什么才算形成心证。与证明评价(事实问题)不同的是,证明尺度必须是由法律规定的(法律问题)。因为这是一个一般而抽象的关于那些证明尺度在某个法律领域算有效的评价问题。② 兼

---

① 参见汪建成:《理想与现实——刑事证据理论的新探索》,北京大学出版社 2006 年版,第 102 页。

② 参见[德]汉斯·普维庭:《现代证明责任问题》,吴越译,法律出版社 2000 年版,第 88 页。

具大陆法系与普通法系特色的日本,刑事证明标准被称为“证明度”,所谓“证明度”尽管有时也用来表示可以上升或下降的法官心证程度,但在大部分情况下指的都是法定的不变的证明基准。①

大陆法系主要国家的刑事诉讼程序赋权法官查清犯罪事实,确定犯罪嫌疑人。事关公民基本权利的权力若不加以规制则会衍生恣意。因此对刑事证明标准的设定既要确保刑法的正确适用,也要谨防法官臆断。与之不同的是,普通法系主要国家的刑事诉讼程序将事实裁判的权力和法律适用的权力分别赋予了陪审团和法官,由法官判断证据材料的可采性,由陪审团裁判事实是否达到入罪的标准。这种诉讼模式在一定程度上通过程序控制阻断了证据的合法性与真实性之间的交互,以规避因追求真相而滥用权力的可能性。因此,刑事诉讼双方会倾注更多精力来说服陪审团相信己方主张成立。

由此可知,刑事证明标准的预设也会受到刑事诉讼程序模式和相关制度的影响,且与刑事诉讼程序所追求的价值取向相契合。

二、刑事证明标准的特征

(一)主观性

刑事证明标准与证明活动紧密关联,证明活动是人类理性认识事物的重要方式之一。其主观性主要体现在以下几个方面:其一,通过对案件证据的审查判断,最终使裁判人员相信某一待证

① 参见王亚新:《对抗与判定——日本民事诉讼的基本结构》,清华大学出版社2002年版,第213页。

事实存在。其二,诉讼证明归根结底是法律行为,证明的结论既要符合程序法预设的证明流程,也要符合刑事实体法确立的规范前提。刑事实体法的犯罪构成理论以及阻却事由是人类价值取向的表现,不可避免地带有主观性的基因。其三,据以证明犯罪事实的证据材料是由证明主体收集与运用,亦有主观因素的介入。

1. 证明标准的设定与解读受人的主观意志的影响

首先,证明标准是解决诉讼证明中人类认知局限性的正当选择。刑事证明目的之一是发现事实真相。然而,人类认知的局限性与时间进程的单向性决定了绝对的客观真实无法达到。因此,诉讼证明离不开证明主体以及当事人的主观思辨,证明标准也必须符合认识规律。其次,证据的内涵及其外延是人类主观意志作用的结果。证据无法自我阐明它所指示的含义,只有经过人类的思考才能确立证据的内容及其特点。人类个体知识的充分储备和品评定案证据的充分智慧也是证明当事人是否应承担刑事责任的证据的组成部分。因此,我们不能对裁判人员之间就某些犯罪行为的证明尺度与程度呈现的评判标准个体差异视而不见。例如,强奸案件,男性法官对女受害者的行为是否存在过失的理解程度与女性法官看待男犯罪嫌疑人的行为恶劣性质可能会有区别,从而会影响强奸犯罪在主观方面或客观方面证明程度的要求。同样,拐卖儿童犯罪、虐待犯罪这样的案件,也会因裁判人员性别的差异、年龄的差异、受教育程度的差异以及阅历不同,可能会影响对危害行为的社会危险性、应受处罚性等方面的判断。正所谓术业有专攻。在庞杂的犯罪行为研究领域,需要法官、检察官的职业化与专业化以尽量降低司法人员个体差异导致的认知差异。

2. 犯罪构成要件作为证明标准的向导是人类意志的体现

证明标准是证明主体提供证据以确认争议事实需要达到的证明程度。刑事诉讼中控辩双方的争点会紧紧围绕罪与责两方面内容展开,而罪是责的前置条件。唯有解决定罪的争议,才会涉及刑事责任轻重的辩论。因此,犯罪构成要件是刑事证明标准的重要评判内容。被追诉人是否构成犯罪,构成何种犯罪均由犯罪构成要件决定。质言之,缺少了犯罪构成要件,刑事证明亦失去了方向。当前,尚有犯罪构成体系事实与价值评判的二元论观点,对是否构成犯罪的判断是先事实后价值的判断,构成要件中的首要层面该当性,没有掺杂褒义或者贬义的价值取向判断,是中性的。进一步的违法性与有责性的判断,则充分体现了人类社会预设的否定评价。尤其是法律拟制的犯罪行为会随着人类社会不断演变而增益其种类和内容,例如,是否构成正当防卫的紧迫性、必要性以及防卫程度与不法行为的对等性等,都无法脱离裁判人员的主观判断。因此,犯罪构成体系中价值取向的预设落实在司法实践中既不能脱离刑事证明,也不能忽视证明标准中融入的主观性因素所起到的重要作用。

3. 作用于事实证明的证据内容是人的主观作用的结果

证据是支撑证明活动的重要内容。组成证据材料的表现形式既有实物证据也有言词证据。在刑事诉讼中,奉行直接言词原则,更加注重审判者对事实认知的亲历性。因为直接言词原则要求法官亲自听取双方当事人、证人及其他诉讼参与人的当庭口头陈述和法庭辩论，从而形成案件事实真实性的内心确信，并据此对案件作出裁判。人类心灵中精致的情趣、理解的作用、感情的激动等情感会自然地反映在经历的事件中。虽然它们本身实际上是不同的，人的反应也是因人而异，但当我们通过反思来考察它们时，当时的激情已然褪去，我们也不可能重新唤回原来的对象，只能通过回忆予以考察。故而在推论之中就逐渐引出歧义，相似的对象也可能被我们认作相同的对象。最后，结论就变得远远离开了前提。比如，证人证言的证明力源自亲历或知晓事件或事物的如实描述，是对直观感受的回忆，相比数理公式的稳定性与抽象性，言词证据更感性也更直观。证人的回忆可以模写与案件相关的感性直觉，但是永远不能完全达到亲历案件事实正在发生时的感觉。即使当证人、被害人发挥其最大的能力去重述或者回忆，以致令参与刑事诉讼的所有相关人等在脑海内构想出了既往事实，也难以达到那样生动活泼的程度。致使两种知觉不能完全区别开来。亦如休谟所言，诗文不管多么华丽多彩，总不能把自然事物描写得同真情实景一样。最生动活泼的思想还是抵不上最迟钝的感觉。证人对亲历事情的记忆模糊，被害人对亲历事情的悲痛淡漠或褪去，被告人供述的事关己身利益的避重就轻的论述，都可能受制于个人主观意志之影响。

由此可见，尽管在刑事诉讼证明标准的研究中，法学界试图用更客观、更清晰的词语，以形成一个放之四海而皆准的客观标准，但刑事证明标准蕴含的主观特征还是为证明标准向标准化、客观化发展带来了无法预设的障碍。

（二）客观性

即使刑事证明标准蕴含了多方面的主观性因素，但客观性依然是“证明标准”中不可忽视的属性。证明标准指向的犯罪事实是客观存在的，证据具有客观性，同时人类认识能力作为一个宏观层面的共性概念，也具有齐一性。因此，证明标准可以作为一种客观存在被认知与被研究。

1. 待证事实是已经发生过的客观存在

虽然时间是不可逆的，但在诉讼证明中，时间同样可以成为客观事实存在的标记。一般认为，“时间”应具有三重含义：首先，时间是描述事实演化的参数，可以用计时器来量度。比如，案发时间，危害结果出现的时间。其次，随时间而演化的待证事实，可以用动态变量来定义或量度。例如，危害结果持续周期，犯罪预备时间周期。最后，时间是一种可观察量。以危害结果出现的时刻或案发的时刻为起点，对于犯罪事实的发现是很重要的数据，依此可以回溯案件事实的时间分布。因此，依托时间可以解析空间的三维性。在刑事诉讼中，可以将犯罪事实由一个结果扩展出一个三维的动态过程，且不以人的意志为转移，也不会任意牵跃变为不确定的状态。时间的可观察性是诉讼证明存在的基础。

2. 证据与证据之间的联系是一种客观存在

证据是证明的载体和手段。事实上，所谓证据的客观性，即指证据必须具备一定的表现形式，涵盖一定的信息量，可供证明主体以及相关刑事诉讼当事人认知与传递，且对查明案情有一定的帮助。剖析诉讼证明的本质，其是透过已知条件反映事物之间千丝万缕的联系，再经过证明主体的抽丝剥茧来推论未知事件的过程。参与证明活动的相关人员没有也不可能有创造客观规律的能力，唯有不断提升对客观规律与联系的认知能力。质言之，复杂事物是由简单事物基于某种联系结合起来的。这种联系表现为对于全人类可能的影响，即时间或者空间上的连续性，以及“原因”与“结果”之间进行周而复始的运动。一切原因和结果之间的联系都应当是必然的。某些实例呈现出的不确定性或者偶然性，或者与我们既有的认知存在着差异，并非因为原因与结果之间的联系产生了变化，而是由于未知因素的介入打破了原有的因果平衡的状态，或主观认知与客观状态之间信息不对称的结果。心灵的全部创造力只不过是将感官和经验提供给我们的材料加以联系、调换、扩大或者缩小的能力而已。[①] 我们的一切观念或比较微弱的直觉，都是我们的印象或生动的直觉的摹本。证据材料所含信息不以人的意志为转移，通过证据反映的已知信息推测未知事实依靠的是事物之间的联系，此联系即一种客观存在。这种客观存在不会因人的认知能力的大小而轻易发生改变。因此，证明的依据是客观的，求得待证事实的路径也是客观的。唯有人与人之间对证据证明力的认知可能存在差异。当然，这种差异亦通过传授予以调和或弥补。

3. 人的行为具有的齐一性不以人的意志轻易转移

历史的相似性以及以史鉴今的方法表明，各民族与各时代的

---

① 参见[英]休谟：《人类理智研究》，吕大吉译，商务印书馆1999年版，第13页。

人们在活动期间,存在一种巨大的自然齐一性。[①] 历史的主要用处在于通过指出人们在各种各样的环境和情况之下怎样活动,以求发现人性的恒常、普遍的原则,并且给我们提供材料,从而进行观察,使我们认识人类行为和举止的合乎规律的动机。人类经过千百年来物竞天择的进化,以其自身独有的灵性与理性进行自我认知。通过观察我们发现,若把思维作为自然创造的客观存在寄生于人体,则发现人性基于同样的动机总是产生同样的行为。我们通过长期的生活、广泛的阅历和交际而获得的经验,与用人性来给我们以教义,并规范我们未来的行为,有着共同的好处。[②] 我们根据人外化的表象,诸如行为、表情甚至于姿态,可以认识人的内心活动,诸如脾性、动机和感情,基于此再反向推测他们的行为。可见,通过由经验途径积累起来的一般观察,可以教导我们去揭开宇宙万物或者人文社会错综复杂的内容。

具体到刑事诉讼领域,这种潜藏的有关人性的规律成为犯罪学研究的基础理论,也使犯罪行为可以被规范进而通过刑罚进行

---

① 参见[美]威廉·佩珀雷尔·蒙塔古:《认识的途径或哲学的方法》,吴士栋译,商务印书馆2012年版,第194页。"过去经验已经证明了现象之间的某些次序是恒常不变的,有证明了物体相互吸引和水可以灭火是这些不变关系的例子。我们称之为自然规律,并且我们的一切计划与动作,最眼前的和最琐细的,以及最长久的和最远大的,都建立在这些规律在未来仍然有效这种假定的基础上。这种假定说,人们所发现种种在过去一直不变的关系,到了未来会同样的一直不变,这就是自然齐一性假设。"基于此,借用此概念,可以用来表达,人们基于经验对事物的认知,在形成认知的原因条件没有发生变化的情况下,认知结果具有一致性。具体到刑事诉讼中,证明主体对于犯罪行为的认知,犯罪行为是已经发生的事实,具有确定性,根据证据之间的普遍联系,在普遍联系的性质尚未发生变更的条件下,人基于理性对事实的认知也会具有一致性。这与后文涉及的对犯罪事实的认知,人类理性都是一致的,认知能力的差异是由认知领域的专业化程度不同造成的。

② 参见[英]休谟:《人类理智研究》,吕大吉译,商务印书馆1999年版,第75页。

预防。同理，对具体犯罪行为的认知或者证明，虽然离不开人类主观能动的参与，但这种能动性是基于人性普遍具有的思维理性，而非漫无边际的遐想。虽然推理行为似乎抽象而难以理解，但不能就此假定为虚妄的或不可知的。

（三）不确定性

任何试图构建一种衡量标准的体制，无论这种衡量体制是针对过去事件还是其他事物，都需要以最大化的准确性、可靠性，或者是以两者的综合为目的进行设计。然而，精确性与概括性之于普遍适用的需求是此消彼长的，往往需要寻找到一个平衡点。

1. 犯罪构成要件对应的犯罪事实呈现多样化

犯罪案件呈现出的复杂性，决定了证明犯罪的标准亦难以兼顾语言的高度抽象概括与普遍适用一切证明活动等需求。对犯罪行为的规律化总结通常存在普遍与例外。相应地，刑事证明标准需要投射到个体的刑事案件中去衡量证明活动的程度，其才具有标尺的意义。刑事证明活动虽然无法绝对客观地重现过往的犯罪事实，但最大限度还原案件事实的追求并非不可能。犯罪构成要件映射到客观世界的结果就是犯罪事实，其存在诸多时间与空间元素的相互交融，且复杂程度难以想象。同一个罪名的犯罪情节包罗万象，若将犯罪行为以分秒为单位进行解析，综合考察被追诉人的心理因素和犯罪行为的客观存在，相信同种罪名的案件之间的情形差异显而易见，而又千差万别。

刑事证明标准是诉讼证明需要达到的程度的高度概括，诉讼证明是对语句、命题的判断，更接近对于日常生活的判断。在人文社会的世界里，普通人群不会像自然科学家那样以一种条线的或符号化的方式来解决问题。因为命题内容的模糊性范围太宽泛。因此,证明对象具有复杂多变性,证明标准就需要在高度概括与精准实用之间寻求个案平衡。

2. 证据会随着时间推移出现变化

一般而言,裁判者对是否达到证明标准的判断通常采用三段论式的推理方法。推理可以分为两类:一类是证明的推理,亦即关于观念之间的关系的推理;另一类是或然的推理,亦即关于事实与实际存在的推理。① 刑事诉讼证明应当属于后者。对审判环节诉讼证明的流程进行观察可知,证据因时间的推移,其内容可能会发生变化。

在刑事诉讼中,证据材料本体是一种客观存在。因其自身蕴含着因果之间承前启后的关系,则具有穿越时空呈现过往事实的能力。相应地,证据调取与判断,究其实质,是证明主体立足于时间线的前端回溯证据蕴含的联系的过程。证据涵盖的内容不仅会受到认知能力的局限,因人而异。也会因时间的流动,其内容会发生减损,且减损的内容难以预测。证明主体的个体差异与证据内容变动的现实状况两方面的原因,造成了证据随着诉讼程序的推进出现各种各样的变化。从相应的诉讼制度与司法实践的现状均可就该问题窥豹一斑。例如,大陆法系国家,案件卷宗中对言词证据内容的固定等。

3. 证明标准抽象的表达显露出不准确性

诉讼证明的程度与证明标准对应,同时受制于人的认识能力

① 参见[英]休谟:《人类理智研究》,吕大吉译,商务印书馆1999年版,第28页。

和科学技术的进步。证明标准表述的概括性在一定意义上可以涵盖技术进步对诉讼证明的影响，但我们不能以当下的眼光去评判历史上的案件及其证据。

具体而言，人类理性的不断进步，在否定了空间的绝对性之后，爱因斯坦的相对论证明时间也是相对的。时间与空间的确定性依赖参照系的选择。可见，证明标准的内容需要置身于时代背景中，因此，明确的证明标准也具有相对性。科学进步与认知能力相互作用，人们会否认先前的证明标准，但不能否定依此标准认定的案件事实。一起犯罪案件是发生于特定时刻和空间中的特定事物。裁判者以不同参照系构建犯罪景象也会不尽相同。因此，以刑事个案为观察视角，犯罪案件应当是沿着时间线逆向呈现在证明主体的脑海中，随着时间线的推进，犯罪事实的三维成像接近清晰和具体。其证明所达到的可信程度亦越来越高。

科学技术的进步会将隐藏的客观联系呈现于人类视野中，例如 DNA 技术的发展，将普遍联系从宏观的三维世界带入了微观的超三维世界。各类痕迹鉴定技术的发展，使物证背后反映的信息又增添了更多的联系，进一步建立证据之间的横向联系的可能。在刑事案件中，原先通过三维证据推理所得的“事实”，与运用超三维技术推理所得到的“事实”之间，其正确认知的程度显然会不同。伴随着自然科学的发展，个案的具象事实样态将会变得越来越清楚。以刑事司法的历史进程为观察视角，不难发现，以高于先前选择的技术或价值的观察平台看待历史上的犯罪事实，会多一分清晰少一些迷惑，对犯罪事实的认知更加全面和深刻，但若以历史上的诸多不足就此否定之前认知犯罪事实时坐标系构建的正确性,未免违背了刑事程序之正当性。

毋庸讳言,在理论研究与实践中,自然科学与社会科学之间并不存在天堑,不能逾越。相反,自然科学的探索所得能使缥缈感知的事物变得理性而具体,能够使科学发现成果普遍地存在并应用于人类包罗万象的生活与生产当中,其当然会影响社会科学以及社会治理的应用。但是,在人类构建法律秩序的努力中,我们必须认识人类认识能力的局限性,因此,我们务必给予事物发展的客观规律应有的尊重与敬畏。因为刑事证明标准与人类的认知能力和价值取向均联系甚密,它既可以引导刑事诉讼证明活动的目标追求,亦可以评价刑事诉讼证明的结果要求。因此,刑事证明标准与构建标准时的参照系同等重要。唯其如此,刑事证明标准才有张力,方能不畏时间流逝,以匹配刑事案件事实的发现和纠纷的解决。

三、刑事证明标准的外延

(一)证明主体

刑事诉讼证明主体关系到证明对象、证明责任和诉讼结构等多方面的问题。因此,有必要以证明主体的内涵为基础,重点分析其外延内容。

所谓证明主体,是指在诉讼活动中,提出自己的诉讼主张并有义务承担证明责任的诉讼主体。这表明证明主体与诉讼主张及证明责任这三者之间存在着极为密切的联系。[①] 因此,如果检

---

① 参见卞建林、郭志媛:《刑事证明主体新论——基于证明责任的分析》,载《中国刑事法杂志》2003 年第 1 期。

察机关、审判机关以及涉案当事人均是证明主体,则刑事诉讼的证明是控、辩、审三方的任务。因此,这种证明主体泛化的观点不仅会影响立法的完善,也会使法院背离被动、居中的地位,使司法权主体或裁判主体主动调查证据的错位现象发生。可见,传统观念认为的公安机关、检察机关与审判机关分别在不同阶段承担证明义务与权力配置并不契合。基于此,公、检、法三位一体,共同承担发现、揭露、证实、惩罚犯罪的责任这种通说,就将受到严重挑战。①

一般而言,证明方式通常分为自向证明和他向证明。这种分类有助于从一个超然的视角观察证明主体的外延。自向证明一般属于主体职权行为,其主体即就事实问题作出某种认定或裁断的人。他向证明一般属于主体义务行为,其主体即提出某种主张的人。自向证明与他向证明的主体均承担一定的证明责任。但其证明责任的大小或强弱会伴随着刑事诉讼程序的推进有所转化。在职权主义诉讼模式中,当事人的他向证明活动必不可少,但可以左右证明结论的人是法官,此时,法官的自向证明作用就显得尤为重要。相反,在当事人主义诉讼模式中,法官的证明就显得微不足道,当事人的他向证明一跃成为诉讼程序的主要内容。② 不难发现,在自向证明与他向证明的语境下,我们可以依据特定的诉讼模式确定证明主体的范围以及对应的刑事证明标准。

---

① 参见张弢、王敏远:《刑事诉讼法学研究述评》,载《法学研究》2002 年第 1 期。

② 参见何家弘:《论司法证明的目的和标准——兼论司法证明的基本概念和范畴》,载《法学研究》2001 年第 6 期。

一般认为,我国刑事证据制度的理论基础主要是辩证唯物主义认识论和司法公正论。[①] 辩证唯物主义是有关人类认识自然、社会以及特定事物的方法的学科,而司法公正则是人类对社会多方面的正义追求的一个侧面。证明主体范围的界定需要遵照特定的规律,才能顺畅地在实践中运行。一方面,刑事诉讼程序是认识或证明犯罪事实的过程,可靠的材料是证明的重要依据。公安机关在刑事诉讼中承担收集、调取犯罪嫌疑人有罪或者无罪、罪轻或者罪重的证据材料。对现行犯或者重大嫌疑分子可以依法先行拘留,对符合逮捕条件的犯罪嫌疑人,应当依法逮捕。可见,在案件处于侦查环节时,由于可靠材料还不够全面,有待公安机关收集或调取,因此,证明开展的条件尚未成熟。公安机关在法律授权范围内的职能并不具有证明的本质内容,可以定性为查明事实。另一方面,认识事物需要遵循客观规律。公安机关对犯罪事实的认知是沿着未知推进直至已知的进程,这与检察机关、审判机关认知犯罪事实的过程截然不同。因此,公安机关在认识犯罪层面是对待证事实的求证,而非证明。

在我国刑事诉讼中,检察机关和审判机关同属证明主体。但却有自向证明和他向证明的区分。法律赋予检察机关审查证据材料等权力,并配置对应的证明责任,表明检察机关的证明是义务行为,属于他向证明。相应地,法律赋予审判机关调查、核实证据的权力。其本质是审判机关在作出裁决之前,通过调查行为说服自己,表明审判机关的证明活动属于职权范畴,属于自向证明。

---

① 参见陈光中、陈海光、魏晓娜:《刑事证据制度与认识论——兼与误区论、法律真实论、相对真实论商榷》,载《中国法学》2001年第1期。

需要强调的是,我国现行的审判程序并没有完全走向当事人主义模式。法官并非完全消极、超然的仲裁者,而是依然承担查明案件事实真相的责任。[①] 因此,纯粹的他向证明与自向证明并不符合我国现行的诉讼模式。

在推行以审判为中心的诉讼模式改革背景下,公安机关、检察机关以及审判机关在刑事诉讼中的诉讼地位、职权,应当重新审视与调整。笔者认为,公安机关因职能仅限于查明案件事实,而非局限于犯罪事实领域,故不应当视作证明主体;检察机关作为证明主体与其证明责任相契合,符合权责统一的原理;审判机关配置调查核实权力来源于司法能动性原理,目的是公正裁判。

(二)证明对象

刑事诉讼的证明对象,主要是指公安司法机关及其办案人员在刑事诉讼中需要运用证据予以证明的事实情况。[②] 唯先明确何种事实需要证明,才能进一步明确证明需要达到何种程度。毋庸置疑,与定罪与量刑有关的事实是当然的证明对象。

在人类社会发展的大背景下,证明对象范围的厘定,不能离开证明制度的目的性、诉辩请求的基础性、实体规范的要件性等实质环节。[③] 以此为原则,借以分析程序性事实的内在价值与现代刑事诉讼证明是否契合,即可以判断程序性事实应否纳入证明对象范畴。

---

① 参见陈瑞华:《刑事诉讼中的司法证明规则》,载《法学论坛》2003 年第 4 期。

② 参见陈光中主编:《刑事诉讼法》(第 5 版),北京大学出版社、高等教育出版社 2013 年版,第 172 页。

③ 参见江伟主编:《证据法学》,法律出版社 1999 年版,第 63 页。

刑事诉讼程序设计旨在平衡国家安全与公民自由权利之间的矛盾。故而,不但要实现追诉犯罪的安全价值,也不能忽视对被告人的人权保障功能。与之相应地,刑事诉讼程序包含但不限于证明犯罪事实,也注重无罪、罪轻证据的发现和证明。在刑事诉讼中,案件事实需要证据证明。同时,国家机关获取证据的强制手段和保证程序顺利进行的强制措施又可能侵害被追诉人的基本权利。因此,通过程序设计掣肘权力机关权力滥用是保障人权价值的现实需要。在法治国家的法律规范体系中,无论是大陆法系国家还是普通法系国家,其刑事诉讼程序均进行着不断探索与改革,对人身自由和安全权利保护的比重越来越体系化。相应地,对证据的合法性证明也被视为重要的证明对象。

我国的法律规范表明,证据的合法性应当是我国刑事诉讼的证明对象。2012 年我国《刑事诉讼法》修改进一步明确了证据合法性属于刑事诉讼中的证明对象。同时,程序法事实亦属于我国现行立法确立的证明对象。程序法事实是指与案件本身没有关联,但是对解决某些诉讼程序性问题具有法律意义的事实。① 例如回避事实,采取强制措施的事实等。程序法事实或多或少又间接地涉及刑事实体裁判,因此,证明对象的范围理应包含程序性事实,以准确诠释刑事证明标准的内涵。

笔者认为,证明对象包含实体法与程序法两方面的内容。在实体法层面,既然刑事诉讼程序是为了保证刑法的正确实施,则不能脱离犯罪构成去讨论待证事实的范围和限度。根据罪刑法

① 参见李玉华等:《诉讼证明标准研究》,中国政法大学出版社 2010 年版,第 5 页。

定原则与普遍联系规律，案件的待证事实既应包括案件事实的起因、经过、结果，也应包括案件事实起承转合之间的因果关系等。在程序法层面，获取证据材料的程序合法性，尤其是依托强制措施或者强制手段获取证据的程序合法性理应纳入证明对象的范畴。

综上所述，从证明标准有关概念的内涵出发，不难发现，在特定的诉讼构造场域下，诉讼证明、证明标准与证明责任贯穿于刑事诉讼始终。同时，又与证明主体与证明对象密切相关。在5个联系紧密的概念组成的纵横交叉的“十字形”关系中，证明标准处于“中心”的位置（见图1－1）。因此，证明标准的内涵与外延的微弱变动，都会牵连其余概念内涵与外延，进而在诉讼程序运行中影响刑事实体法的适用。

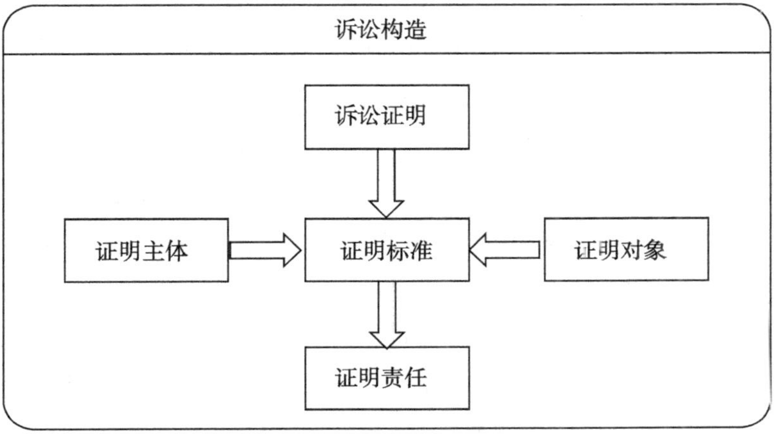

图1－1　证明标准与相关要素的关系

（三）证明责任

证明标准与证明责任之间联系密切。证明责任是一个古老又复杂的问题，由古罗马法确立的“谁主张，谁举证”的举证责任原则，经历尤力乌斯·格拉色(Julius Glasser)、莱昂哈德(Leonhard)、罗森贝克(Rosenberg)、普维庭等古代先贤的传承发展，其又可分解为客观证明责任和主观证明责任，以及行为意义上的证明责任和结果意义上的证明责任等。在此基础上，塞耶(Thayer)、威根摩尔(Wigmore)等进一步发展了证明责任分层理论。

证明责任制度之形成，在于在审判之前，即可以引导参与诉讼的主体的行为模式。因为实体法上的法律规范和相应的请求权纷繁复杂。如果企图为每一种请求权配置相应的证明责任，无论是从立法成本还是司法效益方面来看，都会面临着现实之困境。因此，预先分配证明责任以便于请求权人实现其权利主张的方法成为各国立法的不二选择。伴随着人类文明的进步，诉讼制度中司法裁判模式也逐渐走下神坛，进入以人为本的世界。虽然主张者主张适用某法律的决定权由法官掌握，然而主张者的证明活动达到何种程度即可被认定为“真”，还是处于模棱两可的状态，证明标准在裁判者心证的过程中起到了引导和衡量的作用。①

在大陆法系主要国家中，一些代表性学者区分了主观证明责任和客观证明责任。诉讼证明不再是单纯地适用实体法工具，而是逐渐延伸进程序法领域。在此前提下，证明结果也不再是非黑即白、非真亦假的朴素判断，允许存在真伪不明的“灰色地带”，即当没有达到法定的证明标准时，由证明主体承担相应的不利后果。而普通法系主要国家的学者则认为，证明是证据产生的确信

① 参见[德]莱奥·罗森贝克：《证明责任论》(第5版)，庄敬华译，中国法制出版社2018年版，第74～75页。

或说服的最终结果，与“排除合理怀疑”证明标准相呼应。故而，证明责任具有两层含义，即一个是对某一特殊争议事实提出证据令法官满意的责任；一个是说服事实审理者相信主张事实是真实的责任。[①]《美国联邦证据规则》第 301 条分别以“提供证据的责任”（the burden of going foward with evidence）和“不说服的风险”（the risk of nonpersuasion）对“证明负担”（burden of proof）的双重含义作了概念上的区别。[②] 因此，尽管两大法系国家对证明责任的理论研究分属不同的思路，并有不同的侧重，但其立法对证明标准与证明责任之间的因果关系均一致认可。

在我国，证明责任制度的发展经历了曲折的过程。中华人民共和国的刑事诉讼理论与制度的发端主要借鉴大陆法系国家的制度，其中以苏联的诉讼制度为主。苏联的刑事诉讼制度虽也源于大陆法系，但其在指导思想、任务和构造模式方面又与法国、德国有明显区别。我国刑事诉讼法历经修改，较多地借鉴了当事人主义诉讼模式，也使我国的刑事诉讼制度融入了多种诉讼理论流派。因此，域外证明责任的多种内涵需要在我国的统一制度中交融，这也许是我国的证明责任内容复杂的原因之一。

在普通法系的证明责任理论中，“举证责任”与“说服责任”是一对对合概念，与“排除合理怀疑”证明标准互为因果。我国的《刑事诉讼法》明确由检察机关承担公诉案件的举证责任。法律

---

① 参见[美]约翰·W. 斯特龙主编：《麦考密克论证据》（第 5 版），汤维建等译，中国政法大学出版社 2004 年版，第 648 页。

② 参见《美国联邦刑事诉讼规则和证据规则》，卞建林译，中国政法大学出版社 1996 年版，第 104 页。

条文中并未直接使用证明责任的字眼。因此,举证责任与证明责任的内涵是否相同,审判机关是否承担证明责任的问题则需要结合诉讼结构进行具体分析。

在当事人主义诉讼模式中,根据举证责任制度之要求,假定控方完成了举证义务,但并未说服陪审团,消除其内心存在的合理怀疑,案件事实仍然处于真伪不明的状态,属于"悬案"。因此,控方仍然需要承担败诉的不利后果。可见,在普通法系中,举证责任包含于证明责任之中。在我国现行的诉讼模式中,虽然检察机关承担公诉案件的举证责任,但检察机关在庭审环节不能运用证据令犯罪事实水落石出,达到犯罪事实清楚,证据确实、充分的程度,审判机关有权不支持检察机关提出的诉讼请求,意味着不利后果应有检察机关承担。从这个层面来看,在我国的刑事诉讼中,举证责任与证明责任体现的后果是相同的。

由此可见,检察机关作为证明责任的承担者与我国刑事诉讼法规定的检察机关承担举证责任并不矛盾,且与检察机关是他向证明主体的预设也相符合。检察机关作为我国刑事诉讼的控方,既不同于公安机关侦查活动的查明案情,以锁定犯罪嫌疑人,也不同于审判机关对刑事犯罪案件的裁判职责。

第二章　刑事证明标准的理论依据

一、哲学理论依据

（一）理性主义

1. 理性主义的内容

在哲学层面上，理性主义是相对经验主义而言的。就“理性”的概念而言，其复杂性不亚于“正义”、“公平”和“自由”。尽管表述存在差异，但所有的哲学家都认可理性是人类所特有的一种能力，这种能力亦是人类区别其他生物，特立独行的起源。例如，博登海默认为“理性乃是人用智识理解和应对现实的（有限）能力”。[①] 洛克在分析“理性”可能有的歧义后，强调理性是指人的一种能力；这种能力正是任何畜类差异之点所在，而且在这方面，人

---

① ［美］E. 博登海默：《法理学——法律哲学与法律方法》，邓正来译，中国政法大学出版社2010年版，第473页。

是显然大大超过畜类的。[①] 理性在世界观层面表现为认知,即人类的自我肯定能力,体现着人对自己命运的把握,而不受外在神或其他神秘力量的支配与控制。同时,理性代表着改造的能力,即自我约束的能力,对自身欲望的克制,对秩序的渴求。有理性的人有能力以客观的和超然的方式看待自身之外的人和事物。其对事实、人和事件之间的关系评价不会基于其自身的感性认知与思想冲动,而是基于其就既有条件进行深思熟虑之后,形成的审慎的评断。

2. 理性主义的应用场域与局限

人类漫长的进化历史与取得的辉煌启迪我们:有理性的人能够分辨一般性原则,准确把握事物内部、人与事物之间以及人与人之间在特定场域之下的基本关系。与此同时,面对人与事物之间的瞬息万变或模糊不清的关系,即便人们会以不同的逻辑起点看待各种各样的客观存在并给出自己的判断和评价。可见,理性更适用于基于一个特定的论点,辅以具有说服力的论据,通过符合逻辑的推理而非依靠表象的思维方法,而发现真理。

在多数情况下,人的理性不可能表现出应对一切社会生活的疑难问题都得心应手,更不会迎来对客观世界认知的终结。理性主义的具体运用,例如,在自然科学领域,量子力学与相对论对传统力学的修正带来的巨大进步;在社会科学领域,启蒙运动兴起推动人权保障价值的思潮等。我们一方面要赞叹其对人

---

① 参见[英]洛克:《人类理解论》(下册),关文运译,商务印书馆 2015 年版,第 718 页。

类进步所做出的贡献，另一方面亦要直面这些进步是以证伪前人提出的理论为代价。依此则不得不承认，纯粹理性可能在数学或者形而上学领域得到较为普遍的应用，而理性之可靠性证明又会走进分析实证等经验主义的范畴。

3. 理性主义与法律的关系

法律规范是理性主义的表现形式之一。一般认为，法律规范或秩序作为社会关系表现的总和，为各类社会生活主体提供了行为的准则。在社会生活中，社会秩序（它同社会机体本身混为一体，是社会成为统一体，成为自在的单位）被表述为“应当怎样”（dover essere）。不同于对必然因果关系的简单确认，制度使秩序上升为规范性的，使支配社会成员的方式具有规范性特点。[①] 同时，“理性”的丰富内涵之一，常常用来表示受一般性规则和原则的约束。[②] 一个有理性的人并不难得出这样的判断：当其就某个命题需要作出判断或者抉择之时，会发现在其面前有多个选择与对应的多种可能性，以至于无法遵循一个别无选择的步骤。可见，理性主义可以有效减少在选择解决问题的方法时产生的顾虑与不必要的能量消耗。

司法过程亦如此，裁判者并不总是能够游刃有余地在两个或者两个以上解决问题的方法中作出确定且能令人信服的选择。因此，法律规范可以就解决某个特定问题的方法赋予一种

---

① 参见[意]朱塞佩·格罗索：《罗马法史》（2009 年校订本），黄风译，中国政法大学出版社 2009 年版，第 1 页。

② 参见李猛编：《韦伯：法律与价值》，上海人民出版社 2001 年版，第 75～76 页。

令人务必信服与接受的力量，帮助法律决策者消除顾虑。程序规范因其所具有的显性与可重复性，而具有普遍适用性。一方面，随着人类认知能力的提高，对刑事案件发挥裁决作用的主体从神转向人类自身，在韦伯看来，这是"除魔"的过程。另一方面，当人成为裁决主体时，自由裁量权的有无及其限度成了考验人的理性能力的一个标准。由此可见，理性依托法律规范得以彰显，用程序规范理性普遍适用性。

4. 理性主义与刑事诉讼证明的联系

如何运用理性认知的方法将抽象的犯罪概念引向构成犯罪的判断？首先，当事实裁判者面对一项刑事指控时，需要中立地选择适用法律进行裁判。申言之，裁判者要小心避免轻率的判断和先入为主的偏见左右裁判结果的形成过程。也就是说，除了呈现于脑海中清楚分明的印象无法怀疑外，不可以有其他要素影响裁判过程。这是理性主义与现代刑事诉讼程序相互作用而形成的对程序公正关注的结果。其次，理性主义为裁判者处理纠纷提供了正确的方法。当裁判者面对待裁决的指控时，需要区分事实问题与法律问题，以便不同性质的难题适用对应的方法与规范。在司法裁判中，其难点多数集中于事实的认定。展现在事实裁判者面前的事实是控诉方构建的、以犯罪构成为参照形成的有血有肉的事实。裁判者的判断应当是站在中立的立场，经过理性思辨的结果。而其思辨的核心在于，一个犯罪动机对应着多种犯罪方法，每一个犯罪方法又可能会产生多个犯罪结果，或许诸多结果之间还会有重合，形成适用不同的犯罪方法会得到相同结果的现象。犯罪事实的形成是沿着时间前进的方向发展出来的，从犯罪动机到犯罪结果之间多数的可能性会变成唯一的确定性，成为一个客观存在。而裁判者需要沿着时间线逆流而上，尽最大努力穷尽犯罪结果与犯罪行为之间的可能性，再逐一排除直至得到一个排他结论。同时，司法裁判本身作为一种客观存在也是运动发展的。如果不给予刑事证明一个结点，裁判者对于排除其他可能性的判断可能会持续进行。因此，刑事证明标准是适用理性方法认识犯罪事实的终结点。

由此可知，在刑事诉讼的证明中，裁判者对犯罪事实的裁判始于理性认识方法的引导与规制，终于证明结果达到刑事证明标准。

（二）经验主义

1. 经验主义的内容

经验主义又被称为“经验论”。通常包含两方面的内容：一是指客观经验，一般与逻辑相对应；二是指主观经验，一般与概念和符号等相对应。① 结合当时的历史背景，“经验”是相对宗教教条而言的，应当以所观察到的现象作为认知与分析依据。经验主义坚持知识应当建立在实验之上，或对事物的观察之上，而非直觉或迷信。

经验主义秉持从外在和内心的当前经验中去把握真理，以代替纯粹从思想本身去寻求真理。② 经验论者亦偏好用具体的实例

① 参见王天思：《理性之翼：人类认识的哲学方式》，人民出版社 2002 年版，第 132 页。

② 参见［德］黑格尔：《小逻辑》，贺麟译，商务印书馆 1980 年版，第 110 页。

以证明其信仰。[①] 也就是说,通过实验研究而后进行理论归纳优于单纯的逻辑推理方法。历史的经验与经验主义在科学研究领域和社会生活中的广泛应用表明,依据经验进行思辨认知不会远离经验事实。是故,经验论者对新概念的认知源于对旧有知觉的再认识。

经验主义的认识途径遵循“由点到面,由面构成体”的过程。但最后认知的事物是最先存在的。[②] 当我们将智慧投注多个事物之间的共性之时,会给予共性一个不至于堙灭在川流的经验中的标签——概念。这个过程可以被称为“抽象”。概念既能表达我们对事物共性的认知,也能应用于对新事物的认知。例如,对“人”的定义。我们通过知觉给予“人”以概念。尽管在定义“人”时,我们不曾见过所有属于“人”的人。当知觉足够多时,通过辨识共性,发现特性,逐步构建出概念间的联系。直至概念之间的相互关系可以脱离直观内容。然而,认知能力的不断进步与新发现的层出不穷,均表明,我们经验认知的这些知觉分类或自然法则在客观世界的存在为时已久。亚里士多德的“三段论”、函数是良好的例证。

2. 经验主义的应用场域

经验认知在一定程度上展现了人的理解能力。人类对客观存在的认知经历从概念到联系,从联系到体系的过程,是因为人

---

① 参见[美]威廉·佩珀雷尔·蒙塔古:《认识的途径或哲学的方法》,吴士栋译,商务印书馆2012年版,第45页。

② 参见[德]石里克:《普通认识论》,李步楼译,商务印书馆2010年版;[美]威廉·佩珀雷尔·蒙塔古:《认识的途径或哲学的方法》,吴士栋译,商务印书馆2012年版,第54页。

具备“理解”的能力。[①] 人类有能力将分属不同层次的事物按照一定的规律或逻辑分门别类、归纳总结，再依据彼此联系将其穿针引线，编织成网。我们通过感官发现了各种概念或者物体之间的相互作用，基于此，当我们看到一切特殊的对象恒常的彼此联系，这种经验逐步形成因、果联系的观念。可见，经验主义源于但并不限于人类从实务中自动地取得知识，也可以经由感官感知到的经验，再经过适当归纳或演绎，甚至是逻辑思维与实证方法，最终形成结论，检验假说或者发现真理。

3. 经验主义的局限性

经验主义并非以穷尽具体事物的共性为方法认知事物，而是抽取已知事实的共性，进行从本体到联系的归纳、论证所得的结论、一般规律或者趋势。因此，为了避免陷入唯名论的误区或者逻辑混乱，当出现了与已知条件有所不同的新事物时，则需要承认经验主义的或然性（或者称为盖然性）与被动性的局限。

一方面，经验主义的或然性。从经验主义自身出发，或然性是对有限的经验感知的总结，故而，或然性的确定程度与被感知的经验知识的多寡正相关。社会物质生活条件不断提升，来源于社会生活的经验也随之变动。或然性可能会因经验事实各要素中某一方面的机会占优，而呈现出差异化。这种优势越强大，则越会超过其相对方的概率，概率占优的一方便会引起更高程度的信念或赞同。究其原因，经验主义是通过感知、认知的过程实现

---

① “理解”的定义在不同领域，针对不同事物有不同的定义范围和内容。本书“理解”参照“我们的理解借什么方式可以得到我们所有的那些事物观念”之意。参见［英］洛克：《人类理解论》（上册），关文运译，商务印书馆2015年版，第1~3页。

理性从未知到已知的转变。作为核心的感知的条件,会受到时效、地域、时代背景、文化背景的影响。同时,主体个人的智力因素、教育背景等条件的不同也会影响认知的深浅。因此,经验主义对事物认知的准确性需要多方面综合考虑加以评判。

另一方面,经验主义的被动性。当我们发挥我们的理解能力以抽象概念时,所依据的经验事实依然附着着具体的日期、地点、形态等知觉的属性。如果缺少这些具象的属性因素,经验主义方法可能会陷入失灵的困境。

申言之,复杂观念是被人心由简单观念造成的。[①] 部分复杂的观念可以通过定义恰当表述。这些概念不过是整合了那些更简单的概念而已。例如,"宇宙""客观存在"等。然而,仍有一些复杂的概念难以分解成为更简单、细小的部分,如"美""价值"等,在定义的准确度上也存在些许歧义与模糊,我们能够用什么工具去擦亮那些模糊不清的地方?归根结底,还是要凭借最初的印象和原始的感觉。离开了这种属性的感知,我们无法从中得出准确的概念,因此,我们从知觉的经验当中得出的概念是知觉事实。经验主义无法感知具有抽象属性的意识形态概念,例如,人权、民主、正义等,或许无法单凭经验论的方法取得突破。可见,经验论与理性主义之间并没有壁垒与屏障;相反,两种不同的方法在认知的对象上是可以互补的,并且经过互补,可以提升认知对象的可靠性。

---

① 参见[英]洛克:《人类理解论》(上册),关文运译,商务印书馆2015年版,第139页。

（三）辩证唯物主义

辩证唯物主义是将辩证法融入唯物主义，相对机械唯物主义而言，是可知论与能动反映论的总和。其主张物质是第一性的，意识是第二性的。物质决定意识，意识对物质有反作用。①

1. 辩证唯物主义的内容

辩证唯物主义认为真理都是客观真理。② 真理是不依赖主体或者其意识的客观存在，任何真理都是符合客观事物及其规律的正确认识，都是客观事物及其规律在人脑中的正确反映。③ 以真理是一种主观认识为前提，可知，认识主体的主观意识能够反映客观存在。世界是可知的，只有人类尚未认知之事物，而没有不能认识之事物。同时，结合辩证法的观点推知，真理具有绝对性和相对性。④ 绝对真理和相对真理的辩证统一表现在：其一，两者是对立的。一方面，真理的客观性意味着真理兼具绝对性。真理是人类认识世界能力的理性反映。同时，时间的无限性成就了人类对客观世界的认识是永无止境的。所以真理是绝对的。另一方面，真理的相对性是指，真理是人类对无限的宇宙认识的反映。然而，由物质组成的世界是运动的，运动却是物质内部相互作用的结果。⑤

---

① 参见中共中央马克思恩格斯列宁斯大林著作编译局编译：《列宁选集》（第2卷）（第3版），人民出版社2012年版，第89页。

② 参见陈光中：《陈光中法学文选》（第1卷），中国政法大学出版社2010年版，第664页。

③ 参见中共中央马克思恩格斯列宁斯大林著作编译局编译：《列宁选集》（第2卷）（第3版），人民出版社2012年版，第130页。

④ 参见［德］恩格斯：《自然辩证法》，于光远等译编，人民出版社1984年版，第75～87页。

⑤ 参见张启安、李秀珍主编：《西方文明史》，西安交通大学出版社2014年版，第139页。

人类对真理的认识因受制于特定的时间和空间,因此具有相对性。其二,两者又是统一的。相对真理无限地接近绝对真理,使绝对真理不会陷入形而上学而机械僵化。同样,绝对真理引领着相对真理,使相对真理不会陷入唯心主义或者不可知论的误区。两者之间相互作用、相互渗透。

2. 辩证唯物主义对真实之争的回应

在刑事诉讼程序中,基于辩证唯物论的指引,我国的证明标准相对大陆法系与普通法系国家立法的证明标准能更清晰地体现出追求客观真理的愿望。同时,我们也需要承认,对犯罪事实的认识既是绝对的也是相对的辩证统一关系。基于此,刑事证明标准应当在两者之间寻求合理的平衡点,以防止刑事诉讼程序不会成为国家权力侵犯公民个人权利的工具,亦需要防止刑事诉讼程序成为不法分子逃脱法律制裁的合法平台。因此,我们考虑借助辩证唯物论的方法来厘清客观真实、法律真实与主观真实之间的关系,以明了刑事证明标准应当包含的内容。

首先,客观真实与绝对真实之间不能等同。客观真实是指司法人员只要依法收集和审查判断证据,完全有可能对案件事实作出符合客观实际的认定。① 可见,所谓的客观真实是一种被证明、被复原的真实。众所周知,古希腊哲学家赫拉克利特有一句名言:人不能两次踏入同一条河流。如果说这是古代哲学家的猜想,著名的电子双缝干涉实验证实的“波粒二象性”可以佐证以静

① 参见陈一云主编:《证据学》(第4版),中国人民大学出版社2010年版,第57页。

态标准是无法衡量动态进程的立论的客观性。[①] 可见，在此语境下，绝对真实在诉讼证明领域是难以达到的。

在客观世界，运动是绝对的，静止是相对的。诉讼证明是对过往事实的重现。在诉讼证明进行的同时，绝对真实已经随着时间流逝。在辩证唯物主义视域下，刑事诉讼证明指向的客观真实，应当是作为裁判对象的，发生于过去时间段的一种客观存在。依此，绝对真实的实质可能表达的是客观真实的内涵。

其次，客观真实与法律真实之间是辩证关系。我国学术界关于客观真实与法律真实之间的争论始于21世纪初。所谓法律真实，是指参与刑事诉讼证明的主体，在刑事诉讼证明过程中，运用证据对案件事实的认定，应当符合刑事实体法和程序法的规定，应当达到从法律的角度认为是真实的程度。[②] 曾有学者提出客观真实与刑事诉讼程序的价值追求是否契合的问题，[③]并从客观真实与法律真实的内容实质分别结合程序正当性回应了该问题。虽然两者在概念上略有差异，但经深入分析则不难发现，在事实方面，两者均追求发现真相；在程序方面，两者都尊重程序正义的

---

① 波粒二象性的发现颠覆了传统因果论的认识方法，即当我们知道事情的初始状态，就可以预测事件的未来情况，因为我们知道统御事件的法则。波粒二象性标志着“只能是其中之一”的看待世界的方法的终结。由量子力学导向的“波粒二象性”发现，使对物质世界的探索进入更微观的世界，也使牛顿的经典力学成为昔日之物。延伸至对客观世界的认识，也由曾经非此即彼的确定性认知进入亦此亦彼的不确定认识。参见[美]盖瑞·祖卡夫:《像物理学家一样思考》，廖世德译，海南出版社2016年版，第62~64页。

② 参见樊崇义等:《刑事诉讼法修改专题研究报告》，中国人民公安大学出版社2004年版，第304页。

③ 参见樊崇义:《客观真实管见——兼论刑事诉讼证明标准》，载《中国法学》2000年第1期。

独立价值。区别仅在于,选择了不同的参照系。也就是说,客观真实选取过往的客观存在为参照,而法律真实则选取法定的犯罪构成为参照。依此,法律真实的事实要以客观真实的事实为母体,客观真实的事实是否构成犯罪要以犯罪构成要件为导向。可见,两者之间应当不存在不可调和的矛盾。

最后,法律真实与主观真实都是相对真实。我国学术界存在着对"主观真实"的批判与否定。[①] 一般认为,只要提及"主观"就会令人联想到恣意,随之而来的必然是司法不公。辩证唯物论肯定了人的能动性,也明确了客观真理与人类的正确感知的相互作用。当我们运用辩证唯物论的方法应对这一问题时,不难发现,诉讼证明不能脱离人生而具备的理解能力,只是需要廓清主观的理性与主观的恣意之间的界限。若以证明主体是理性人为前提,分辨法律真实与主观真实。证明主体需要在法律授权的限度内依据证据认知犯罪事实。而通过证据还原的事实终究是犯罪事实的"镜像",并非原貌。那么,还原的结果当属法律真实还是主观真实,取决于衡量真实的依据。法律真实强调依据法定的程序与要件进行事实裁判。主观真实则强调事实裁判者在裁决案件时需要发挥理性人的主观能动性,依据良知、经验进行裁决,避免法律适用的僵化。可见,两者都属于一种相对真实,且可以重合。

3. 辩证唯物主义与诉讼证明的联系

在明确各种真实之争背后的实质差异之后,不难发现,以当

① 参见刘金友:《客观真实与内心确信——谈我国诉讼证明的标准》,载《政法论坛》2001 年第 6 期。

前刑事诉讼价值追求多元化为背景，客观真实更契合诉讼证明的要求与期望。同时，主观真实与法律真实则更符合诉讼价值取向的多元性与认识规律的递进性。

一般认为，司法公正分别包含实体正义与程序公正。在刑事诉讼程序中，其首要任务是发现事实真相，即客观真实。同时，程序的独立价值要求平等保障公民权利不受国家权力的任意侵犯。诉讼证明集中体现着证明主体等运用权力认识与认定案件事实的过程，也是容易发生国家权力可能侵犯公民权利的阶段。若仅以证实犯罪为目的，则有可能诱发刑讯逼供；如果仅注重保障被追诉人的权利，则有可能导致国家安全与秩序的持续破坏。因此，辩证唯物主义的认识方法为破解如何兼容各种真实背后的价值取向提供了有效的进路。我们不妨尝试分别赋予与各种真实的特点相匹配的职能定位，辅以配套的制度保障，也许会更好地实现刑事诉讼的预期与目的。

由此可见，辩证唯物主义可以为诉讼证明预期达到的要求指引方向，也为如何平衡程序正义与实体正义之间、方法与结果之间的矛盾提供了思路。

（四）怀疑主义

1. 怀疑主义的内容

怀疑主义相比理性主义、经验主义和辩证法这些依靠逻辑和因果关系的认识方法较为温和，也是一种相对消极的认识方法。[①] 但消极的方法也会获得积极的成果。

---

① 参见[美]威廉·佩珀雷尔·蒙塔古：《认识的途径或哲学的方法》，吴士栋译，商务印书馆2012年版，第167页。

怀疑可分为背理怀疑和合理怀疑。[①] 合理的怀疑方法是人们认识世界的方法之一，亦是马克思哲学思维方法的重要组成部分。[②] 怀疑主义可以为我们进取性的判断保留一种恰如其分的公正和冷静。在我们通过经验主义反复求证的过程中，怀疑主义可以使我们的头脑先保证自明，与来自教育或偏见的先入为主、积极进取等观念保持适当的距离，以求小心翼翼地求证结论的可靠性。虽然怀疑主义的介入会拖慢我们得出结论的进程，可是正因为结合这样的方法，也增强了我们到达真理的可靠性，使我们能够获得结论的坚实性与确定性，这是对待科学应当有的素养和态度。

2. 怀疑主义的应用场域

一般认为，唯物主义与唯心主义项下都包含着"一揽子"的学说，并在不同焦点的争论中喋喋不休。然而，放眼历史的角度来观察，争论来自彼此之间的合理怀疑，旷日持久的辩驳反而成就了对宇宙认识的进步，争论的焦点也最终走向融合。另外，在理论逻辑推论中，怀疑主义发现了理性推论的困境。诸如"二律背反"理论的不断完善与深入，诱使科学研究者发现产生形而上学困境的根源，深入到了对纯粹理性的批判。[③] 又如，在经验逻辑中，芝诺反对运动的理论逻辑与运动事实存在的经验逻辑之间的"运动之谜"，证实了理性逻辑和经验逻辑并不总是能统一。由此

---

① 参见吴国林主编：《自然辩证法概论》，清华大学出版社2014年版，第155页。

② 参见张明仓：《怀疑方法：一种创造性思维方法》，载《学习与探索》2001年第6期。

③ 参见[德]康德：《纯粹理性批判》，蓝公武译，商务印书馆1960年版，第359～361页。

可见,怀疑主义能够存在于逻辑关系或者因果关系的论证尚不周延的场域。

怀疑主义在一定程度上可以有助于避免认定事实的错误。在刑事诉讼程序中,如果控方力量过于强大,则会陷入多数人意见天然易于肯定与独断的惯性。当法官只看到事物的一面,而缺乏其他相反的论证之时,其意识将会被控方的强大力量拉入偏听偏爱的陷阱中。从刑事诉讼的表现形式来看,法官的中立地位与控辩平等的对抗需要互为因果,可以有效避免司法权流于虚无。从诉讼参与人的主观思维分析,控辩平等对抗的逻辑起点始于怀疑主义的肯定、否定之间的消极性。其中,既有控辩双方的相互反驳,也有证明主体的自我反思。

在审判程序中,怀疑主义应用于整个事实与证据。在庭审中,辩护权以公开的、直观的、短兵相接的方式与控诉一方直接对抗,争议的焦点以最高的效率生动、全面地呈现于法庭。控辩双方争点越多,表明控方构建的事实体系的盲区或不稳定之处越多,通过争辩可以明晰事实真相。事实裁判者综合控辩双方的论证与反驳,凭借自己的良知、经验、理性,评判事实细节以及细节之间的因果关系等。

在审前程序中,控诉一方提出的诉讼请求,是基于自身的经验、理性对证据进行的判断,最终归纳形成结论。这个认知过程同样经历思维与反思,在没有外力作用与控方思维活动时,自我怀疑与自我肯定是认知事物不可逃避的方法和过程。

3. 诉讼证明中怀疑的合理限度

当明确了怀疑主义在刑事诉讼程序中适用的场域后,则有必要讨论怀疑的限度问题。在普通法系国家,刑事案件的最高证明标准是“排除合理怀疑”,但有关何为“合理怀疑”的诠释几乎处于空白。诚然,“合理怀疑”解释空缺与适用规范性之间的矛盾可以通过普通法系的司法制度与审判制度进行调和。然而,这并不意味着“合理怀疑”可以缺乏一定的限度或者标准。

有关合理性的判断,既是一个理由性问题,亦是一个可靠性问题。① 在刑事诉讼的事实认定与辩论过程中,双方都会期望己方在论证逻辑上更周延、思路更清晰。其通常需要选择一个逻辑起点,随后衍生出多个命题,再逐级分层次编织逻辑体系。相应地,辩方为了使己方反驳更具针对性与力度,也需要选定对方的某个存有疑点的命题作为支点,以期撬动整个事实论证。因此,产生怀疑的疑点可能会源于控方命题的逻辑体系中,可以是关键环节的缺失,也可以是因果关系的不周延。

具体而言,控方构建的事实中关键环节的缺失。依前文所述,经验主义和理性主义应用于刑事诉讼程序中,是融入主观因素的逻辑过程,目的是重现过往事实。同时,重现的事实会无限靠近客观存在但不会完全重合。是故,控方指控的事实应当存在其自身无法涵盖的盲区。一般而言,人不会同时相信两个矛盾的命题,但可以同时怀疑两个矛盾命题。因此,当辩方借助控方逻辑体系中的空白,巧妙插入另外一种事实的可能性时,两个命题有可能均为假命题。所谓因果关系的不周延,即以控方指控的结论、证据为条件,辩方演绎出一个有效的推理过程,但得出与控方

---

① 参见[美]罗伯特·诺奇克:《合理性的本质》,葛四友、陈昉译,上海译文出版社2012年版,第103页。

结论不同的结论，则可见控方的命题体系中还存在逻辑上不周延之处。

由此可见，怀疑主义并不致力于将人类的思考转向虚无，为人类思想深处与生俱来的惰性寻找合理的借口。相反，怀疑主义会逐步纠正人类心中的傲慢无礼或迷惘自负等弱点，使人类思维更加理性。落脚到刑事诉讼程序中，怀疑主义增添了诉讼证明的理性色彩，为控辩双方提供了驳斥对方的方法，也为事实裁判者提供了评判真伪的思路。

综上所述，无论是理性主义、经验主义还是唯物辩证主义、怀疑论，均可以成为发现案件事实的方法，并且各种方法相辅相成，既不会相互取代也不能相互否认。当实际经验与逻辑思考之间出现矛盾时，我们不妨思考与评估，这种冲突与矛盾并不是源于方法本身的不周延，而是因为我们单独滥用了其中之一或多种方法，造成了当前的困境。申言之，经验主义的作用在于对实际存在的具体事实加以分析，并通过归纳总结发现的结论。理性主义的作用则在于对任何一种抽象的猜想加以分析，并通过演绎表达其中涵盖的意思。在经验与理性之间，经验主义是从“具体”到“抽象”的角度看待事物，因而具有分析性。理性主义则与经验主义互补，是从“抽象”到“具体”，因而具有发散性。当两者分别从相对位置出发，以不同的速度前进却又必然相遇时，唯物辩证主义与怀疑论的本质可以消解经验与理性之间的矛盾，令看待问题的视野更开阔，思路也更清晰，从而实现去伪存真的目的。

二、诉讼构造理论

(一)刑事诉讼构造理论

刑事诉讼构造是指刑事诉讼程序的组成方式,各个程序之间的联系形式。① 刑事诉讼构造依历史背景的不同,其表现方式亦有所区别。在古希腊、古罗马共和国时期,刑事诉讼构造主要表现为控诉与审判职能分离,实行"不告不理原则"。审判开始于私人的告诉,并由发起控告的一方承担举证责任。在法庭上,辩方与控方享有平等的权利,亦不区分民事、刑事案件类型。法官是由涉诉双方从元老院以及骑士当中选任,处于消极、中立的地位,负责听取双方当事人的诉求以及审查证据,最后依据事实进行裁判。可见,先前欧洲大陆的诉讼构造较现代刑事诉讼构造更注重当事人双方的主动参与与主导诉讼进程的权利配给。然而,随后欧洲大陆的诉讼构造发生了根本的变化。在刑事诉讼中,控诉职能与审判职能之间的界限变得不再如以往一般清晰,提起控告的一方也由私人主导变成国家专门机关主动发起,法官也从消极被动的地位转变为有权主动调查事实证据的一方,被告人的辩护权利湮灭在追诉犯罪一方强大的权力中,以至于失去了其主体地位。

其一,诉讼构造的背后体现着权利与权力之间的分配关系。从权力统治在社会构建和社会运作方面的特征观察,权力在社会关系中代表着能动而易变的原则。② 权力若不受到有效控制,其

① 参见李心鉴:《我国刑事诉讼法学的两大现代课题——诉讼目的与诉讼构造》,载《中外法学》1991 年第 1 期。

② 参见[美]E. 博登海默:《法理学——法律哲学与法律方法》,邓正来译,中国政法大学出版社 2010 年版,第 374 页。

运行可能会因无情、自由流动且易膨胀而具有破坏性，使社会进入一种无序状态。

其二，诉讼构造通过法律规范予以确认的目的在于遏制权力。人类历史早已证明，一种社会秩序的构建，需要结合当前社会的诸多因素，将权力与法律以一种相互妥协又彼此成就的方式相互渗透。既然如此，法律规范可以为权力设置障碍，其目的在于维系一种社会均衡，从而达到一种相对静止或者稳定、有序的状态。所以，法律可以视为一种限制权力的力量。这种力量通过赋予特定个人或特定群体权利，抵消、缓解权力的张力。

其三，诉讼构造作为体现权力与权利博弈的结果会伴随时间的变化而改变。当一种权力与权利的平衡模式建立以后，有必要建立与之相关的法律制度以保障既定模式的运行，并形成一种惯性。不然，法律得以存在的缘由与价值会因为社会局势紧张而变得虚幻。基于此，权力平衡衍生出两种不同方式：一是以社会秩序稳定为先导，引入权利以适当约束。可知，两者之间可认为是主次关系。二是以自由主义为先导，引入权利制约权力。可知，两者之间可认为是对抗关系。在刑事诉讼程序中，具体表现为对国家权力的限制与对被告人权利的保护。当人类进入民主法治社会以后，虽然大陆法系与普通法系在刑事诉讼构造的建构方面走向分野，但无法抹杀诉讼构造与刑事诉讼证明之间相互作用的机理彼此相通。

（二）刑事诉讼构造模式

所谓刑事诉讼构造，是指由一定的诉讼目的所决定的，并由主要诉讼程序和证据规则中的诉讼基本方式所体现的控诉、辩护、裁判三方的法律地位和相互关系。①

刑事诉讼构造理论源于美国。帕卡首先提出刑事程序的两种模式：犯罪控制模式（crime control model）和正当程序模式（due process model）。犯罪控制模式主张刑事诉讼程序最重要的功能是抑制犯罪，可见犯罪控制模式的诉讼构造更加注重司法效率原则的实现。为了保证诉讼程序的效率，必须强化侦查权的运行力度，高效地获得判决。正当程序模式是以优先保障个人权利观念为基础建构的控、辩、审三方地位。正当程序模式根植于国家权力不受制约必然会被权力享有者滥用的观念。因此，在诉讼程序上以保障公民权利制约国家行政权的行使。如果将犯罪控制模式比喻为赛跑，那么正当程序模式则可以视为障碍赛跑。在证明犯罪事实获得有罪判决的赛道上，权力机关既有义务抵达正确认定犯罪事实的重点，亦需跨越权力掣肘带来的不便。可见，在正当程序模式下，对案件事实的证明既要关照实体公正价值，程序公正价值亦不可偏废。

大陆法系国家的刑事诉讼程序发展历经弹劾模式、纠问模式与混合模式 3 种类型。弹劾模式是在国家权力参与刑事诉讼之前，依靠私力指控犯罪的诉讼构造。直至 13 世纪，国家权力介入刑事程序，依职权开启诉讼行为。随着法国大革命爆发而发展起来的混合程序，表现在刑事诉讼的权力配置上，侦查程序带有纠问色彩，案件侦查结束后的程序采取弹劾主义，侦查环节形成的证据材料移交检察机关，由检察机关决定是否向法院提起诉讼。

① 参见李心鉴：《刑事诉讼构造论》，中国政法大学出版社 1992 年版，第 7 页。

在审判程序中,赋予双方当事人参与法庭事实调查的权利,并可以进行辩论,证据的采信需要在双方当事人在场的情况下,由法官主导推动诉讼程序的进行。因此,法官在审判程序中处于积极的地位。随着大陆法系国家的诉讼构造演化,当事人获得越来越多的权利参与诉讼程序。在案件的预审环节,证据调查应当在当事人在场的情况下进行。随着法定证据规则逐步退出舞台,被告人的如实回答义务也随之走入历史。

比较大陆法系与普通法系国家刑事诉讼构造模式的差异,发现在国家或者社会利益与个人利益之间的优先级设置有所差异。普通法系国家的诉讼构造围绕个人权利的保障与对国家权力的制约建构控、辩、审三方的关系。大陆法系国家的诉讼构造是以国家权力、公共利益为中心,再关照赋予个人参与诉讼程序的权利多少。

尽管大陆法系诉讼构造与普通法系诉讼构造都以发现实体真实为目的,但犯罪行为是对国家保障利益的侵害,以国家优于个人理念建构的刑事诉讼构造契合发现真实的认知规律,也更有内驱力。普通法系国家的诉讼结构是以保障个人权利为优先,处于被追诉人地位的人,其权利保障与发现真实之间存在张力,因此,刑事诉讼构造应当是在两者之间寻求恰当的平衡点,消解张力,促成当事人接受发现真实带来的不利后果。可见,普通法系国家的诉讼构造更倾向于纠纷的解决。由此不难推测,刑事诉讼构造是基于诉讼目的配置控辩审三方的权力,设定控、辩、审三方的地位。刑事诉讼的目的之一是发现真实,发现真实与权力制约等目的的博弈影响着诉讼证明的程度。

三、法学理论依据

(一)程序正义理论

1. 程序与程序正义的含义

一般认为,程序是指事情进行的先后次序或者按时间先后或依次安排的工作步骤。[①] 由此可知,程序既包含事物发展的规律,亦有人为设定的流程两方面的含义。法学中的“程序”有其专门的含义,指按照一定的顺序、程式和步骤制作法律决定的过程。国家一般对制作各种法律决定的程序在专门的法律中作出了规范和限定,因而这种程序又被称为“法律程序”。[②]

当人们发现,通过特定的法律程序获得的法律决定,该程序也可以获得与之不同的法律决定。相应地,同样的法律决定亦可以通过其他途径获取。[③] 人们意识到,程序规则不依附于法律决定而存在,程序可以被赋予有属于自己的原则、规则以及程序性的权利与义务,因而也具有独立性。

程序正义作为一种观念,最早出现在13世纪的英国。1215年颁行的《大宪章》中有所显现,随后,在美国得到长足发展,逐步演化为“正当法律程序”。《布莱克法律词典》对正当程序作出了具体解释,任何权益受判决结果影响的当事人有权获得法律审判

---

① 参见中国社会科学院语言研究所词典编辑室编:《现代汉语词典》(第7版),商务印书馆2016年版,第170页。

② 参见陈瑞华:《刑事诉讼的前沿问题》(第4版),中国人民大学出版社2013年版,第154页。

③ 参见[美]迈克尔·D.贝勒斯:《程序正义:向个人的分配》,邓海平译,高等教育出版社2005年版,第140、287页。

的机会,并应被告知控诉的性质和理由。[①]

2. 程序正义在刑事诉讼程序中的意义

美国学者罗尔斯在其著作《正义论》中描述了程序正义的3种形态:纯粹的程序正义、完善的程序正义与不完善的程序正义。在罗尔斯看来,要解决社会分配的不平等,可以按照纯粹的程序正义观念来设计一种社会的基本结构,以达到无论结果如何,都可以认为是正义的目的。[②] 基于此,似乎可以有两种解读:一是所有的既有法律程序都具有正当性;二是只有具备正当性的程序才是法律程序。其类似于自然法学派中"恶法非法与恶法亦法"之争。

在人类对自我的认知不断深入、对人权的主张不断高涨之时,程序正义原则应运而生以迎合这样的需求。程序法通过为可能恣意的权力运行设置障碍,为容易恣意的权力能量预设其释放方向的方法,来平衡与公民个人权利之间的巨大差异,从而达到保护人权不被任意侵害的目的。当我们以自由社会的刑事诉讼程序为观察对象,会发现程序正义及其一贯性是防止国家权力可能会像洪水猛兽一样侵犯个人权利的"达摩克利斯之剑"。在刑事诉讼程序中,被追诉主体与国家机关之间的力量对比是悬殊的。追诉一方是由多数个人集合起来的国家机关,不仅掌握着公民个人不曾控制的社会资源,还拥有可以额外调用或者动员的社

---

① See *Black's Law Dictionary*, Abridged ninth edition by the Publisher's Editorial Staff, p. 575.

② 参见[美]约翰·罗尔斯:《正义论》,何怀宏、何包钢、廖申白译,中国社会科学出版社1988年版,第87页。

会力量。基于此,刑事实体法的实施若不通过正当的诉讼程序,悬殊的力量对比,将会使个人自由与权利变得不堪一击。

由此可知,当国家权力参与社会生活时,有必要构建符合“正义”取向的程序以调节实体结果与对个人尊严与自主性等价值保障之间的平衡。虽然罗尔斯在《正义论》中对纯粹程序正义情有独钟,但其并没有周延地论证程序公正性如何决定结果的正义性这一命题。因此,实体正义与程序正义两者之间彼此独立亦不可偏废。

3. 程序正义与证明标准的联系

自人类理性认知摆脱对神意指示的依赖后,普通人作出的裁决结果如何具有公信力成为需要研究的问题。虽然证明标准是有罪裁决的依据,但其自身的主观性是不可否认与回避的,同时,人类理性之下隐藏着的趋利避害的本性也是不可否认与回避的。事实裁判者的个人好恶、与案件之间或然的千丝万缕联系有可能导致案件裁判的非理性与偶然性。因此,事实裁判者能够依托于什么理由自证裁决的公正?也许程序所具有的显性与可重复性特征,能够将可能影响裁判者公正裁判的因素公示于众,或将其排除在外,以树立司法的公信力。

刑事证明标准的客观性应当可以为该破解思路提供可操作的条件。程序正义需要借助法律规范的具体内容得以彰显。法律规范又是调整人类具体行为的一般性准则。[①] 是故,程序正义与证明标准之间可以在证据能力的规范性方面得到衔接。一方

① 参见沈宗灵主编:《法理学》(第4版),北京大学出版社2014年版,第25页。

面，刑事证明指向犯罪事实，证据材料来源于犯罪事实。证据材料一旦受到污染，可能影响案件的公正处理。可见，两者是同步的。另一方面，刑事证明的结果与被追诉人之间具有利害关系。通常情况下，被追诉人如果主动承认对自己不利的行为内容，则有悖趋利避害本能。若双方为此对抗过于激烈，会引发冲突。因此，在取证过程中比较容易出现侵害人身基本权利的情况。程序正义原则可以通过公开的证据规则、严格的执法手段辅以程序性制裁预后措施等方式，获得公众的信赖。

由此可见，证据规则可以有效规制参与刑事诉讼程序的国家权力机关的权力运行，也能够明确权力机关的权力自由限度与范围。因此，在现代社会刑事诉讼程序中，程序正义原则的具体内涵以证据规则的形式得以彰显。刑事证明标准与程序正义原则之间以证据的合法性为纽带，共同实现司法的公平与公正。

（二）罪刑法定原则

1. 罪刑法定原则的内容与意义

一般认为，“法无明文规定不为罪，法无明文规定不处罚”可以视同是对“罪刑法定原则”的具象化阐释。我国《刑法》第 3 条至第 5 条明文规定罪刑法定原则、罪责刑相适应原则与适用刑法人人平等原则是我国刑法的基本原则。罪刑法定原则又被称为“罪刑法定主义”。学术界有学者认为，罪刑法定原则是法治社会刑法区别于专制社会刑法的分水岭。① 原因在于，评价某种行为是否道德或者诚实是一种主观的判断，并且该行为引起的后果也

---

① 参见刘宪权：《论罪刑法定原则的内容及其基本精神》，载《法学》2006 年第 12 期。

会左右判断的结论。因此,判断这种行为是否需要承担法律责任,应当预先予以明示,以防止主观臆断。

在中国古代的封建专制社会,其社会治理崇尚礼法,且重礼轻法。如果礼、法之间发生冲突,则法作为维系礼治的工具,需要迎合、维护礼的需求,因而,法可以因地制宜作出修正。在此历史背景下,即引发了权力范围没有边界限制,权力运行没有流程规制的现实问题。中西方文明史镌刻的王权暴虐横行的事件不胜枚举。古典自然法学派的思想家在批判封建专制的残酷性之时,亦提出应当以人为本,人的基本权利应当得到正当的维护。资产阶级启蒙思想的倡导者卢梭、贝卡利亚相继提出基于"社会契约"而存在的国家应当以保障人权为己任。并认为,刑罚权作为国家权力的重要组成,其适用方式应当从实质的放任转变为形式的克制。

可见,罪刑法定原则在法律层面上的确认,是一次重大的司法理念变革。其意味着打击犯罪的目的从实质合理性的司法观念转变为形式合理性的司法观念。

2. 罪刑法定原则与司法权的关系

一般认为,实体法律规范是对各种权力或权利关系的确认。权力或权利关系能否在社会生活中体现,也许关键在于权力的运行过程,即司法。罪刑法定原则在确定哪些行为应当受到社会否定评价之时,也将司法机关的定罪活动严格限制在刑事法律规定的范围之内,不得僭越。因此,罪刑法定原则能否在社会生活中得到体现,体现的程度如何,均依赖司法权的正确运行。

尽管法无明文规定不为罪已经毋庸置疑,其逆否命题,即法有明文规定即为罪是否成立？依逻辑学原理，犯罪与定罪之间的关联不可一概而论。实践中也确实存在虽然法有明文规定，亦可不为罪的可能性。当刑法确定了刑事责任的领域、范围以及尺度之时，还需要司法赋予“罪刑法定”以生命力，才不致将罪刑法定原则背后的人权保障的价值追求流于虚妄。那么，如何防止或界分法有明文规定却不定罪不是一种司法擅断或徇私枉法行为？如果无法展现罪刑法定原则在司法运行中符合客观规律与预设的价值取向，那么，该原则的进步意义可能会遭受只是国家权力重新分配的怀疑，而失去实质意义。因此，论证司法权与罪刑法定原则之间的联系具有了一定的现实意义。

从司法权的性质层面分析，提及司法权，就会涉及司法权是有别于立法权与行政权的第三种国家权力。立法权的内容在于创设法律规范，司法权与行政权则处于立法权下位，执行法律规范。① 司法机关的使命是对具体案件进行裁判。相对于立法权而言，司法权是一种裁判权，是通过将一般法律规范适用于具体案件上，来发挥其裁判案件这一功能的。② 可见，司法权可以为“罪刑法定原则”的正确适用提供保障。

从司法权的作用层面分析，司法权与行政权虽然均属于国家权力，但司法权指向的对象是个体。司法为受到追诉的公民个人或组织提供了与国家机关平等对话的场域，赋予了公民或者组织

---

① 参见［奥］凯尔森：《法与国家的一般理论》，沈宗灵译，商务印书馆2013年版，第368~370页。

② 参见陈瑞华：《司法权的性质——以刑事司法为范例的分析》，载《法学研究》2000年第5期。

就自己遭受的否定评价进行申辩的权利，是权利主体寻求救济的最终途径。具体而言，在刑事诉讼中，处于追诉一方的主体是国家机关，被追诉一方是公民或者组织，权力（利）力量对比相差悬殊。在法有明文规定是犯罪的情况下，追诉犯罪的一方占据着“天时地利”的优越条件，若司法救济的途径缺失，则可能难以保证追诉犯罪不会异化成为打击镇压的行政治罪行为。可见，司法权通过司法程序克制国家权力，保证罪刑法定原则的具体内容可以正确实施，尽可能防止错误追诉的发生。

3. 罪刑法定原则与刑事证明标准的关系

一般而言，罪刑法定原则从宏观层面厘清了罪与非罪的界限，而刑事证明标准是判断涉诉案件是否有罪的依据。由此推知，罪刑法定原则与刑事证明标准分别从立法与司法的不同领域诠释了犯罪的内涵。

从刑事诉讼的过程分析，被指控的危害行为使法律条文中的具体罪名变成一个客观存在的事实，使静态的罪行与罪名变成动态的犯罪行为与犯罪结果，其中充满着具体的自然暴力危害或法律拟制危害等元素。从诉讼证明的过程分析，现代刑事诉讼程序要求，认定犯罪事实需要通过证据证明。诉讼证明贯穿于刑事诉讼始终，并且是一个运动的过程。其中，案件事实的还原是一个从残缺到完整，从怀疑到确定的过程。犯罪事实由被追诉人所为的判断也是一个从怀疑到确定或否定的过程。最后的定罪则需要与法定的罪行内容相吻合。可见，诉讼证明与证明标准为追诉人和被追诉人分别提供了定罪之争的对话平台与纠纷终结的节点。同理，在裁判者适用罪刑法定原则之时，刑事证明标准为其明确了自由裁量权的限度。

可见,罪刑法定原则展现了社会文明的进步与人类谋求自我解放的成果与程度,但立法的美好愿景要通过司法程序的良好运行方能实现。刑事证明标准赋予罪刑法定原则以生命,即通过犯罪事实的证明已经达到预设的刑事证明标准,裁判者应当裁决有罪的方法,将文字的、抽象的犯罪通过生动的、公开的、法定的定罪过程予以展现,以期兼顾实现刑法犯罪预防与社会控制的目的,与刑事诉讼程序惩罚犯罪与保障人权的目的。

(三)无罪推定原则

1.无罪推定原则的内容与意义

历史表明,无罪推定原则在法国大革命时期的启蒙运动中得以确立。一般认为,贝卡里亚在其著作《论犯罪与刑罚》中反对有罪推定的过程中,同时提出无罪推定的理论构想,即在法官判决之前,一个人是不能被称为罪犯的。如果犯罪是肯定的,对他只能适用法律所规定的刑罚,而没有必要折磨他,也因为他交代与否已经无所谓了。如果犯罪是不肯定的,就不应折磨一个无辜者,因为,在法律看来,他的罪行并没有得到证实。[①] 亦有学者概括,无罪推定原则是指,在刑事诉讼中,任何被怀疑或者受到刑事指控的人,未经法院依法定程序裁决其有罪之前,应当在法律上被假定为无罪。[②]

---

① 参见[意]切萨雷·贝卡里亚:《论犯罪与刑罚》,黄风译,中国大百科全书出版社1993年版,第31页。

② 参见汪海燕:《刑事诉讼法律移植研究》,中国政法大学出版社2015年版,第148页。

无罪推定原则对欧洲大陆诸多国家有着广泛而深远的影响，也是联合国国际公约确认和保护基本人权的内容。1948 年联合国大会通过的《世界人权宣言》，首次在国际法层面确认无罪推定原则。该宣言第 11 条第 1 项规定："凡受刑事控告者，在未经获得辩护上所需的一切保证的公开审判而依法证实有罪以前，有权被视为无罪。"随后，1966 年 12 月 16 日联合国大会通过的《公民权利和政治权利国际公约》第 14 条第 2 款规定："凡受刑事控告者，在未依法证实有罪之前，应有权被视为无罪。"在我国，1996 年修订的《刑事诉讼法》也将无罪推定的精神纳入立法。① 直至 2012 年《刑事诉讼法》再一次修订，在不得强迫任何人证实自己有罪的基础上，增加了不得强迫任何人证实自己有罪的条款。

无罪推定原则产生与发展的历史已表明，人类在理性的助推之下逐渐走向法治与文明。首先，无罪推定原则是基于人类理性的法律拟制，而不是新发现的自然规律，也是人类历经长期的审判实践斗争而产生的有关程序正义意识的表现方式之一。无罪推定原则的承继，经过历史的考验，其内容不断扩充，涉及举证责任、权利保障的内容与限度，影响也波及了欧洲大陆的各个主要国家，呼应了程序的独立价值。可见，无罪推定原则是一种程序法层面的价值选择，与实体正义相得益彰。其次，从诉讼证明的角度分析，若将人的行为一分为二，分为犯罪行为和非犯罪行为，

① 1996 年 3 月，修正后的《刑事诉讼法》第 12 条规定："未经人民法院依法判决，对任何人都不得确定有罪。"并没有直接使用"推定"等字样。因此概括为"无罪推定的精神"。同时，在该法第 162 条第 3 项中还相应规定了罪疑从无原则，即"证据不足，不能认定被告人有罪的，应当作出证据不足、指控的犯罪不能成立的无罪判决"。

那么,犯罪行为也许仅占冰山一角。证明确有犯罪行为在努力的向度上相对自证清白显得更明确。现实中,部分大陆法系国家的刑事诉讼程序设计,控辩双方力量颇为悬殊,使被追诉人自证清白的可能性更是雪上加霜。最后,无罪推定原则有助于法官不会产生先入为主的偏见。无罪推定原则中的"推定"是程序独立价值的衍生物,目的是保证被追诉人在未经法定程序认定其有罪之前,不应当遭受侵犯其基本权利的待遇。在刑事诉讼中,控方的有罪指控是一种程序上的请求权,相应地,赋予被追诉一方处于推定无罪的地位,才能显现控辩双方在对抗力量上实质的平等。

2. 无罪推定原则与证明标准的关系

虽然无罪推定原则的内涵依各国的法治背景的不同,其定义的切入点亦有所区别,但均包含两方面内容:一是刑罚适用需要通过法定的程序,裁判者依法认定指控的事实成立,构成犯罪;二是被追诉人在被确定为有罪之前,依然享有人权不得被任意侵犯的权利。可见,在无罪推定原则的指引下,刑事证明标准的存在在一定程度上体现着无罪推定的精神。

第一,无罪推定原则是刑事证明标准合理存在的基础。无罪推定原则表明了控方的证明活动犹如逆水行舟,需要承受的最大阻力源于证据规则对取证手段的规制或掣肘。具体而言,分别包括辩护权的对抗与刑讯逼供的禁止。大陆法系和普通法系国家的立法,以无罪推定原则为出发点,构建的各种配套制度日趋完善。也正因无罪推定原则的设定,使证明有罪的相关方法与相应制度能够合理地存在并持续发展。倘若从诉讼伊始就确认被追诉人有罪,也许诉讼程序以及证明活动将会显得多余。

第二,无罪推定原则与刑事证明标准之间是此消彼长的辩证关系。刑事证明标准体现无罪推定原则适用的限度。申言之,普通法系国家学者威格摩尔从举证责任的角度指出,无罪推定意味着被告人无须做任何事情。无罪推定之于举证责任的分配功能而言,有两方面的含义:一是由控方承担提出证据的责任;二是控方对被告人有罪的证明应当达到排除合理怀疑的程度。[①] 从诉讼证明的角度分析,刑事证明标准作为调节控方举证责任的杠杆,控制着有罪判决的严苛程度,当控方的证明达到证明标准,裁判者作出有罪判决并生效时,无罪推定原则的适用即告终结。依此可进一步推知,刑事证明标准施之于宽,可能导致错判无辜,施之过严,则可能导致错放有罪。更甚者,在刑事诉讼中,刑事证明标准如果指引性不强,可能会造成无罪推定原则的具体要求无所依托,同时造成人权保障的职能亦无法实现。

由此可知,无罪推定原则的内容与对应的保障制度是衡量法治发展文明程度的标尺。它的存在,是对公民个人利益的尊重。无罪推定原则与证据规则、证明标准和证明责任之间的连锁反应不但会影响刑事案件的实体处理,也与通过个案体现展现司法公正有密切联系。

(四)证据裁判原则

1. 证据裁判原则的内容与意义

证据裁判原则,也称证据裁判主义,是指对于案件争议事项的认定,应当依据证据。证据裁判原则要求裁判的形成必须以证

---

① See John Henry Wigmore, *Evidence in Trials at Common Law*, Aspen Publishers, 2010, p. 530.

据为依据;没有证据,不得认定案件事实;据以作出裁判的证据必须达到法律规定的要求。[①] 证据裁判是相对神明裁判而言的,是人类理性的巨大进步。在资产阶级革命之后,证据裁判原则作为一项法律原则,与自由心证一并成为欧洲大陆的法律规范的重要内容。德国刑事诉讼法规定,法院为了调查真相,应依职权对所有对判决有重要性之事实或证据加以调查。[②] 又如,日本刑事诉讼法关于证据裁判原则的表述最为精辟:认定事实,应当依据证据。[③] 我国《刑事诉讼法》第 200 条第 3 项规定:"证据不足,不能认定被告人有罪的,应当作出证据不足、指控的犯罪不能成立的无罪判决。"这被认为是证据裁判原则在立法层面的体现。

在普通法系国家,因其当事人主义的诉讼构造决定了控辩双方在刑事诉讼中占据主导地位推进刑事诉讼程序,而法官则处于相对消极的地位。因此,普通法系国家在立法与法学理论层面鲜有直接的证据裁判原则的规定,但其在刑事诉讼中大量存在的关于证据可采性与相关性的规范,与证据裁判原则有异曲同工之作用。

证据裁判原则终结了"水审""火审"等野蛮的、偶然的、不可预测的认识犯罪的方法,标志着刑事审判进入理性的、科学的、可预期的时代。通过剖析证据裁判原则的内涵可知:其一,证据裁判原则中的事实是法律层面的事实。在刑事诉讼中,证据裁判原

---

① 参见卞建林、谭世贵主编:《证据法学》(第 3 版),中国政法大学出版社 2014 年版,第 80 页。

② 参见[德]克劳思·罗科信:《刑事诉讼法》(第 24 版),吴丽琪译,法律出版社 2003 年版,第 114~115 页。

③ 参见卞建林、谭世贵主编:《证据法学》(第 3 版),中国政法大学出版社 2014 年版,第 80 页;《日本刑事诉讼法》第 317 条。

则中所指的事实，是诉讼证明的对象之一，是指与实体权利相关的基础事实。更进一步，诉讼程序承载着保证实体法正确适用的职能，因此，该基础事实还应当具有法定性，即法律意义上的事实。其二，证据裁判原则中的证据是法律层面的证据。在刑事诉讼程序中，程序的正当性内容要求，据已认定事实的证据要具备法定形式、证据能力。通过非法手段取得的证据材料不在证据裁判所指的证据范畴之内。普通法系与大陆法系各国都不约而同地明确，据以定案的证据需要符合法定的取得程序与法定的形式。因此，证据是否具有证据能力或被称为可采性，还需要经诉讼程序获得法官的认可。综上，证据裁判原则要求，与法律有关的事实需要依据证据证明，据以定案的证据需经法定程序认定其合法。

2. 引进待证事实与被证事实的概念

一般而言，证据裁判原则作为认识事实的方法，其依据的基本理论之一是，世界是事实的总和，而不是物的总和。① 基本理论之二是，空间可被分为无数展开着的部分，这是空间的自明本质。时间可被分为无穷数会逝去的部分，这是时间的同样自明本质。时间的逝去并不是运动，而是运动的条件。② 人类经过经验的、理性的等方法认知的世界都是可用语言表达和描述的。由此推知，“事实”是注入了人类理性与主观能动因素的事实，而“物”则是

---

① 参见[奥]维特根斯坦：《逻辑哲学论》，贺绍甲译，商务印书馆2017年版，第22页。

② 参见[美]威廉·佩珀雷尔·蒙塔古：《认识的途径或哲学的方法》，吴士栋译，商务印书馆2012年版，第174页。

存在于宇宙中的、可知的一种客观存在。在刑事诉讼领域，证据可以被视作“物”的一个子集。依此，证据裁判成为联通“物”与“事实”之间的桥梁。我们不妨将发生在证明行为前后的两个事实（命题）版本分别冠以“待证事实”与“被证事实”的概念，以便于描述证明主体的证明过程。

所谓待证事实，笔者用以指代发生且定格于过去的时间与空间中，无论证与不证，都是一种客观存在，且显露出的部分结果或者线索亦不增不减。所谓被证事实，笔者用以指代经过证据证实，融入证明主体的经验理性的事实。与待证事实不同，被证事实会随着主观意志而变化，也受到证据多寡的影响。基于此，诉讼证明可以理解为，证明主体透过证据，利用客观存在之间普遍联系的原理，综合运用经验、理性和良知等方法，将待证事实通过诉讼程序与证明活动变为被证事实的过程。同时，这一过程也是证据裁判原则由抽象走入具象的过程。

3. 证据裁判原则与刑事证明标准的关系

证据裁判原则可以详细阐释刑事证明标准的具体内容，同时，刑事证明标准可以修正证据裁判原则可能出现的个案差异性。证据裁判原则可以认为是一种认识事实的方法总结，其依据证据与事实之间的因果关系，使事实认定的过程具有了确定性与可重复性，亦具备了可预期性。

证据裁判方法可以具体展现出刑事证明标准的表现形式。在大陆法系国家，以刑事个案为例，各国有关犯罪与罪名的立法是概括而抽象的，其认定犯罪的标准“内心确信”也有很大的外延，但证据裁判原则可以从微观层面展现法官形成“内心确信”的理由与依据。

刑事证明标准则是证据裁判的终点。假定裁判者面临的任务是判断利用证据作出一份注定会有残缺的拼图是否符合法定罪行,那么刑事证明标准可以明示何种程度的残缺裁判者可以认定其为法律层面的完整。刑事证明标准以自身具备的客观性与主观性之间的辩证关系,修正了不同裁判者之间运用证据裁判的被证事实之间的个体差异,使司法过程在尊重与保障人权的前提下实现了实体公正的回归。

第三章　域外证明标准比较研究

大陆法系国家与普通法系国家的刑事证明立法，都在不同程度上肯定了刑事证明标准的主观性。域外证明标准分别为大陆法系国家的“内心确信”标准与普通法系国家的“排除合理怀疑”标准。刑事证明标准既涉及刑事实体法目标的实现，也涉及刑事程序法对程序正当性价值的彰显，具有十分重要的理论意义与实践价值。证明标准的确立既涉及根植于该国的法治文化基础，也要受到具体诉讼结构与证据规则的拘束。因此，考察域外两大法系证明标准的源流，并比较其差异及其根源，有助于揭示可供我国证明标准参考的素材。

一、“排除合理怀疑”的源流

（一）“排除合理怀疑”的生成背景

神明裁判的衰落和证据裁判制度的逐步兴起，以及陪审制度的盛行、普通法的产生均与英格兰特有的社会治理思想互为表里。历史的印迹表明,英格兰国王将王权置于法律之下,以竞争司法管辖权为依托,抵御教权对王权的控制,才使"排除合理怀疑"有可能从神学的圣坛走入法治的视野。

1. 教权对君权的压制导致权力治理社会具有妥协性

西方法的神圣观是以宗教规范为基础的。要想确立新的法治,不是选择与教权相结合,就是选择与教权相对抗,从而渐渐扩张王权。最早开始这种斗争的正是英格兰。①

从亨利二世改革到英国工业革命之后,英国逐步成为全球中心。当权者的更迭没有影响王权扩张,是因为以争夺司法管辖权的方式与教权抗衡的战略思想,其实质是将王权置于法律之下,而法律实施具有一贯性。

公元 1066 年,在诺曼征服后,征服者威廉将当时法兰西先进的封建主义政治制度带入了英格兰,结束了英国长期受外族侵扰的部落联盟时代。此后,英格兰王国又经历一段混乱的岁月,具体表现为世俗法庭与教会法庭处于各式各样的法律体系的控制之下,且案件管辖制度杂乱无章,直至亨利二世登上王位。亨利二世是法律史上伟大的改革者。他使王室法庭成为王国中的普通法庭,为自由民提供更优渥、更符合人类趋利避害本性的行为模式的选择权,将国王与自由民统一置于法律之下,以实现集权统治。

悉数亨利二世司法改革的重要成就。其一,1164 年《克拉伦

---

① 参见[日]大木雅夫:《东西方的法观念比较》,华夏、战宪斌译,北京大学出版社 2004 年版,第 41 页。

敦法》正式确立宗教不得参与世俗审判，意味着神明裁判的终结。来自王室法庭的判决足以对抗教会、领主和郡长。在这一轮以争夺司法管辖权为手段的权力角逐中，王权获得人心所向的胜利。其二，亨利二世也使王室法庭成为国王安宁的守护者，庇佑着王国之内无论高贵还是卑微的人。值得注意的是，因为当时国王的势力相对领主的势力并未占有绝对优势，宗教势力虽然削弱，但与当时王权的力量对比尚未失势。所以不得不承认，为普通民众提供行为模式的选项，以迎合人类需求的方式竞争获得司法管辖权，是征服者略带妥协性的表现。现实中，在诺曼征服后，征服者并没有也不可能像历史上其他征服者对待被征服者一般，不加甄别地推行与宣扬本民族文化与习俗，对被征服者另眼相待甚至为被征服者提供一套全新的生活规则。

可见，在王权与教权之间的权力博弈中，王权扩张略胜一筹的历史背景，使不同地域的文化得到了温润的融合，而不是撕裂式的对抗。

2. 君权的妥协性又衍生法律规范的包容性

以亨利二世为首的金雀花王朝（或称安茹王朝）与盎格鲁－撒克逊人的相互融合，两个民族之间习俗与制度的多样性，外加王权的妥协性，成为催生多方势力选择接受新型制度的有利条件。

在司法裁判中，王室派出的巡回法官裁判案件，通过咨审团了解当地习惯，回到威斯敏斯特后，将当地习惯总结为一般法律规范。长此以往，造就了来源于当地习惯，又高于当地习惯普遍认知、唯英格兰独有的普通法。英格兰的普通法是欧洲最早的国家法,它最早共同适用于整个王国。在全国范围内,由一个拥有统一的初审管辖权的法庭予以实施。在欧洲其他地方,法律要么在整个欧洲大陆适用,要么在个别地区适用。缺少国家性的、民族性的统一法律规范。[①] 在这样的历史背景下,法官既可以依照习惯,凭借自己的经验和良知处理当前面临的纠纷;也需要不断地突破普通法原有的内容,以迎合当地特有的传统习俗的需求。这样的司法制度赋予普通法以与时俱进的意义。

一般而言,普通法的适用需要通过司法程序完成。在刑事诉讼中,"排除合理怀疑"作为有罪认定的标准,是不能回避的内容。法官需要根据陪审团队事实的判断,赋予"排除合理怀疑"以时下最符合逻辑的新意义。这也许是"排除合理怀疑"在现代的对抗式审判程序中,依然生机勃勃的活力的精髓所在。

由此可见,英格兰普通法的产生基于王室在时下特有的妥协性。而这种妥协性机缘巧合地使英格兰政权形成了化解纠纷、维系稳定的独特风格。普通法以理性处理当前的社会问题与矛盾作为法律建构的导向,以陪审制度等司法程序促成实体法的建立与细化。这样的模式会使法律规范的内容伴随矛盾的更新而更新,形成在司法权范围内即可自我完善的机制,带动着"排除合理怀疑"共同前进。

(二)"排除合理怀疑"从道德约束走向规范约束

基督教绵延两千多年的历史,早已渗透在西方文化的各个角落。在欧洲大陆与不列颠群岛区域,其社会科学研究与自然科学

---

① 参见[英]R. C. 卡内冈:《英国普通法的诞生》(第2版),李红海译,中国政法大学出版社2003年版,第113页。

进步都离不开宗教因素的影响。在西方文明史上,宗教文化与文明因保存较为完好,成为考察西方文明发展的重要文献来源。因此,对西方法律历史的追溯,亦不能回避对宗教历史的回顾。普通法系刑事证明的最高标准,即"排除合理怀疑",受到其他各国的追捧、仿效。然而,其源起并非因为刑事诉讼证明活动的需要,而是因为它是基督徒寻求灵魂救赎的路径。千回百转几个世纪,其又因自身具有的理性迎合了普通法系国家诉讼程序的价值追求,而被确立为刑事证明标准。

1."排除合理怀疑"制度中的宗教内容

在"排除合理怀疑"产生之初,其目的在于道德慰藉而非事实证明的论断具有史学上的充分依据。① 公元800~1200年,神明裁判处于鼎盛时期,且存活了漫长的时间。审判不是一种查明事实并对违反法律的人苛以刑罚的程序,而是实现正义的仪式。相应地,神明裁判不是衡量事实真伪的方法,而是获得上帝旨意的途径。在当时,人类脑海中的诸多疑团尚无法通过理性给出合理解释,需要依靠上帝的示意。

公元1000~1250年,基督教的杀戮理论日渐成熟。为早期犹太教的血腥惩罚赋予了考量正义与否的意义。自此,正义与血腥在审判仪式中形影不离。不幸的是,《圣经》记载的箴言之于法官是生命中不能承受之重,内心里不堪忍受之苦。② 法官可以为

① 参见张斌:《英美刑事证明标准的理性基础——以"盖然性"思想解读为中心》,载《清华法学》2010年第3期。

② 马太福音:7:1-2:"不要论断别人免得自己被论断。"对于虔诚的基督徒来讲并非一句美妙的醒世名言。路加福音:6:37:"你们不要定人的罪,就不被定罪;你们要饶恕人,就必蒙饶恕。"

了“正义”而杀戮,却时常令自己陷入“杀戮”的困境当中。19 世纪刑事法史的领军人物詹姆斯·菲茨詹姆斯·斯蒂芬曾言,前现代的法官通常惧怕承担决定罪犯有罪或者无辜的责任。[1] 然而,审判不会因法官的恐惧而消亡。

最初作为道德神学名词的“怀疑”成为裁判者寻求救赎的有效路径。法官一方面通过宣称存有怀疑以逃避裁决被告有罪,另一方面转移作出裁判决定的权力以降低内心焦虑。从此,法官的良心得到救赎,而将早期的陪审团推向了拷问良心的边缘,令陪审团裁判事实。裁判者为了寻求自己灵魂得以安慰,只要认为案件排除的怀疑是“合理的”,其忧心忡忡的内心就可以得以解救。[2] 加之,陪审团集体形成的一致意见可以适度分担作出有罪裁判的内心罪恶感。可见,“排除合理怀疑”原则产生之初并非为了让有罪判决更加困难,而是使有罪判决更加容易。

2. “排除合理怀疑”的立法规定

现代刑事诉讼的事实证明程序与前现代的道德慰藉程序并非完全割裂。在一定程度上,裁判者对事实确信的同时,也可以实现内心的慰藉与救赎。古典哲学思想既与基督神学内容相互交融,又影响着神学思想向哲学范畴的转变。

17 世纪下半叶,洛克在《人类理解论》中对“合理性”进行了

---

① See James Fitzjames Stephen, *A History of the Criminal Law of England*, Routledge, 1996, p. 573.

② 参见[美]詹姆士·Q. 惠特曼:《合理怀疑的起源——刑事审判的神学根基》,佀化强、李伟译,中国政法大学出版社 2016 年版,第 349~350 页。

诠释：观念是思维的对象。观念发生的层次和方向，则因人而异，有赖个人自己的观察和经验。[①] 另外，一种正确的或者可靠的判断，是一个可以和确定性画等号的概念。确定性的获得无外乎是感觉和反省的结果。[②] "排除合理怀疑"因具备确定性的特征，符合人类理性认知的客观性。因此，其能跨越道德神学的范畴，在司法证明的领域依然保有生命力。

普通法系的主要国家美国，18 世纪晚期之前，几乎不存在任何证明标准作为法官指导陪审团意见的情况，直至 18 世纪晚期，证明标准仍很粗糙。根据《审判实录》的记载，在 18 世纪 80 年代，法官们逐步探索排除合理怀疑标准。19 世纪之前，美国很多州在诉讼程序中，习惯将"排除合理怀疑"和"道德确信"（moral certainty）联用。[③] 1947 年英国著名法官丹宁勋爵（Lord Denning）对"排除合理怀疑"一语作出界说：证明标准必须得到妥适的确定。尽管这种标准不必达到绝对的肯定性，但却必须具有相当高的盖然性程度。排除合理怀疑的证明并不意味着此种证明已没有丝毫可疑的影子。如果不利于某人的证据非常有力，而有利的可能性甚微，那么，此种可能性也可由这样的判决加以消除，即"当然，它是可能的，但一点也不确实"。倘若如此，此案的证明即已达到了排除合理怀疑的程度，但任何小于此种程序的证明都不

---

① 参见[英]洛克：《人类理解论》（上册）（第 2 卷），关文运译，商务印书馆 2015 年版，第 73 页。

② 参见[英]洛克：《人类理解论》（上册）（第 2 卷），关文运译，商务印书馆 2015 年版，第 104 页。

③ See Barbara Shapiro, *Beyond Reasonable Doubt and Probable Cause: Historical Perspectives on the Anglo-American Law of Evidence*, Berkeley University of California Press, 1991, p. 275.

够充分。①

由此可见,“排除合理怀疑”的形成,并非基于发现犯罪事实真相,更多的可能是在观照裁判者内心道德层面的确信。其并非源起于裁判者经过内心客观冷静的去伪存真,以澄清争端,而是力图化解裁判者在执行令人不安的职责时难以平息的良心谴责。

(三)“排除合理怀疑”与陪审制度

在人类社会文明与文化不断发展时期,法律是文化的重要组成部分。其浓缩地体现了适用该法律时的社会文明与习俗。陪审制度并非起源于英格兰,②却在英格兰发扬光大。这是历史条件、宗教影响和政治博弈多方面作用的结果。陪审制度作为普通法的核心要素,其以集体的方式作出决议,无论是逃避血罪报复还是践行公共良知,都能够强化“排除合理怀疑”的正当性,并使裁判者的内心得以解脱。

1. 陪审制度出现使审判从“神判”走向“人判”

在陪审制度用于案件裁判之前,普通法系国家传统的证据审查主要有神明裁判、共誓涤罪和决斗的方式。它们的日渐衰微成就了陪审制度的广泛应用。主要原因在于,源于基督教的传统观念为陪审制度提供了生存空间。当出现一些显而易见的案件因神明裁判所得到的旨意与凭借常识认定的结果大相径庭时,神学

---

① Bater v. Bater. (1951). p. 36 – 37. 转引自吴泽勇:《“正义标尺”还是“乌托邦”?——比较视野中的民事诉讼证明标准》,载《法学家》2014 年第 3 期。

② 参见[英]R. C. 范·卡内冈:《英国普通法的诞生》(第 2 版),李红海译,中国政法大学出版社 2003 年版,第 87 ~ 91 页。

家将其解读为，这种行为是在试探上帝，故上帝退出审判。同时由于审判会造成流血，基于“血腥惩罚”的避讳，牧师将审判推给法官来承担责任。法官也因受到血罪观念的影响，将陪审团推向裁决的前线或者称为地狱。基于此，陪审制度初见端倪。直至1215年，在（教皇英诺森三世）第四次拉特兰宗教会议宣布废除神明裁判以后，英格兰国王亨利二世才将陪审的范围从民事案件扩展到刑事案件中。①

有关陪审制起源的研究存在多种说法。② 普拉克内特否定了其来源于在郡民众大会上，由12名年长乡绅负责向大会控诉犯罪的观点。具体而言，普拉克内特认为，民众大会指控犯罪的做法是1164年亨利二世《克拉伦敦法》所确立的控诉陪审团的起源。然而，控诉陪审团与陪审制度是否具有连贯性则缺乏证据支持。因此，贸然得出这样的结论是不可靠的。③ 另有史料显示，陪审制的起源可以追溯到加洛林王朝，原型为宣誓咨审。其主要职能是为王室提供信息。诺曼公爵将加洛林王朝的这种制度引入诺曼公国。征服者威廉入主英格兰后，将它带进了英格兰，并经历了从王室特权飞入寻常百姓家的过程。

---

① 参见［美］哈罗德·J. 伯尔曼：《法律与革命——西方法律传统的形成》，中国大百科全书出版社1993年版，第538～545页。转引自张斌：《论英美刑事证明标准的神学渊源及启示——以“怀疑”的道德蕴涵为中心》，载《清华法学》2009年第5期。

② 参见［英］R. C. 范·卡内冈：《英国普通法的诞生》（第2版），李红海译，中国政法大学出版社2003年版，第93页。

③ 关于陪审制度起源的问题，卡内冈在《英国普通法的诞生》中花费了大量笔墨论证。可以说现代陪审制度起源的路径无法从现有史料中获得清晰的论证。但是，普通法系从神明裁判、共誓涤罪等审判逐步进入先对文明的陪审团裁判事实的模式，是有依据可以考证的。参见［英］R. C. 范·卡内冈：《英国普通法的诞生》（第2版），李红海译，中国政法大学出版社2003年版，第79～108页。

2."排除合理怀疑"是陪审员内心寻求救赎的路径

传统的证据审查方式的特性已暴露出与人类理性认知和价值判断不相适应。具体而言,共誓涤罪要求被告自己召集证人,以宣誓的方式来证明自己的品行、人格以及被指控的罪行是否成立。这种方式在很大程度上具有自欺欺人的嫌疑,越来越不为人信;决斗的方式,其结果无论是否胜诉,更会令人感觉是两败俱伤的结局。那么如何使裁判更容易?以集体"排除合理怀疑"的决策方式来分担裁判者内心的焦虑与痛苦,不失为一种既科学经济,又被诉讼各方容易接受的改革进路。16至18世纪的英国,清教徒的良心自由观念逐渐从理论走向实践,促进了英国的刑事审判陪审团制度的巨大转变,使得英国的刑事陪审团制度实现了从"血罪责任的承担者"到"自由的堡垒"的飞跃。

由此可见,陪审取代神明裁判成为事实裁判的主体,实现了从"神判"到"人判"的进化。当事人获得了阐明纠纷的争点与抗辩事由的机会。神学"怀疑"中符合人类理性的成分被带入刑事审判。随着思辨的深入,"怀疑"又被赋予新的内涵。事实认知与法律适用彼此辩证的发展。这样一个偶然的选择,使事实裁判的权力落入普通民众之手,也巧妙地规避了法官的恣意与擅断,限制了法官的自由裁量权,具有一定的进步意义。陪审制与"排除合理怀疑"相得益彰又源远流长。经历时间无情的洗刷与考验,依然能够迎合普通法系国家对社会秩序维系的需求。

（四）“排除合理怀疑”与对抗式刑事审判的耦合

普通法系与大陆法系在刑事诉讼程序的差异，包括但不限于控辩双方在庭审中针锋相对的对抗。其中的本质区别在于辩护律师享有的权利范围。普通法系的司法制度将收集、调查、选取和提交证据的权利或称责任授予双方委托的律师，通过控辩双方的对抗推动庭审程序的推进。陪审团凭借自己的经验和良知，评判事实证明是否达到排除合理怀疑的程度，裁决涉诉当事人是否有罪即可。

1. 控辩对抗制度的形成

控辩律师主导的审判模式虽然已成为普通法系标志性的制度之一，但相对审判的盛行，仍是相当晚近的事。在早期近代社会，禁止律师参与审判有利于被告的观念占主导地位。到斯图亚特王朝晚期，历史上发生的一系列叛逆案件使人们开始质疑先前秉持的观念。认为控诉方过于强势，需要给予辩护方一定的权利来保证控辩双方的平衡。直至18世纪晚期，律师开始主导重罪案件审判。辩护律师作为对抗式刑事诉讼的使命承担者开始初露端倪。正是在控辩双方不断“平等化”的过程中，专业律师或基于使命承担，或基于利益驱动，不断扩张辩护权对法律问题的涉足范围，逐步伸向事实部分的意见陈述，蚕食着被告人发声的权利，弱化法官的地位。最终，成为审判的主导者。由此可知，白控辩律师主导刑事审判的模式，从17世纪90年代开始，经历一个世纪左右成型。

2. 程序正义与实体正义的博弈

一般认为，在发现真相方面，对抗式诉讼具有一定的优势。但是，倘若普通法的刑事诉讼并不以发现真相为己任，则其缺陷则暴露无遗：敌对效应和财富效应。① 在普通法系国家的刑事审判中，对抗式诉讼犹如竞技体育比赛，其带来的直接后果是追求结果的胜出。因此，律师为了胜诉，不可避免地会采取一系列的策略，隐匿对己方不利的证据、歪曲或者过度推论事实、混淆法律概念等，目的在于有效影响陪审团的认知。衍生出的财富效应则不难理解。聘请水平更高的律师会有效提升获得胜诉的可能性。可见，财力雄厚的阶层面临同样的指控无形中会赢得更多的优势。基于此，如果胜诉的决定性因素不是依据证据的多寡与关联性，而是赤裸裸地与金钱勾连，那么，普通法系国家的刑事审判可能会出现不同阶层之间的同案不同判现象。

3. 证据规则与诉讼行为的规范

“排除合理怀疑”作为说服责任的标准正式出现是由于波士顿大屠杀案件的发生，但其内容仍然相当粗糙与模糊。面对对抗式审判显而易见的缺陷，法官需要为其提供合理的救济方式。法官寻求的救济方式还要得益于普通法系法律共同体的建设。在普通法系国家，裁决案件的法官可能曾是律师出身，深感财富效应与敌对效应在无力聘用律师一方体现出的不公正。因此，需要统一的标准指示陪审团作出裁决。现代诉讼的陪审团成员组成均为普通民众，其以自身朴素的认知来裁决犯罪事实是否存在。公正判决的产生需要在确定规则的环境下才能实现，就像体育精神践行需要竞技规则一样。普通法系国家刑事诉讼证据规则的诞生与固化着实迎合了此需求。控辩双方当事人是直接的竞争

---

① 参见［美］兰博约：《对抗式刑事审判的起源》，王志强译，复旦大学出版社2010年版，第95页。

关系,结果关乎各自的切身利益。证据规则之于他们而言,仿佛赛场上的比赛规则一般。只要他们遵守诉讼的规则,就可以不受干扰地进行自己的"游戏"。最为典型的比如询问与交叉询问是为了证据的内容不会造成陪审团的偏见,而非证据与客观真实之间的关联性。因此,证据规则的重点在于保证双方律师在以证据作为武器的比赛中,有一个公平比赛的平台。这与刑事诉讼的犯罪真相为何并无直接关联。

由此可见,普通法系的对抗式诉讼制度下寄生的"排除合理怀疑"所指向的对象并非客观的事实,而是控辩双方以各自的证据为素材勾勒出的诉讼主张。逆向思维之,陪审团在一场诉讼当中,或许需要裁判两种并不完全针锋相对的诉讼主张。既然不是非此即彼的取舍,一方律师能够证实己方主张,并不必然导致对方的全线溃败。重点在于判断哪一方构建的事实达到"排除合理怀疑"的程度,而无论哪一方的主张成立,都不必然代表着其内容是一种客观事实。

二、"内心确信"的源流

从西欧大陆的发展历程来看,法定证据取代了神明裁判、决斗等依靠神力或暴力的证据审查方式,而"内心确信"又承继了法定证据制度。这样的变革可以概括为从"神判"变为"人判",从"集权"走向"分权"的发展过程。每一次纠纷解决机制的转型都是人类理性的巨大飞跃。

(一)"内心确信"的生成背景

1."金字塔"式权力结构可以有效防止恣意

在大陆法系国家,国家权力来自最上方。犹如高山流水,沿着等级梯次缓缓向下流动。处于权力顶端的主体不可能事必躬亲,需要将与权力运行有关的准备工作、收尾工作等授权其他主体代为处理。一个权力的产生来源于另一个权力的创设。原生权力调整次生权力的范围与内容,并决定其效力范围。不难发现,两者之间呈现明确的等级关系。而权力外化于形,则是强烈的秩序感,秩序感则来源于法律规范的有效实施。

从法律规范的角度来看,从立法到司法等国家行为均映射出权力构架具有浓厚的层级色彩。授权方对权力约束的缺失可能会严重侵害整个权力的预设。因此,下级的自由裁量权应当是尽量避免的。大陆法系主要国家均分别构建了逻辑严密、体系完备的规范体系:一个较低级的规范由较高级的另一个规范创造或决定,而较高级的规范又受制于更高级的规范,逐级追溯直至到达顶点,其内容每进行一次细化则增添了"金字塔"式的权力层级的密度。

2. 权力控制下的心证模式

西欧大陆的司法制度从罗马帝国到大陆法系主要国家——法兰西王国、意大利王国和德意志第一帝国,从宗教法到世俗法,依旧没有脱离"金字塔"式的模式。在刑事诉讼程序中,法官裁判案件需要严格受制于立法授权的范围。为了确保法官没有机会恣意逾越授权范围,法定证据制度作为当时先进的代表合理地存在几个世纪。尽管"内心确信"的自由心证淘汰了僵化的法定证据制度,法官拥有调查案件事实,选择适用法律的权力,但其对法律条文的阐述依然受到严格的限制。权力主体谨小慎微地提防着司法权侵入立法的领域。司法程序设计将收集证据的工作交付初审法院,但对证据收集工作的审查与认可的裁决权依然保留在审判法院。一般而言,法律规范的创设不可以脱离现实,亦不可以对人类认知事物的客观规律置之不理。成文法的局限性与滞后性与社会发展的无限性、运动性之间,是静止的法律与变动的社会之间的矛盾,注定了法律需要赋予法官能动性的命运。但权力层级式构架,即便授权法官"内心确信"的自由也没能逃离防止法官擅断的樊篱。

不难看出,法定证据制度的兴起与衰亡,自由心证的确立与证据规则的限制,其背后不同程度地体现着对司法权可能僭越立法权的防范。在权力的金字塔构架中,提取权力的内核追溯其母体,最终会走向一个原点。

(二)从"神明裁判"到"内心确信"的演变

1. 法定证据制度取代神明裁判制度

公元4世纪末,日耳曼民族在遭受匈奴人袭击后,经罗马皇帝同意,进入巴尔干半岛。随后因不堪罗马人压迫的重负奋起反抗。在公元395年,罗马帝国分裂,与此同时,日耳曼民族趁虚而入,经历了大迁徙约2个世纪以后,与当地的奴隶、隶农起义一起,摧垮了西罗马帝国。

从法治的角度来看待这段历史,可以说罗马帝国的衰亡是文明进程的一次悲剧的停滞,甚至倒退。日耳曼人的入侵,使罗马帝国初步建立的严密、精确、复杂的法定证据体系坍缩,倒退至神明裁判。直至公元843年至870年,日耳曼民族中的佼佼者法兰克王国分裂成法兰西王国、德意志王国和意大利王国。此后,罗马法由意大利注释法学派引入,并将查士丁尼的法律带进了法国。自此,罗马法因其内容的先进性再次走向盛行。[①]

人类依赖当时的认知水平,已经有能力摆脱神意,追求实事求是。在当时封建社会的历史背景下,王权越来越多地干预犯罪调查。中世纪的欧洲大陆法秉持这样的观念,即放开法官去探求事实的真相并作出裁断,是极其有风险的事情。为了避免法官犯错和专断的风险,通过提高证据证明的标准可以有效约束法官的自由裁量权,这为法定证据制度的出现埋下了引线。[②] 因此,法定证据制度伴随集权应运而生。

2. 自由心证取代法定证据制度

法定证据制度的推行随着社会的进步,人类认识水平的提高,最终遇到了困境。一些显而易见的犯罪事实因为缺乏法定形式的证据不得不面临开脱的危机,因此发展出了刑讯逼供。但人类不可抑制的理性,昭然若揭的错案让人们开始怀疑法定证据制度的合理性。因此,17 世纪欧洲资产阶级革命和法国启蒙运动的兴起,成为司法制度改革和证据制度改革的动因。人道主义、人类理性与个人自由思想的拥护者强烈抨击对法官自由裁量权的限制与法定证据制度的僵化,以及由法定证据制度衍生的刑讯逼供的合法性。然而,从对现有制度的强烈批判到新制度的萌芽不会一蹴而就。直至 18 世纪晚期,贝卡里亚的著

---

① 参见[法]基佐:《法国文明史》(第 1 卷),沅芷、伊信译,商务印书馆 1993 年版,第 241 页;由嵘:《日耳曼法简介》,法律出版社 1987 年版;[美]哈罗德·J. 伯尔曼:《法律与革命——西方法律传统的形成》,高鸿钧等译,中国大百科全书出版社 1993 年版,第 565 ~ 571 页。

② 参见[意]朱塞佩·格罗索:《罗马法史》,黄风译,中国政法大学出版社 1998 年版,第 125 页。

作《犯罪与刑罚》恰如其分地借着改革思想之风，掀起了一股变革刑事司法的浪潮。1789 年的法国大革命和"人权宣言"将刑事法律从改良路线推向彻底变革，最终促成了证据制度、诉讼制度的革新。

当大陆的制度因专制及缺乏民众参与而遭到批评和反对时，也许是历史的轮回，陪审制度被视为抵御非正义的堡垒和与自由民相称的一种制度，被引进或重新引进这片许多世纪以前就与它有着许多渊源的大陆土地。[①] 也正因此，自由心证的证明方式有机会重返欧洲大陆。此时的法律移植并非东施效颦的复刻，而是以大陆法系国家刑事诉讼程序为基础，保留了追求事实真相的目标，再注入对人权保障等程序正义的新理念。

（三）"内心确信"与职权主义诉讼模式的耦合

1. 职权主义模式有助于发现真相

与普通法系国家不同，大陆法系国家的法律是在继受罗马法的基础上发展而来的。法律的内容侧重对所调整民众、权力机关及内部人员等行为模式的预设与规制。法官作为国家权力的代言人之一，主动调查案件事实显得理所应当且相当妥帖。

经考察历史，不难发现，诉讼模式最早源于罗马法的弹劾式诉讼模式，主要目的是解决纠纷。伴随社会阶层的出现与演化，各阶层之间逐渐悬殊的力量对比，导致不同阶层间的纠纷可能会直接威胁到王权的稳固。在倾向于专制的封建社会，当权者更热衷于通过司法权的统一行使，来有效维护中央集权统治。基于

---

① 参见[英]R.C.范·卡内冈：《英国普通法的诞生》（第 2 版），李红海译，中国政法大学出版社 2003 年版，第 108 页。

此,欧洲大陆的审判转变为纠问式诉讼模式,并随着王权实力的增强而增强。

18世纪资本主义的兴起,与封建主义政治制度相配套的司法制度受到挑战,逐渐沦为发展的桎梏。继宗教改革、文艺复兴之后,启蒙运动再一次挥舞起人类思想解放运动的旗帜,使饱受刑讯之苦的民众挣脱枷锁的“莱克星顿的枪声”。然而,革命时期对刑事诉讼的激进改革并没有达到社会控制的预期。贸然照抄普通法系的陪审制度给法兰西共和国留下了惨痛的教训。痛定思痛,在充分考虑本国的民族性之后,法国又将目光集中在被废弃的传统制度上,对其进行迎合时代变迁的改良,发展出预审制度等。直至1804年,《拿破仑法典》为职权主义模式奠定了基础。其间,基于引进陪审制度进行反思得到一个结论,即陪审制度毕竟没有造成难以弥补的错判有罪的悲剧,只是社会控制效果不理想。历史的实践说明,大陆法系国家对于追求事实真相的向往与陪审制度格格不入。法官通过诉讼形成内心确信的需要才是实现刑事审判理性与人性的路径。

2. 职权主义保证了对真相的内心确信

法官职业化使“内心确信”的形成过程游走于事实与法律之间,并且是自向证明的过程。① 大陆法系主要国家的法官既要承担事实认定,也要负责法律适用。在刑事诉讼程序中,法官是受过专业培训的职业化群体,有能力勾画出自己在法律授权的范围之内的自由边界,并且不会僭越。法官作为有权适用法律的主

---

① “自向证明”就是向自己证明。参见何家弘:《论司法证明的目的和标准——兼论司法证明的基本概念和范畴》,载《法学研究》2001年第6期。

体,在其职业专业化进程的同时也会形成思维定式。① 法官通过亲历庭审的调查形成确信。排除有关案件事实的每一个疑点都需要法官通过自己内心的理性、经验,运用逻辑等证成或者证伪,这个过程不太可能完全脱离法律规范预设的前提。日益牢固的思维定式会令大陆法系国家的法律职业共同体的划分选择以职业类型为标准,而非像普通法系国家的法律职业共同体那样,以法律部门为区分界限。因此,法官的决策过程可能会更难融入其他法律职业人的建议和主张。

由此可见,"内心确信"的闭合性特征需要法官主动出击,即法官通过调查、询问消除内心预设的疑点,证实自己的假设。而职权主义模式恰好为法官实现自身职业化的愿望提供了顺畅的路径。历史选择的试错表明,"内心确信"与职权主义诉讼模式的契合。

(四)"内心确信"受揭示事实真相的推动

1. 揭示事实真相贯穿审前程序与审判程序

一般而言,欧洲大陆法律赋予法官或者类似的调查机构调取证据的权力,用于揭示事实真相。其刑事诉讼程序的设计也与事实真相的还原彼此呼应。在大陆法系主要国家,刑事诉讼程序设计区分审前程序与审判程序,其核心在于调查案件事实真相。大陆法系国家的预审法官负责案件侦查并作出司法权性质的决定,其活动具有很大的独立性。② 预审程序是为引导预审法官走过证

① 参见[美]约翰·亨利·梅利曼:《大陆法系》(第2版),顾培东、禄正平译,法律出版社2004年版,第107页。

② 参见[法]贝尔纳·布洛克:《法国刑事诉讼法》(第21版),罗结珍译,中国政法大学出版社2009年版,"译者导言七"。

据葱葱的“灌木丛”,完成事实的重组与细节的甄别。从审前程序到审判程序,案件事实是一个层层递进,从具体细节到整体定性的过程。审前程序承担的职能可以为审判法官营造居高临下俯视案件的通透感。而审判法官可以越过案件或烦琐或冗长、杂乱的细节,判断与犯罪构成有关的要件是否已经具备。虽然,法律并不限制律师主动介入案件事实的调查,但不允许接触证人。[①]更不可以像普通法系国家那样,为证人出庭做一系列的准备,这样反而会降低证人证言的可信度。因此,律师几乎不会主动进行事实的调查,只是会向有权调查的法官或者官员提供线索,便于法官查清事实真相。法院亦有权指定专家证人,并要求专家证人在专家意见的范围内提供证言。相对于知悉案件事实而作证的证人,专家证人更像法官查明案情的助理,尤其是专家证人有权向普通证人发问更能印证上述观点。

2. 证据规则是为了更好地揭示事实真相

国家的权力介入刑事诉讼,双方当事人的对立性会因为国家的权威性得到部分消解。无论是调取证据的过程,还是事实裁决的结果都与被追诉主体的基本权利息息相关,证据规则的目的主要是防止权力滥用和保证证据的客观性。基于此,审视“非法证据排除规则”中应对“毒树之果”的态度在两大法系的体现。则不难理解为什么以德、日为代表的大陆法系国家和以英、美为代表的普通法系国家分别采取了截然不同的态度。证据是连接过往事实和法律评价的唯一桥梁,具有不可多得的稀缺性。大陆法系

① 参见《法国刑事诉讼法典》,方蔼如译,法律出版社 1987 年版,第 128 ~ 133 页。

秉持对事实真相极力追求的态度，则不会轻易放弃弥足珍贵的证据材料，需要在国家利益和个人权利之间进行权衡。相反，普通法系则是采取了以排除为原则的态度，除非出现例外情况。具体包括善意的例外、间接使用、独立来源的例外以及稀释的例外等，但这些例外产生的原因，与美国社会不断攀升的犯罪率有关，而非出于还原犯罪事实的需要。

由此可见，大陆法系的法官拥有调查事实的职权，但事实调查权受制于追诉一方的控告。法官处于消极、被动的地位是相对于控辩双方的立场与主张而言的。法官的审判权严格地限制在犯罪事实与适用法律的请求范围之内。

三、"排除合理怀疑"与"内心确信"的区别

一般而言，分别在大陆法系与普通法系的刑事诉讼程序中，"排除合理怀疑"与"内心确信"是应当被认定有罪的刑事证明标准。从各国关于犯罪的界定层面来看，两者应当是相同的，但刑事证明标准不能孤立存在；相反，刑事证明标准的设定与证明主体、证明对象、证明责任和诉讼模式等相互作用，形成了一种动态平衡。基于前述两大法系有关刑事证明标准的定义可知，普通法系侧重"证"，即通过规范证明活动的行为内容，最大限度地实现证明结果的公正。大陆法系国家则侧重"明"，即通过证明活动最大程度还原案情，便于法官以认定的事实为根据选择适用法律。

（一）待证事实的内涵不同

法律是文明的衍生物，体现当时文明发展的要素，是当时文化的浓缩。在权力运行的法律规范层面，分权学说对两大法系都

产生了深远的影响。通过两大法系繁衍的里程碑上镌刻着的历史可以发现,证明标准作为法学理论的沧海一粟,也能折射出权力运行理念的不同。普通法系更倾向于法律治理的理念性,注重权力分立。大陆法系则更倾向依法而治的工具性,侧重权力分配。

在普通法起源之初,英格兰虽然几经努力,但都未形成专制的治理模式。当时,存在的多方势力,国王、领主以及宗教,彼此之间处于相互竞争又妥协的状态。因此,为化解纠纷,维护权力制衡与稳定,遵从习惯法已然成为群雄逐鹿的最佳选择。在司法领域则表现为,法官选择适用法律是通过寻找该条文先前的解释为何。而在该条文首次纳入解释范畴时,法官只需要根据自己当时所处的审判现场的意图进行解释即可。可见,普通法系的司法无须置于立法授权的范围之内,而与立法处于相对平等的地位,是一种横向制约的关系。在大陆法形成之初,法律规范是统治阶级权力意志的集中体现。成文法律规范需要经过法律解释得以适用,但是不容许法官在裁判个案时,融入自己的理解。以解释法律之名行创造法律之实。即便以自由心证的方式弥补了法律僵化的缺陷,法官适用法律仍严格受到证据和程序的制约。

在两大法系中,法律规范扮演的社会角色并不相同。大陆法系的法治也起源于习惯法,却以预设行为模式的方式走向了制定法。如果说普通法系和大陆法系的区别为是否法典化,未免过于片面与武断。但是如果假设法典编纂是通过废旧立新,去糟取精来传播一种权力或权利分配思想,或许更契合大陆法系历史隐含的专制治理模式。欧洲大陆各国继受了罗马法概念明晰、体系严密、逻辑完整的特点，衍生出各不相同的法律规范，但立法者意志权威不受侵犯的思想是相通的。法国大革命之后，同样受三权分立学说的影响，大陆法系国家毫不犹豫地选择立法权高高在上，行政权与司法权同时作为立法权的造物的层级状。

在两大法系中，法律规范背后的法治理念有根本的不同。普通法系和大陆法系的区别无论立法或司法层面都是显而易见却零零总总。倘若从法典编纂、法律运行等支配这些行为模式的上位概念—法治思想—俯视动态的社会秩序，即不难发现差异的根源。西欧大陆一直盛行理性主义分析，直至德国古典哲学将理性分析抽象到了极致，法学家对法律的一般看法的高度抽象与概括，无不透露着王权依托何种载体显现，如何显现的思想内涵。

由此可见，普通法系产生的背景下，王权始终没有占据绝对的优势，因此，通过依据习惯形成法律规范定分止争或许更加高效。而在大陆法系国家，专制的政治背景为权力意志的统一表达创造了条件，权力运行是权力意志的具体化，因此，大陆法系的司法严格限制在立法授权的范围之内，其背后体现的是权力意志不容随意篡改的实质。

(二)达到标准的程序不同

通过两大法系的刑事司法制度对比，不难发现，证明标准和证明对象具体的内涵是不同的。普通法系国家刑事诉讼法的待证事实针对的是陪审团内心构建的事实。大陆法系国家刑事诉讼的待证事实为犯罪事实。同时，分别在两大法系的学术界，证明标准的概念也没有脱离其各自所在国家的制度背景。

从历史的层面考察了"排除合理怀疑"从浮现到延伸至刑事诉讼领域的脉络,不难发现,排除合理怀疑产生于宗教,依托于良知。其宗旨在于减轻事实裁判者惧怕从事裁判活动产生的道德焦虑感。可见,普通法系刑事诉讼的证明并不以事实真相为出发点,这为双方律师各自提出逻辑自洽的主张保留了空间。人类理解中任何微弱的观念都来自外界的物象和物象在我们心中所产生的各种不同的知觉。事实证明,同样的物象在不同人的脑内产生的知觉也会形式各异。同理,陪审团对控辩双方的主张进行裁决,双方律师提供的信息在陪审团成员脑内的反映必然互不相同。基于此,从建构的层面来看,有多少个陪审员,就有多少个对应的事实。但从解构的层面来看,"排除合理怀疑"可能是陪审团成员内心中不同事实之间求同存异的最优解。然而,普通法系刑事诉讼程序较早的成型与"排除合理怀疑"的长期适用,使得对胜诉的过分追求掩盖发现事实真相的缺陷尘封难改。

18 世纪,在普通法系国家已经形成较为成熟的对抗式刑事审判时,对"排除合理怀疑"的理解和解读日趋完善。同时期,大陆法系的刑事诉讼在法定证据制度的规制下,仍然存在着有目共睹的致命缺陷。普通法系国家对刑讯逼供的盛行嗤之以鼻,更加以自有的诉讼程序引以为傲。历史的驱动与发展阶段的错位,使大陆法系国家在一场声势浩大的改革运动中,颠覆了原有的刑事诉讼程序,即法定证据制度被自由心证取而代之,刑讯逼供被明令禁止。在自由心证制度下,法官可以完全自由的判断想起提出的证据的价值。法官按照其良心意识自行作出决定,依据其内心确信被告人有罪还是无罪。① 其中也借鉴了普通法系刑事诉讼程序中备受肯定的言词原则、辩护原则等理念并形成制度。欧洲大陆刑事诉讼程序的后发优势,既保持了自身原有的寻求真相的标志性特色,也借鉴并融入了现代国家民主进程的元素。但大陆法系的刑事实体法已经为法官预设了罪与非罪的界限,以及重罪、轻罪的内容,法官依然需要就具象的事实真相抽象出是否符合犯罪构成的要件。因此,大陆法系国家对事实真相的寻求依然不能被轻视。

由此可见,普通法系与大陆法系的刑事诉讼程序并非出于同一目的。被大陆法系奉为圭臬的事实真相,在普通法系国家并不占据显赫位置。同样地,通过诉讼程序消解破坏社会秩序产生的负能量仿佛也没有受到大陆法系国家不遗余力地追捧。同为刑事诉讼,同为司法证明,两大法系的诉讼程序走在自我建设的路上,似乎分别来自不同的方向,只是沿途合理的相遇,随后又各奔东西了。

(三)耦合的制度结构不同

在孟德斯鸠完整提出"三权分立学说"以后,司法权以一种独立的国家权力走进权力主体视野。在司法裁判活动中,裁判者一般不能主动引进一项新的指控或主张,而只是被动地接受争议各方的申请。② 几乎所有国家都没有确立完全整齐划一的司法模

① 参见[法]贝尔纳·布洛克:《法国刑事诉讼法》(第21版),罗结珍译,中国政法大学出版社2009年版,第80页。

② 参见陈瑞华:《司法权的性质——以刑事司法为范例的分析》,载《法学研究》2000年第5期。

式,因此,大陆法系和普通法系的法官在各自司法模式的运行中,其居中裁判的立场因刑事诉讼程序设计的侧重不同而有所区别。

在普通法系国家,律师的权利已经扩张到对事实和法律均有发言权的地步,法官处于绝对消极的地位。当辩护律师逐渐成为刑事审判的主导者时,其严格受到证据规则、证明标准以及对方律师的制约。控辩双方在形式上处于平等的地位。法官实现并不熟悉证据,在法庭里也没有调查的资源。① 倘若法官违背自己完全消极的地位,在不了解证据与案情的前提下,向任意一个出庭的证人发问,都会打破控辩之间的平衡关系。然而,此举并不会使力量的天平倾向于何方,认为受到威胁的一方会立即反击,极力拨正证言内容对陪审团造成的不利己方的影响。法官反而会因为破坏了控辩双方的平衡,面临自己的判决可能被否定的风险。因此,法官在审判中处于全然的消极地位是最好的选择。当法官从寻求真相的工作中解脱出来后,似乎很乐意致力研究发现、总结更平等的庭审对抗规则,不断充实普通法系证据规则以及相关法律规范的内容。

在大陆法系国家,由法官主导审判。罪刑法定原则在大陆法系国家的立法影响深远。强调"罪刑法定"原则必然促进刑法典的编纂。② 因此,司法的公力救济优于私力救济的进步性,需要犯罪行为的客观认定与公正处理的支持。基于此,法官对真相的不

---

① 参见[美]兰博约:《对抗式刑事审判的起源》,王志强译,复旦大学出版社2010年版,第315页。

② [美]约翰·亨利·梅利曼:《大陆法系》(第2版),顾培东、禄正平译,法律出版社2004年版,第133页。

懈追求是实现司法公信力的基础。法国刑事诉讼法与德国刑事诉讼法分别规定庭长、审判长有维持庭审秩序，指挥审理的权力。讯问被告人和调查证据。① 可见，大陆法系的法官可以主动追查犯罪，主动讯问被告人。因为，唯有还案件以真实，才能保证适用法律的准确，维护法律规范的权威。而案件事实是诉讼证明中具有较大变数的要素。法官主动介入案件调查，可能会破坏控辩双方力量的平衡。这在普通法系的法官看来不可思议，但如果控、辩、审三方都以水落石出为共同追求，法官的主动介入或许并不会引起控辩双方，尤其是辩方的强烈排斥甚至反感。因此，赋予有权适用法律的主体调查事实的权力，是权责统一的最终落脚点。这并非对司法权被动性的侵害，反而有助于司法权终局性的实现。

概言之，普通法系国家的刑事诉讼程序以程序正当性为先导，因此裁判者面对的是控辩双方的主张，中立于控辩双方。而大陆法系国家的刑事诉讼程序以社会控制为先导，因此，裁判者面对的是案件事实，中立于涉诉案件。

（四）嵌套的证据规则不同

一般而言，司法证明具有一定的时效性，发生在刑事诉讼程序中。司法证明的基础即证据与证明活动本身都纳入法律规制的范畴。在大陆法系国家与普通法系国家，证据裁判原则要求证

---

① 《法国刑事诉讼法》第 309 条、第 310 条。参见《法国刑事诉讼法典》，方蔼如译，法律出版社 1987 年版，第 99～100 页；《德国刑事诉讼法》第 135 条、第 155 条、第 163 条。参见《德国刑事诉讼法典》，李昌珂译，中国政法大学出版社 1995 年版，第 61～91页。

据能力普遍受到证据规则的约束与调整。必须根据具有证据能力的证据,而且只有经过调查之后才能认定构成犯罪核心内容的事实。[①] 可以说,证据规则是自由心证的“防火墙”。然而,数个世纪以来,普通法系国家每一种诉讼与救济方式都配置有自己的特定程序,一系列的程序与救济方式组成了普通法。相反,大陆法系的程序规则则是普适性的。结合两大法系不同的诉讼目的,各自的证据规则具体发挥的作用亦不同。

普通法系证据规则的独特之处在于证据的排除制度。在普通法系国家的刑事诉讼中,陪审团没有受过法律职业的专业训练,仅凭自身的经验和良知作出事实裁判。如前文所述,普通法系证据规则的产生与演变都是为了保证陪审团成员不会受到不公平的影响。因此,需要尽量减少对证据的自由裁量,增多对证据规则内容的法定化,以增强证据规则在司法中的稳定性。然而,在理论层面,证据排除规则依据阙如。在实践中,部分证据因为游走于证明各方主张与可能会造成陪审员偏见之间,成为在庭审中双方争议的焦点。加之,法官的裁量与给予陪审团的指示也会因人而异,最终会使案件结果产生较大差异。因此,法官通过相应的案件证据证明力的判断为是否符合证据规则的判断,可以在一定程度上简化判断的复杂性。同时,法官行事模式的证据规则化可以有效限制法官的自由裁量权,虽然牺牲了陪审团对事实认知的范围和完整性,却保证了程序的正当性。

大陆法系的证据规则构建是基于犯罪事实的认定兼有保障

---

① 参见[日]田口守一:《刑事诉讼法》,刘迪等译,法律出版社 2000 年版,第 217 页。

人权的理念。在大陆法系国家的刑事诉讼程序中,法官认定证据的证据能力。审判法官既承担事实裁判也负责法律适用,且具有专业的素质。因此,有能力确保证据能力与证明力评判并行不悖。以法国、德国为代表,其刑事诉讼转型与改革路径基本相同,均区分审前程序与审判程序。审前程序设计重拾少量纠问式诉讼模式的元素,但证据规则的内容体现了人权保障和规范权力的理念,可在权力运行以打击犯罪,维护社会秩序之时,修正或者防止权力恣意侵犯权利的发生。加之,大陆法系的自由心证制度形成相对晚进。诉讼制度重构后,保留了还原事实为着力点的同时,适当借鉴并吸收普通法系的直接、言词原则和公开审理原则等先进的元素,使定案证据是否具有证据能力、案件事实的还原程度均通过法定程序予以展现,兼顾实现实体正义与程序正义。

由此可见,普通法系的刑事诉讼通过程序的正当性追求结果的正义性,因此,证据规则的宗旨在于保障陪审团成员不会受到不公平的影响形成偏见,确保心证形成过程的公正。而大陆法系是通过约束取证手段的正当性保证结果的客观性,因此,证据规则的宗旨在于以规制法定证据和证据能力调查程序,来确保认定事实的客观性。

综上所述,权力分配隐含的权力意志是法律规范体系暗藏的逻辑主线。两大法系证明标准一目了然的差异应当是权力分配末端的表象。进入腠理,可视事实裁判主体不同,因此适用不同的标准;再入肌肤,可视诉讼模式不同,因此证明过程与证明目的不同,自然证明标准内涵不同;深入肠胃,可视权力制约方式不同,因此与司法权内容相匹配的制约力量亦不同;直达骨髓,可视权力意志的表现形式不同。因此,权利与权力在证明中的主导性不同。[①] 由此,大陆法系与普通法系的分道扬镳与其说是历史选择的偶然,不如说是历史唯物主义的必然。

四、对我国的启示

(一)我国的社会治理理念契合"内心确信"标准

根据经验主义的特征,经验论的作用在于对任何一堆具体事实加以分析,并把这番分析所意涵的种种全谓辞说发现出来。其从具体的、个别的东西出发而达到抽象的和普遍的东西。[②] 在诉讼证明中,对案件事实是否构成犯罪的判断,可以从具体的事实情节以及情节之间的因果关系出发,抽离各情节与判断犯罪与否无关的细枝末节,还需要依靠理性,将抽象的辞说加以综合,获得符合与不符合犯罪构成的结论。可见,当事实判断与法律适用交由单一主体进行综合判断时,罪与非罪的信念只能来源于主体的内心,犯罪与否的判断更加关注经验事实的内涵而非外延。

以此为鉴,分析我国的法律规范与司法制度,根据我国《宪法》第 2 条规定,中华人民共和国的一切权力属于人民。人民行使国家权力的机关是全国人民代表大会和地方各级人民代表大会。人民代表大会通过选举产生国家行政机关、审判机关、检察机关。第 58 条规定,全国人民代表大会和全国人民代表大会常务委员会行使国家立法权。可知,国家立法权由权力机关直接行

---

① 参见[美]米尔伊安·R.达玛什卡:《司法和国家权力的多种面孔》(修订版),郑戈译,中国政法大学出版社 2015 年版,第 197 页。

② 参见[美]威廉·佩珀雷尔·蒙塔古:《认识的途径或哲学的方法》,吴士栋译,商务印书馆 2012 年版,第 112 ~ 113 页。

使,司法权、行政权等由权力机关产生的国家机关行使,属于间接行使。司法权、行政权的范围与运行规则严格受制立法的授权。其与大陆法系国家权力结构何其相似。因此,担任我国审判机关的法官也可能不会脱离认识与理解的思维定式。值得一提的是,造成这个认知模式的核心因素既不是"内心确信"的法律化,也不是"事实清楚,证据确实、充分"的模糊,而是成文法对法官行为模式的预设。法官执业的前提务必是对实体法了如指掌,成为潜移默化的职业思维模式。法官判断事实不会对主观上是否存在过错,行为上是否具备犯罪构成的客观方面要件置之不理,天马行空与其他职业人的思考方式一样。只有当证据重组的犯罪事实在法官的脑海中形成一个周延的闭合体,案件才会进入法律适用的环节。因此,即便"排除合理怀疑"成为法典的证明标准,也无法改变成文法对法官预设的熟知大前提,论证小前提,得出结论的行为模式。笔者认为,这一心证过程的客观结果与"犯罪事实清楚,证据确实、充分"并不矛盾,而是分别从主观与客观不同方向所做的同义表述。但略显不足的是,我国当前证据规则相对大陆法系国家还有需要完善之处。

(二)我国现有的裁决方式与"排除合理怀疑"存在矛盾

普通法的任何原理和制度都有着深刻的传统和背景,这些背景可以包括民族的、社会的、经济的、道德和伦理的,甚至是宗教的因素,我们所要借鉴的那些原理和制度经过长时期的演变已经和上述因素、和那个社会融合为一体了。① 在法律移植的方法上,

① 李红海:《普通法的历史解读——从梅特兰开始》,清华大学出版社 2003 年版,第 170~171 页。

我国目前的做法仿佛是从孕育“排除合理怀疑”的普通法系母体中将其剪切下来,然后“嫁接”到我国这一株承继大陆法系传统的法律体系枝丫上。仅从法律规范的内容与司法制度中,移植的水土不服现象即窥豹一斑。

在普通法系主要国家美国,若想使陪审员们认定被告人犯有指控的罪名就必须说服他们相信该犯罪的全部要素都已经得到了超出合理怀疑的证明(proof beyond reasonable doubt,又被译为“排除合理怀疑”)。[①]《联邦刑事诉讼规则》(Federal Rules of Criminal Procedure)第31条a款规定了陪审团的裁决形式:“裁决必须以一致的形式方可做出。”然而,究竟什么是“合理怀疑”,法律并没有给予明确的解答。曾有学者试图从概率的角度具象化“排除合理怀疑”。[②] 但在学术界仍然存有争议。

作为美国最高的刑事证明标准,无论“排除合理怀疑”的内容解释为何,并非要求排除一切怀疑,而是排除有理有据的怀疑。同时,陪审团的裁决形式与此刑事证明标准恰能契合。在普通法系的刑事诉讼中,双方辩护人在庭审中完成自己的举证和说明义务后,每一位陪审员的内心都会结合自己的经验、常识对涉诉事实有所认知,即各有千秋,也会存有不同的疑虑。陪审团讨论的过程也是消弭每位陪审员内心疑虑的过程。最终达成一致有罪的意见才能作出判决。因此,联邦刑事诉讼规则规定的裁决方式

---

① [美]乔恩·R.华尔兹:《刑事证据大全》,何家弘等译,中国人民公安大学出版社1993年版,第314页。

② 参见[美]拉里·劳丹:《错案的哲学:刑事诉讼认识论》,李昌盛译,北京大学出版社2015年版,第114~116页。

从形式上体现并解释了"合理怀疑"的内涵，只是"合理"的内涵或许会因具体案情、陪审员的背景不同而不同，具有相对性，但形成一致意见的结果可以被视为排除"合理怀疑"。

根据我国的法律法规，①在我国的刑事诉讼中，裁决方式遵循少数服从多数的原则。如果仅有少数审判人员对刑事案件事实存有疑虑，仅作"记入笔录"处理，没有给予说明并判断"怀疑"是否合理的机制。审判人员的怀疑合理与否都只是审判组织评议的笔录内容的一个客观存在，这与"排除合理怀疑"的内涵需求应当是相悖的。

（三）"排除合理怀疑"与"内心确信"可以有限融合

一般而言，刑事诉讼证明是使用事物的联系与逻辑的方法对过去已经发生的事实进行回溯与还原。时间的单向性决定案件事实既是客观真实的，也是相对不确定的。

"内心确信"的形成无法离开理性与经验，甚至两者在认知犯罪事实的过程当中相互紧密交织在一起。如康德所说："概念没有知觉就是空洞的，而知觉没有概念就是盲目的。"②同理，成文法中的罪名需要现实世界中包罗万象的犯罪事实予以诠释；反之，通过证据证明的犯罪构成要素也需要得到法官理性的推理与论

---

① 《最高人民法院关于适用〈中华人民共和国刑事诉讼法〉的解释》第214条规定，开庭审理和评议案件，应当由同一合议庭进行。合议庭成员在评议案件时，应当独立表达意见并说明理由。意见分歧的，应当按多数意见作出决定，但少数意见应当记入笔录。审判委员会实行民主集中制。对议题应当展开充分讨论。《最高人民法院审判委员会工作规则》（已失效）第9条规定，审判委员会的决定，必须获得半数以上的委员同意方能通过。少数人的意见可以保留并记录在卷。

② ［美］威廉·佩珀雷尔·蒙塔古：《认识的途径或哲学的方法》，吴士栋译，商务印书馆2012年版，第218页。

证,否则只可能是证据材料的凌乱堆砌。如前文所述,"内心确信"的形成过程是以实体法为大前提,对照证据材料演绎出犯罪事实的小前提,经过一系列复杂的思维过程,最终得出如何适用法律的结论。"排除合理怀疑"是从既有的证据衍生出的假设出发,演绎出包含但不限于一个逻辑自洽的事实,且与证据细节吻合得恰如其分。"排除合理怀疑"需要在两个不能同时为真,又存在部分矛盾的事实之间去伪存真。

"内心确信"适用的经验方法和理性方法,与"排除合理怀疑"选择的怀疑方法彼此独立,且基础各异。区别的关键在于犯罪是一元性还是多元性。在我国的审前程序中,[①]检察机关的职权重点是还原事实真相,并且判断是否应当追究刑事责任。首先是罪与非罪的判断。在审判程序中,如果控辩双方的争议焦点集中于罪与非罪,其实则是有罪假设是否证成的问题。事实裁判者是可以形成"内心确信"的;反之,如果控辩双方的争议焦点涉及此罪与彼罪等形式之争,实则为两个假设,兼采怀疑方法更能确保结论的稳定性。由此可见,在我国的刑事诉讼中,"排除合理怀疑"与"内心确信"之间不是非此即彼的关系,需根据所面临的证明对象与所处的诉讼阶段因地制宜的作出适当的选择。这也是从事实裁判者的视角给予"犯罪事实清楚,证据确实、充分"更具体的诠释。

综上所述,普通法系与大陆法系的司法制度不是像"双曲线"一般,各自在自己的象限有规律地发展。两者以自有法治思想作

---

① 《刑事诉讼法》第176条第1款规定,人民检察院认为犯罪嫌疑人的犯罪事实已经查清,证据确实、充分,依法应当追究刑事责任的,应当作出起诉决定。

为根系,滋养着各自的制度枝繁叶茂。在制度成长中交相辉映,又彼此独立。在学术研究的方法中,试图借助普通法系与大陆法系的分类,“一揽子”地将两者的司法制度对立起来是武断的。同时,脱离制度产生的社会背景,单纯地以静态视角感知法律或司法制度呈现出的先进性,亦是只见树木、不见森林。因此,可以认为,大陆法系和普通法系之间并非泾渭分明,且无法交融。笔者认为,当前我们面临的问题不再是引进域外的哪些先进制度,而是引入制度背后所蕴含的理论内核。以此为基础,再根据自身国情进行本土化制度构建,并辅以配套保障制度。可能是我国法治现代化的有效进路。在刑事诉讼程序中,我国是以职权主义兼采当事人主义的混合模式,追求事实真相几乎贯穿了诉讼程序始终。虽然,有关人类认识的理论基础为“排除合理怀疑”铺平了道路,但我国当前的诉讼制度与“排除合理怀疑”存在不匹配之处,又在不同程度上闪烁着“内心确信”的影子,亟待寻求重构的进路。

第四章　我国刑事证明标准的源流

一、我国刑事证明标准的理念变迁

（一）坚持探究实体真实

探究案件实体真实是世界各国刑事诉讼的目标追求。尽管诉讼证明经历了神明裁判、法定证据裁判、自由心证裁判等不同的模式，各种模式在诉讼价值、制度建构差异较大，但共同的目标就是发现案件客观真实，据以裁判案件、解决纠纷。我国的诉讼活动源自维护君主专政的政治制度考虑，政府以纠问的方式查明案情真相，诉讼中的其他要素也都是为实体真实服务。我国刑事诉讼对实体真实的追求自古有之，应当拥有强大的惯性。

1. 封建社会诉讼证明对实体真实的探究

法之观念，儒家、道家、墨家各有不同，但殊途同归的是,各家都崇信自然法观念,[①]这推动了我国的诉讼证明较早地脱离了野蛮蒙昧的证明模式。在初民政治中,神权政治并未在我国的政治与社会中占据主导地位。我国文化将“神”解释为天,天又指代宏观概念的“人”。如《左传·桓公六年》:“夫民,神之主也。”《易·系辞传》:“天地变化。圣人效之。天垂象,见吉凶。圣人象之;河出图,洛出书,圣人则之。凡此所谓圣人,皆谓其知足以知天者也。”《诗·大雅》:“天生烝民,有物有则。”“神”的人格化为我国法治思想遵从自然,而非宗教奠定了基础。随着人的认知水平与认知手段的不断提高,人们对神明裁判的客观公正性产生了质疑与反思,将交由神明行使的裁判权收归自己掌控。

在等级社会观念的影响下,由裁判者掌控的裁判权是服务于君权,因此,探究实体真实也是为了维护君主专制制度。在我国文明伊始,等级思想即占据了文化主流的地位。“周礼”一说可以从侧面证明周公为政思想。周公制礼的出发点和归宿是“尊尊”和“亲亲”的家国一体思想。所谓“国无二君”“家无二尊”,这种政治与伦理相统一的理论就是礼的思想基础。[②]《韩非子·解老》记载:“礼者……君臣父子之交也,贵贱贤不肖之所以别也。”[③]儒、法两家在以“礼”区分长幼贵贱的思想上是殊途同归的。礼治确立尊卑有别、长幼有序、君臣有等的社会层级关系与应然的社会

---

① 参见《梁启超论中国法制史》,商务印书馆2012年版,第26页。

② 参见张晋藩:《中国法律的传统与近代转型》,法律出版社1997年版,第34页。

③ (战国)韩非:《韩非子通释》,贾太宏译注,西苑出版社2016年版,第135页。

秩序。不同的社会关系遵从不同的礼，使人人恪守本分。庶民对君臣大夫遵从礼的服从是天理的要求与具体体现。该思想传承直至宋明理学时期。[①] 司法制度属于政治制度的重要组成部分，从来不存在超阶级、超意识形态、超国家政治制度的"普世"模式。[②] 在君主专制政治制度下，控审职能不但没有严格区分，而且共同从事诉讼证明活动以探究"事实真相"。查明罪行是诉讼证明活动的首要目标。整个诉讼活动是认识犯罪行为的活动，实现政府对犯罪行为的打击、追诉，惩罚罪犯，以维护公共秩序。任何有碍刑法实施的程序在国家权力缺乏掣肘的制度体系中，难有生存空间。由此可见，早期作为证明目的的探究实体真实，是在国家权力主导下维护君主专制制度理念的外化。而国家权力主导的纠问式诉讼模式运行了两千年的历史。

2. 中华人民共和国成立后诉讼证明对实体真实的探究

中华人民共和国的刑事诉讼制度是在彻底废除旧法统的基础上从零起步，逐步建立发展起来的。[③] 诉讼证明以辩证唯物主义作为指导思想，案件事实的证明依据可知论与反映论，是可以通过司法人员的证明活动认知的。查明案件事实的真相，重现实

---

① 参见《荀子·礼论》："礼起于何也，曰：人生而有欲，欲而不得，则不能无求，求而无度量分界，则不能不争。争则乱，乱则穷，先王恶其乱也，固制礼义以分之，以养人之欲，给人之求，使欲必不穷乎物，物必不屈于欲，两者相持而长，是礼之所起也。"《左传·昭公二十五年》："夫礼，天之经也。地之义也，民之行也。"《王文成公全书·礼记纂言序》："礼也者，理也，理也者，性也……而且在于人也，谓之性，其粲然而条理谓之礼。"

② 参见童建明：《论习近平法治思想的公正司法观》，载《中国法学》2024年第2期。

③ 参见冀祥德：《从控辩关系看我国刑事诉讼制度的演进发展》，载《中国刑事法杂志》2022年第1期。

体真实的客观实际，是我国诉讼证明的要求。①

辩证唯物主义认识论是我国刑事诉讼证明活动的理论基础。现实告诉我们，很少有公安机关、司法机关亲历案件事实经过，并及时抓获犯罪嫌疑人。几乎所有的刑事案件都是发生在过去，公安机关、司法机关通过收集、审查、判断证据认知过往事实。证明对象是过往的事实，证明主体认知具有局限性，诉讼证明的过程是证明主体与证明对象在矛盾间互动达到对案件事实认识的主客观统一。认识实体真实受到认识规律的制约。辩证唯物主义是关于人认知自然与社会规律的方法论科学。并且过往的案件事实是一种客观存在，公安机关、司法机关认知案件事实是通过客观存在的证据、事物之间的普遍联系，查明、证明过往事实，而不能改变这种客观存在。在此基础上明确了实体真实具有的客观性，从而形成了诉讼证明的实体真实理念。实体真实在一定意义上与客观真实具有相通之处。所谓真实不能不认为客观现实之真实，亦即其所指者为绝对的真实。②

辩证唯物主义认识论认为客观真实是绝对真实与相对真实的辩证统一。诉讼证明活动中的绝对真实应当是指公安机关、司法机关运用证据能查明案件事实，确认某人确实实施了某种犯罪行为。也只有承认绝对真实的存在，才能谈及刑事证明标准的正

---

① 参见陈光中、徐静村主编：《刑事诉讼法学》（修订2版），中国政法大学出版社2001年版，第185页。

② 参见蔡墩铭：《刑事诉讼法学论》（第3版），台北，五南图书出版股份有限公司1982年版，第22页。

当性、科学性等问题。相应地,相对真实的科学性也受制于主客观两个方面,一方面是认知的真实受到案件证据材料的有限性,诉讼程序的时效性等因素的约束;另一方面是人作为认知主体具有认知局限性。

综上,诉讼证明活动追求实体真实理念,既确认了认知案件事实能达到客观真实的程度,也要正确区分认知结果的局限性与认知结果可能出现错误。因此,在证据不足的情况下,也应当明确疑罪从无的处理方式。

(二)实体真实标准的反思

在我国的诉讼证明活动中,诉讼证明达到客观真实程度的理论占据着主导性地位。实体真实是曾经发生的客观存在,虽然不能再现,但是通过证据收集、证据运用可以认识案件真实情况达到客观真实的程度。[①] 认知实体真实需要通过证据这一媒介,那么,何为刑事诉讼中的证据?从证据规范和证据运用两个层面,慢慢产生了关于运用证据认知实体真实的认知方法与认知程度的反思,形成法律真实与客观真实之争。

所谓证据,是指能够证明某事物的真实性的有关事实或材料。[②] 事实,是指“事情的真实情况”[③]作为一个法律术语,证据是以法律规定的形式表现,能够证明案件真实情况的事实。我国《刑事诉讼法》第50条第1款规定,可以用于证明案件事实的材

① 参见宋世杰:《证据学新论》,中国检察出版社2002年版,第209页。

② 参见中国社会科学院语言研究所词典编辑室编:《现代汉语字典》(修订本),商务印书馆1996年版,第1608页。

③ 中国社会科学院语言研究所词典编辑室编:《现代汉语字典》(修订本),商务印书馆1996年版,第1153页。

料,都是证据。证据必须经过查证属实,才能作为定案的依据。从以上对证据的不同说法可以看出,证据作为一种客观存在,既要拥有法定的形式,也要经过法定的程序收集、固定、判断,才可以转换成为“事实”。通过证据证明的“事实”,在诉讼程序中有双重含义:一是证据证明的经验事实,二是按照形式理性要求形成的法律事实。过往事实不可能重现,通过证据的认知只能无限接近,而无法与之重合。诉讼证明活动是在刑事诉讼建构的程序框架与法律规范下的认知活动,裁判者不可能为获得“实体真实”而无休止地进行调查活动。案件事实的证明应当是通过程序控制的加工,形成一种“可被接受的”事实。因此,裁判者在刑事诉讼中认定的事实与所谓的“客观真实”“实体真实”凸显出形式理性对证明程度的影响。实际上,“客观真实”的完全发现既是不可能的有时也是不必要的。①

实体真实的反思亦是根据马克思主义哲学原理。案件事实的证明只能达到无限接近实体真实,所以诉讼证明要求的实体真实只能是一种相对真实。“实体真实”标准要求公安机关、司法机关办案人员的主观认识必须符合客观实际,这必然会导致公安人员、司法人员为了追求“实体真实”的职权主义倾向,甚至违反法定程序来发现客观真实。诉讼证明依据的证据,既是人的行为,证据本身也具有主观性,取证过程如果用力过猛,将侵害证据的真实性与合法性,反而会形成错案。

实质上,“实体真实”标准应当是从本体论角度阐释了刑事证

---

① 参见陈瑞华:《刑事审判原理论》,北京大学出版社 1997 年版,第 99 页。

明标准。对“实体真实”的质疑是立足认识论视角,认为认识“实体真实”的材料的有限性与证明主体认知能力的局限性,因此,经过认知的“实体真实”无法成为真正的“实体真实”。实体真实标准在认知过程中体现出的局限性激发人们反思,既然实体真实的追求既不可能也不必要,那么应当以何种标准作为刑事证明活动的指引。解铃还须系铃人,或许从认识论角度分析证明主体认知、判断案件事实应当达到的程度,“实体真实”标准在证明过程中可能酿成错案的风险亦应当通过程序控制予以化解,或许能够为“实体真实”到底为何找一条阐释的进路。

刑事个案的不可预测性意味着一种确定、统一、具有可操作性的证明标准的建构只能是一个乌托邦。当“实体真实”成为诉讼证明总是在遥望而无法到达的彼岸时,诉讼证明仍然不能回避两个问题:其一,被追诉的人能否接受裁判的结果。其二,裁判者如何获得裁判结论。案件真相的认知过程需要在诉讼程序中展开,这意味着,证明案件事实不仅是认知行为,也是法律行为。证明的行为合法性设计也要回应诉讼活动的多种价值追求。司法作为公平正义的最后一道防线,纠纷解决的理性途径,还应当具有既判力与公信力。刑事诉讼程序设计与证据规则建构,一方面是为了发现真实,保证刑罚权的正确实现。另一方面是为了保障人权,保证无罪的人不受刑事责任追究。

由此,实体真实的理念既以辩证唯物主义认识论为理论基础,在认识犯罪的诉讼证明活动中,也顾及保障无辜优于惩罚犯罪的价值取向。因此,刑事证明标准既应当包含着指向犯罪事实的实体真实证明,亦需要回应诉讼过程中不存在侵害无辜的事实的程序事实证明。

（三）实体真实与正当程序并重

诉讼证明的实体真实标准历经占据主导、质疑之争后，与实体真实并重的还有正当程序理念，这种观念逐渐为我国立法和中央司法机关所接受。① 但是，在两者发生冲突的情况下，实体真实与正当程序的优先顺位存在不同的选择。

实体真实与正当程序是国家打击、控制犯罪与保障个人权利的价值反映。两者之间实质是国家利益、社会利益等公共利益与个人权利之间的关系，相互影响，辩证统一。发现、证明、裁判实体真实是刑事诉讼的重要目标，裁判者判断实体真实，以实现实体公正。然而，实体真实往往隐藏在一系列复杂的证据背后，不太可能自动呈现，需要经过繁复的探索。这就意味着，实体真实离开了诉讼程序便无法探知。因此，诉讼证明是发现事实的一种方法，而非证明已知事实的一种方法。发现事实是经过严密的法律推理获得结论。在结论未知的前提下，寻求事实适用的方法如果是理性的，即便结果未达预期，求解的过程仍然是合乎逻辑的。这就表明，诉讼证明起到推理作用，无论实体结果为何，合乎逻辑的求解过程为发现最佳结论提供了科学的方法支持。合乎逻辑的程序即现代的"正当程序"。正当程序体现了刑事诉讼程序的独立价值。诉讼证明过程涉及对个人权利的强制性限制、剥夺，因此，人权保障成为程序公正的重要内容之一。无论是实体公正还是程序公正，二者都是证明活动追究的目标。实体法与程序法

---

① 参见陈学权：《论刑事诉讼中实体公正与程序公正的并重》，载《法学评论》2013 年第 4 期。

相互依存、相辅相成,构成统一的法治体系,不能有主次之分。[①]

尽管实体真实与正当程序具有共同的价值目标,两者之间亦会产生矛盾。程序公正的独立价值体现在尊重当事人的诉讼地位与保障当事人的诉讼权利。但当事人的诉讼权利是在国家追诉犯罪、控制犯罪的过程中实现的。惩罚犯罪,保证刑法的正确实施是诉讼证明活动的逻辑起点。保障被追诉的人的个人权利与实现国家刑罚权存在天然张力。因此,当两者产生冲突时,程序公正优于实体公正抑或反之的争议由来已久。我国长达两千余年的封建社会的司法实践表明,“重实体、轻程序”影响司法公正的实现。起源于英国、盛行于美国的“程序优先理念”,经过多年实践检验,也出现了不同程度的修正。可见,统一的、具有普适性的优先顺位选择并非化解矛盾之道。实体真实与正当程序目的冲突之解决,可以先确立实体真实与正当程序并重的底限,再从微观层面寻求两者矛盾调和的方法。

根据《宪法》第 37 条对于基本权利程序内容的规范,对人身自由的限制、剥夺应当经过司法审查程序。在诉讼证明的取证行为中,刑讯逼供、暴力取证等行为既侵害程序公正,也对实体公正造成威胁。程序与实体同时不公的情况既不能为当事人接受,也不可能为社会所容忍。随着我国刑事诉讼理念的转变,从严厉打击犯罪转变为打击与保护并重,诉讼证明的标准也随之发生迁移。普遍接受了非法证据对司法公正具有极大的危害性,认可了以侵害个人权利的方式获得证据的证明行为之违法性。依此,通

① 参见陈光中、王万华:《论诉讼法与实体法的关系——兼论诉讼法的价值》,载陈光中、江伟主编:《诉讼法论丛》第 1 卷,法律出版社 1998 年版。

过赋权裁判者个案裁量，平衡实体真实与正当程序之间的矛盾。

由此可见，刑事证明标准的理念从实现国家权力的一元标准转变为平衡国家权力与公民权利的二元标准，公共利益与个人利益矛盾冲突的调和方式的转变表现出治罪理念转向治罪与保障并举理念。

二、我国刑事证明标准的立法演化

诉讼证明从古至今一直是诉讼活动不可缺少的重要环节。中国古代司法始终注重追求客观真相，具体的制度表述从概括性走向具体、明确。[①] 我国自古代的诉讼活动即注重探究案件真相，遂产生"铁案"的说法，且一直延续至今。尽管证明案件事实并非易事，但我国古代的证据运用或者概括证明的方法颇具先进性。我国诉讼证明较早地祛魅与证明主体认知能力的先进性、诉讼制度的科学性、法治文化的包容性等应当是有密切关联的。

（一）从"神判"走向"人判"的证明标准

在公元前221年，中国历史上产生了第一个统一的专制主义中央集权的封建国家。秦国实现的统一是经历春秋、战国频繁的兼并、合纵连横的合作，直至发展至秦国，这一过程走向完结。秦汉以来逐步发展成为以汉族为中心的民族共同体。有序相对无序更有利于国家的统治，强化中央集权。因此，从秦汉时期梳理证明标准，从"一管"窥见国家治理理念、古代法律思想等特点。

---

① 参见陈光中、朱卿：《中国古代诉讼证明问题探讨》，载《现代法学》2016年第5期。

《周礼·秋官·司盟》如此记载："有狱讼者，则使之盟诅。凡盟诅，各以其地域之众庶，共其牲而致焉。"①意指对神立誓诅咒。我国古文"灋"据东汉许慎《说文解字》如是诠释："灋，刑也，平之如水，从水；廌，所以触不直者去之，从去。"②神意有助裁判者破解棘手案件的真相和适用法律。

当人们可以通过自己的能力认识犯罪事实时，神判自然会走向消亡。最早在《尚书·吕刑》："两造具备，师听五辞。五辞简孚，正于五刑。"所谓"简孚"，即案件事实清楚且有证据证明，"有众"即证据认定的事实为参与审判的全部司法者或旁听者认可。主客观一致，表明司法者对案件事实确信无疑。③《周礼》中亦有"五听"来断狱的说法，所谓"五听"，即以五声听讼狱。"五听"是裁判官在审理案件时，通过察言观色判断对应证据的真伪，用以认定案件事实或真相，尽管案件当事人的言辞、表情、声音、眼神等在作证时的反应因人而异，裁判者对当事人反应的判断缺乏成文的标准，但能表明，我国的诉讼活动已经走下"神明裁判"，走向唯物主义认识论世界。另有《周礼·秋官·司刺》载："司刺掌三刺、三宥、三赦之法，以赞司寇听狱讼。一刺曰讯群臣，二刺曰讯群吏，三刺曰讯万民。"④当遇到疑难案件时，亦有"赞司寇听狱讼

---

① 李学勤主编：《周礼·秋官》，载《十三经注疏·周礼注疏》（下），北京大学出版社1999年版，第940页。

② （东汉）许慎撰，段玉裁注：《说文解字注》，上海古籍出版社1988年版，第470页。

③ 参见蒋铁初：《铁案如山与莫须有——中国古代诉讼中的双重证明标准?》，载《证据科学》2013年第5期。

④ 参见李学勤主编：《周礼·秋官》，载《十三经注疏·周礼注疏》（下），北京大学出版社1999年版，第940页。

者，专欲以成，恐不获实，众人共证，乃可得真，故谓赞之也”。[①]“三刺”与其说是证明标准，不如称之为证明方法。其中的“实”和“真”可以理解为对事实认定所欲达到的程度或者谋求的目的。

可见，早在中国秦汉时期，与诉讼活动相关的法律规范文件反映出，诉讼活动对案件事实的重视，并由此归纳不同层次、不同目的、不同标准的证明方法。同时，出于追求案件真实的目的，在古代纠问式的诉讼模式中，裁判者为取得有罪证据有权采取刑讯逼供行为。犯罪嫌疑人、被告人作为诉讼客体，也承担着证明自己有罪的责任。《睡虎地秦墓竹简·封诊式·治狱》如此记载：“治狱，能以书从迹其言，毋治（笞）谅（掠）而得人请（情）为上，治（笞）谅（掠）为下，有恐为败。”依此，刑讯在秦时期即已合法存在，并在后世朝代都可以看到刑讯的踪影。《张家山汉简·奏谳书》中收录22则案例文书，案例的审讯文书展示了东周、秦汉时期疑罪案件审理、据证定罪的经过。通过文献记录的断案经过，可以发现，当时我国的证明以告劾、讯、诘、问、鞫为主，其中鞫应当是指裁判认定的事实、结论，辅以物证辨认等方法。[②] 从案例中可以清楚读到，古代议罪断案主要依靠言词证据，刑讯，遇有疑难案件难以定夺，可以奏书形式上报以求处置，如果对证据存有疑问，则判定存疑不论。

---

① 李学勤主编：《周礼·秋官》，载《十三经注疏·周礼注疏》（下），北京大学出版社1999年版，第940页。

② 参见蔡万进：《张家山汉简〈奏谳书〉研究》，广西大学出版社2006年版，第142～144页。

总之,随着裁判者司法经验的积累,从早期的"五听""三刺"等证明方法、证明标准的经验总结中表明,我国的诉讼活动注重证据收集、证据裁判,这体现重证据、重调查研究的先进理念。但秦汉时期亦肯定了刑讯的合法性,被告人在诉讼活动中也是自证其罪的主体。古代的控审职能目的是实现刑法的适用,实现国家刑罚权,作为被追诉的主体亦应当保障该目的的实现。

(二)发展多元证明方法的证明标准

法治天下既有赖于法治理念与立法制度的共同进步,亦需要有科学的法律程序、证据规则保证法律在司法执法环节的严格执行。唐以来,中国古代的法律制度发展走向鼎盛时期,此后的不同历史时期分别出现了诸法合体的法律规范,发展出"众证定罪"等独立于刑讯、口供等证明方法。

《唐律疏议》堪称中国历史上立法结合之典范,代表了中国古代立法的最高水平。[①] 其内容、行文融合了儒家思想及秦汉、魏晋南北朝、隋以来的法学理论,以问答的形式展现思辨的思维过程。首先,《唐律》将刑讯获取口供的方式纳入法定内容。《唐律疏议·断狱》"讯囚察辞理",[②]展现了"若脏状露验,理不可疑,虽不承引,即据状断之。"即裁判者认定犯罪事实的证明标准。其次,《唐律》详细诠释所谓"疑"的外在表现形式,"诸疑罪,各依所犯,以赎论",明确了疑罪的处理方式。"'疑罪',谓事有疑似,处断难

---

① 参见(唐)长孙无忌等撰:《唐律疏议》,中国政法大学出版社 2013 年版,"简介"第 2 页。

② 《唐律疏议·断狱》:"诸应讯囚者,必先以情,审查辞理,反覆参验;犹未能决,事需讯问者,立案同判,然后拷讯。"(唐)长孙无忌等撰:《唐律疏议》,中国政法大学出版社 2013 年版,第 388 页。

明，依所疑之罪，用赎法收赎。”[①]这一规定表明当时对疑罪的处理遵循“疑罪从有、疑罪从轻”的认定方式。最后，《唐律疏议》解释说，“皆据众证定罪”，“三人以上，明证其事”，体现出法定证据规则。结合封建国家司法制度中，裁判者兼握侦查权、起诉权、审判权，裁判者在诉讼证明中的自由心证与主观臆断缺少相应的制约机制，反观此法定证据规则则是在约束裁判者裁判案件的权力。在一定程度上体现出证据规则与强化国家中央集权立法目的的内在联系。

宋元时期的法律在《唐律》基础上发展，后世律例在承袭《唐律》基础上有所增益。“赃状露验、理无可疑”的律文还规定：“诸犯罪事发，有赃状露验者，虽徒伴未尽，见获者，先依状断之，自后从后追究。”尽管宋承唐制，案件事实认定依赖口供，口供是认定事实的证据之王，但到了宋代，对刑讯逼供的态度变得相对审慎。裁判者深知刑讯逼供的流弊，取证与证明方法在唐制基础上有了更进一步的发展，到了南宋时期，司法活动对物证的重视发展至顶峰。《疑狱集》系宋太宗时期收录诸多有正史可考的听讼断狱、辨雪冤枉的案例故事，《折狱龟鉴》在《疑狱集》基础上，记录了较多关于隐匿性的刑事案件的证明方法，即裁判者如何运用物证之间的联系探究案件真相，苛处犯罪嫌疑人刑罚。南宋人宋慈历任广东、江西等四地裁判者，在总结前人现场勘验、检查、尸体解剖检验、人身伤痕检验等经验的基础上，撰写《洗冤集录》，在世界各

① 《唐律疏议·断狱》：“若赃状露验，谓计赃者见获真赃，杀人者检得实状。赃状明白，理不可疑，问虽不承，听据状科断。”参见（唐）长孙无忌等撰：《唐律疏议》，中国政法大学出版社2013年版，第388页。

地广泛流传。

由此，我国古代的法律文化与法律制度一脉相承，法律制度的制定是围绕统治阶级意志，强化中央集权维护统治阶级利益。具体到司法活动中，我国古代的证据制度关于证据证明力的评价以“裁判者自由心证”为主，口供为王，带有明显的主观色彩。证据规则中的“众证定罪”“疑罪从轻”等规范，适用于特殊情况。我国封建的国家统治历史久远，秦汉以降至明清，我国一直实行君主专制的政治体制，司法制度作为其中的一个有机组成部分，亦带有深刻的制度烙印。君权至上的法律思想绵延历朝历代。尽管如此，中国古代司法实践中迸发的法治文明亦是光辉璀璨。这种糟粕中含有的精华因其难能更加可贵，值得现代的诉讼制度对其进行考察、研判。

（三）融入西方分权对抗诉讼理念的证明标准

每次社会革命最终产生了一个新的法律体系，这一新的法律架构体现了革命的某些主要目的，改变了以往的法律传统。[①] 清末民初受“变法”影响，诸法合体的诉讼模式逐渐被分解，司法机关与行政机关分离，纠问式诉讼模式介入西方的诉讼证明思想与制度，律师制度、陪审制度初见雏形，并发展出自由心证证明模式。

1902 年，清政府以德、日法律为蓝本全面引入西方法律制度，从此西方的法律思想在我国的法律思想史中也留下了印记。1906 年（光绪三十二年）《刑事民事诉讼法（草案）》中关于法官裁判有罪是否适用“自由心证”尚未有明确记录，仅能从只言片语和

---

① 参见［美］哈罗德·J. 伯尔曼：《法律与革命——西方法律传统的形成》，中国大百科全书出版社 1993 年版，第 45 页。

字里行间表达的意思中推测。发展至清末1911年,《刑事诉讼法律(草案)》中关于法官裁判案件的方法表述带有明显的自由心证的痕迹,并重构既有的诉讼构造。① 自由心证是西方启蒙运动与资产阶级革命的产物,与"法定证据规则"争夺证据裁判权的过程中,将立法者的预设证据证明力的权力给予裁判者据状判断证据证明力,是"形式主义"与"法官擅断"在权衡利弊之后,强化司法权的一种选择。同时,在诉讼构造的改革方面,引进西方的辩护制度试图掣肘控诉一方强大的权力。1912年,北洋政府颁行《律师暂行章程》和《律师登记暂行章程》。辩护制度的改革可以看出当时的进步人士变法图强的积极追求,但也体现出功利主义的用意。辩护制度根植于西方先进文化,滋养辩护制度的土壤包含着"平等、权利、自由"等文化品格。其价值起点是以尊重个人权利为基础的个人本位,这与我国两千多年的中央集权、君主专制的国家本位存在着严重的水土不服。西方文化同我国传统思想南辕北辙的矛盾似乎需要经过长期的博弈较量,才能逐步走向调和。

至民国初年,以孙中山为代表的资产阶级革命家看到了晚清封建法律制度的落后与腐败。开始强调认定案件事实的正确性,随即对证明标准作出规定。1912年3月2日,南京临时政府颁布《大总统令内务、司法两部通饬所属禁止刑讯文》:"不论行政司法官署,及何种案件,一概不准刑讯。鞫狱当视证据之充实与否,不

---

① 参见吴宏耀、郭恒编校:《1911年刑事诉讼法律(草案)——立法理由、判决例及解释例》,中国政法大学出版社2011年版,第231~233页;《1911年刑事诉讼法律(草案)》第326条:认定事实,英译证据。证据只证明力,任推事自有判断。

当偏重口供。”[①]可见，在国民政府时期，在证明标准上，偏重事实明确、证据确凿。在证据判断方法上，摒弃了对口供作用的强调。围绕立法层面的变化，全国多数省份根据《法院编制法》建立了新式审判厅、检察厅。沿着古代口供为主的证明方法，以寻求确定无疑、明白无误的真相为证明标准的刑事诉讼在《各省审判厅判牍》中可见一斑。[②] 在立法技术与司法制度体系构建层面，零落的部门法发展成较为完备的法律体系。因西方思想的涌入，我国的法治理念与法律制度发生了巨大的变化，证据制度与证明标准的思想悄然转向“分权”发展的理念，其内容也走上法定的轨道。出现了有关诉讼的专门的程序法。1928 年颁布《中华民国刑事诉讼法》和《中华民国刑事诉讼施行法》，1934 年修正并于第二年颁布施行。[③] 明确规定了自由心证：“证据之证明力，由法院自有判断之。”此外，这部法律中出现了检察机关提起公诉的证明标准：“检察官依侦查之所得之证据，足认被告有犯罪嫌疑者，应提起公诉。”在诉讼原则上，吸收西方国家直接、言词原则。[④] 尽管清末民初的立法体例更接近现代刑事诉讼的价值取向与制度构建，我国当时尚处于跌宕起伏变革时期，发端于西方工业社会的法律体系在与既有法律体系的博弈中，没能有机地融入国民政府独裁统治

① 中国科学院近代史研究所史料编译组编：《辛亥革命资料》，中华书局 1961 年版，第 215 页。

② 参见汪庆祺编：《各省审判厅判牍：王朝末日的新式审判》，北京大学出版社 2007 年版，第 17～18 页。

③ 参见张保生主编：《证据法学》（第 2 版），中国政法大学出版社 2014 年版，第 76 页。

④ 参见陈光中主编：《刑事诉讼法》（第 5 版），北京大学出版社、高等教育出版社 2013 年版，第 54 页。

的既有体制。

历史告诉我们,每一次的法律修改都是一次法治思想变革的风暴和权力博弈的产物。新法注入旧的体制,难以避免旧势力惯性地排异反应。尽管法律移植务必考虑移植过的政治、经济、文化土壤,但在诉讼活动中体现的人权保障价值、对真理追求的美好愿景具有普遍适用性。清末民初的法律移植引进的控辩对抗模式、对自由心证的再诠释,初步展现了刑事诉讼活动保障被追诉人权利的法律意识。

(四)实体证明兼顾程序证明的证明标准

刑事诉讼法自出现之日起,就被视为打击犯罪的工具。诉讼证明的目的是实现国家刑罚权,保证刑法的正确实施。随着"尊重与保障人权"理念纳入刑事诉讼基本原则之后,刑事诉讼法的功能发生深刻变化。诉讼证明活动也由证明实体事实,发展出程序性证明与实体性证明的二元证明目的。由此,对"犯罪事实清楚,证据确实、充分"的刑事证明标准注入了二元标准的内涵。

1979 年,《刑事诉讼法》正式颁行,有关证据规则的规定有 7 条,提起公诉的标准是犯罪事实已经查清,证据确实、充分。判决有罪的依据则是已经查明的事实、证据和有关的法律规定。尽管法律规定了侦查机关、检察机关应当全面收集、审查证据,包括有罪证据与无罪证据,但是并没有明确刑事诉讼的证明责任。法院作出有罪判决的依据亦没有明确的标准。控诉职能和审判职能没有明确的分离。可见当时的刑事诉讼活动带有明显的纠问式色彩。

1996年,《刑事诉讼法》第一次修订,此次修改分别明确了侦查终结、提起公诉以及有罪判决的证明标准。“犯罪事实清楚,证据确实、充分”成为公安机关、检察机关以及审判机关的共同任务。① 公安机关、检察机关分别承担的侦查、审查起诉终结的评判标准——“犯罪事实清楚,证据确实、充分”与有罪判决的标准一致。以刑事诉讼的侦查、审查、审判为节点,厘清了侦、诉、审各职能部门的证明标准。1996年《刑事诉讼法》修订的证据规则,与1979年的内容对照,突破性的变革非常有限,证据规则从数量、内容上看还比较匮乏,不成体系。证据规则的松散意味着对侦、控、审三机关的指导作用、规范作用亦相对有限。我国的刑事诉讼审前程序,侦查机关对犯罪嫌疑人可采取的强制措施与取证行为可适用的强制性侦查措施分别指向个人的人身权、财产权、隐私权等基本权利,取证行为缺少司法性质的审查判断,掣肘侦查权。可见,在我国的诉讼证明活动中,侦查权力强大居于主导地位,以查证犯罪事实,追求犯罪事实真相为主要证明目的。

2012年,《刑事诉讼法》第二次修订,在原有的客观标准基础上,增加了“排除合理怀疑”主观标准。此次修订合理吸收了2010

---

① 1996年《刑事诉讼法》第129条规定公安机关侦查终结的案件,应当做到犯罪事实清楚,证据确实、充分,并且写出起诉意见书,连同案卷材料、证据一并移送同级人民检察院审查决定。第141条规定人民检察院认为犯罪嫌疑人的犯罪事实已经查清,证据确实、充分,依法应当追究刑事责任的,应当作出起诉决定,按照审判管辖的规定,向人民法院提起公诉。第162条规定在被告人最后陈述后,审判长宣布休庭,合议庭进行评议,根据已经查明的事实、证据和有关的法律规定,分别作出以下判决:(1)案件事实清楚,证据确实、充分,依据法律认定被告人有罪的,应当作出有罪判决;(2)依据法律认定被告人无罪的,应当作出无罪判决;(3)证据不足,不能认定被告人有罪的,应当作出证据不足、指控的犯罪不能成立的无罪判决。

年，最高人民法院、最高人民检察院、公安部、国家安全部、司法部联合公布的“两个证据规定”，以法律规范的形式明确了据以指控、定罪的证据应具备的证据能力，证明的主观标准。2012年的《刑事诉讼法》将尊重和保障人权正式写入法律，这具有重大历史意义，是将人权保障的价值取向与法治理念落实到与个人基本权利密切相关的制度层面。在法律规范层面，此次修改充实了证据规则，并且非法证据排除规则占据25条证据规则中的5条，应当属于一个比较高的权重。增加了“证据确实、充分”的内涵阐释。[①] 在证明责任的分配上，确立检察机关承担证明责任，这是“无罪推定”原则与“疑罪从无原则”在诉讼证明活动中的直接回应。在侦查、审查起诉、审判各章中涉及证据审查判断的内容亦有增加，增强了指引侦、诉、审等职能部门执法、司法的规范性。在法律规则位阶之下，最高人民法院、最高人民检察院联合司法部、公安部等国家机关相继印发精细化的司法解释。2017年，最高人民法院、最高人民检察院、公安部、国家安全部、司法部印发《关于办理刑事案件严格排除非法证据若干问题的规定》的通知（以下简称“非法证据排除规则”）。同年，最高人民法院发布《人民法院办理刑事案件排除非法证据规程（试行）》《人民法院办理刑事案件第一审普通程序法庭调查规程（试行）》等一系列司法解释。可见，我国刑事诉讼理念从一元的追求客观真实逐渐发展为追求证明案件事实与保障人权并重的二元模式，具体体现在，非法证据排除

① 《刑事诉讼法》第53条第2款规定，证据确实、充分，应当符合以下条件：(1)定罪量刑的事实都有证据证明；(2)据以定案的证据均经法定程序查证属实；(3)综合全案证据，对所认定事实已排除合理怀疑。

规则的日益丰满,证明责任分配对控辩双方力量的调控等。从证明主体的权限配置,证明规则对诉讼理念的回应等多个层次,共同科学地诠释“犯罪事实清楚,证据确实、充分”证明标准,使证明活动变成一个有机的诉讼活动。

2018 年,《刑事诉讼法》第三次修订,为适应社会结构转型与犯罪结构的变化,增加了认罪认罚从宽制度。如何解释认罪认罚从宽制度中的证明标准直接影响认罪认罚从宽制度在实践中的落实。针对先前既有学者提出,适用简易程序的刑事案件,其证明标准可以适当降低。① 但从法教义学向度考察认罪认罚从宽制度与证明标准的关系,不难发现,当前法律规范层面关于刑事证明标准的规定适用于整个刑事诉讼程序。因此,认罪认罚从宽制度中的证明标准不能降低,但是可以从证明方法切入化解“高标准”与“高效率”“高位运行期望”之间的矛盾。② 2024 年,最高人民法院、最高人民检察院、公安部、国家安全部、司法部印发《办理刑事案件庭前会议规程》和《办理刑事案件排除非法证据规程》。将有关非法证据排除等证明活动前移置庭前会议。庭前会议要求控、辩、审三方参加到庭。此次修改及相关司法解释的施行表明,刑事诉讼证明活动不仅贯穿刑事诉讼始终,且逐步建立了刑事诉讼的程序性证明、定罪证明、量刑证明与普通程序、简易程序、速裁程序相互嵌套的多元化的证明标准与证明方法。

---

① 参见谢登科:《论刑事简易程序中的证明标准》,载《当代法学》2015 年第 3 期。

② 参见樊崇义、徐歌旋:《证明方法的体系化构建——兼论如何实现认罪认罚从宽的制度初衷》,载《北京工业大学学报(社会科学版)》2019 年第 5 期。

三、我国刑事证明标准的实践样态

我国刑事证明标准受追求“实体真实”的惯性影响，尚未摆脱客观化。为发现实体真实，“案件事实清楚，证据确实、充分”成为审查起诉、有罪判决的证明标准。司法实务界长期以来将证据确实、充分等同于案件事实清楚。在缺乏严密的证据规则界定证据确实、充分的内涵时，证据与证明的客观性占据诉讼证明的主导地位。2012年《刑事诉讼法》修改，将“排除合理怀疑”纳入衡量证据确实、充分的条件之一，形成了“证据确实、充分”的主观标准与客观标准共同指引裁判者作出判断。裁判者认知、判断事实的主观标准与客观标准的辩证关系在实践中的执行样态表明，这是诉讼证明实践亟待厘清的难题。

（一）个案的证明标准清晰度不同

诉讼证明要兼顾实体真实与正当程序双重价值。当实体正义与程序正义面临不同的社会场景时，裁判行为暴露在不同场景中，受到不同程度的关注，正当程序中的公平、平等、公开等要素会在不同场景的信息交互中产生不同的反应，进而影响裁判者对“案件事实清楚，证据确实、充分”的认知、判断过程。以社会关注度为标准，选取在全国范围有较高社会关注度的聂某斌故意杀人、强奸案与一起普通刑事案件，两起案件经历相同审判程序与诉讼程序，争议焦点具有相似性，比较两起案件裁判者在对“排除合理怀疑”“排除非法证据”等主观标准、客观标准的详细阐述出现的差异，揭示刑事证明标准中，主观标准的隐蔽性与客观标准的可见性之间的互动机制。

案例一：聂某斌故意杀人、强奸案

诉讼过程：原审被告人聂某斌故意杀人、强奸妇女一案，河北省石家庄市中级人民法院于1995年3月15日以（1995）石刑初字第53号刑事附带民事判决，认定聂某斌犯故意杀人罪，判处死刑，剥夺政治权利终身；犯强奸妇女罪，判处死刑，剥夺政治权利终身。决定执行死刑，剥夺政治权利终身。聂某斌赔偿附带民事诉讼原告人康某东丧葬费及其他费用2000元。宣判后，原审被告人聂某斌、附带民事诉讼原告人康某东均不服，分别提出上诉。河北省高级人民法院于1995年4月25日作出（1995）冀刑一终字第129号刑事附带民事判决，认定聂某斌犯故意杀人罪，判处死刑，剥夺政治权利终身；犯强奸妇女罪，判处有期徒刑15年。决定执行死刑，剥夺政治权利终身。民事赔偿部分维持一审判决。同年4月27日，聂某斌被执行死刑。2007年5月，申诉人张某枝、聂某生、聂某惠向河北省高级人民法院和多个部门提出申诉，请求宣告聂某斌无罪。2014年12月4日，根据河北省高级人民法院请求，最高人民法院指令山东省高级人民法院复查该案。于2016年6月6日作出（2016）最高法刑申188号再审决定，提审该案。2016年11月30日作出（2016）最高法刑再3号刑事判决书，撤销河北省高级人民法院（1995）冀刑一终字第129号刑事附带民事判决和石家庄市中级人民法院（1995）石刑初字第53号刑事附带民事判决。原审被告人聂某斌无罪。①

---

① 资料来源：（1995）石刑初字第53号，河北省石家庄市中级人民法院刑事附带民事判决书；（1995）冀刑一终字第129号，河北省高级人民法院刑事附带民事判决书；（2016）最高法刑再3号，最高人民法院刑事判决书。

一审程序认定事实：被告人聂某斌于1994年8月15日17时许，骑自行车尾随下班的石家庄市液压件厂女工康某某，至石郊孔寨村的石粉路中段，聂某斌故意用自行车将骑车前行的康某某别倒，拖至路东玉米地内，用拳猛击康的头、面部，致康某某昏迷后，将康某某强奸。尔后用随身携带的花上衣猛勒康某某的颈部，致康某某窒息死亡。石家庄市郊区分局在侦破此案时根据群众反映，将聂某斌抓获后聂某斌即交代了强奸后勒死康某某的犯罪经过，并带领公安人员指认了作案现场及埋藏被害人衣物的地点与现场勘查一致。被告人聂某斌对康某某被害现场提取物及生前照片进行辨认，均确认系被害人照片及其所穿衣物。聂某斌所供被害妇女体态、所穿衣物与被害人之夫侯某某、证人余某琴所证一致。据此足以认定康某某系聂某斌强奸后杀死无疑。

二审程序认定事实：原判决认定上诉人聂某斌故意杀人、强奸妇女的事实、情节正确，证据充分。上诉人聂某斌所诉认罪态度好属实，但其罪行严重，社会危害极大，不可以免除死刑。根据被告人聂某斌的实际赔偿能力，原审法院判决赔偿附带民事诉讼原告人经济损失2000元较为适当。

再审程序认定事实：1994年8月5日17时许，河北省石家庄市液压件厂女工康某1（被害人，殁年36岁）下班骑车离厂。8月10日上午，康某1父亲康某2向公安机关报案称其女儿失踪。同日下午，康某2和康某1的同事余某琴等人在石家庄市郊区孔寨村西玉米地边发现了被杂草掩埋的康某1连衣裙和内裤。8月11日上午，康某1尸体在孔寨村西玉米地里被发现。同日下午，侦查机关对康某1尸体进行了检验。

选取该案是因为，该案历经1995年一审、二审，2014年再审，分别适用的是1979年《刑事诉讼法》、2012年《刑事诉讼法》。同一案件，有罪判决的标准均为“犯罪事实清楚，证据确实、充分”，却得出相反的证明结论。

通过公开的裁判文书可知，聂某斌案件经过3次诉讼程序审理。证据材料没有发生改变。增加了申诉人、辩护人，以及最高人民检察院提交的关于该案的意见。① 有关犯罪事实的认定，最高人民法院仅认定被害人失踪，继而确认死亡的事实。并对原一审、二审据以定案的证据从合法性、真实性进行说理。否定了原审认定的聂某斌与被害人死亡之间具有因果关系的事实。聂某斌案件的判决结果发生转折，除了案件审级提升，相应的司法人员办案能力随之提升以外，核心原因还应当归结于，排除了存在合法性疑点与瑕疵的证据材料，多份关键证据证据能力不合法或证明力不足，最终导致案件事实判决结果的逆转。

可见，刑事证明标准在面对不同社会关注度时，裁判者将主观判断过程外化为客观的裁判说理行为的差异。裁判者在面临案件事实真伪不明、证据残缺等不利条件时，将主观判断转移为客观证据，以表明裁判有罪的行为符合客观化的证明标准。

由此可见，虽然1979年的《刑事诉讼法》与2012年《刑事诉讼法》关于证明标准的叙述没有发生变化，在判决书中的“犯罪事实清楚”中的“事实”所指向的“故意杀人”“强奸”的犯罪构成没有发生变化的情况下，其实质内容发生了变化。同样“证

① 参见最高人民法院刑事判决书，(2016)最高法刑再3号。

据确实、充分”的“确实”与“充分”衡量的标准也发生了变化。2012年刑事诉讼法的修改，证据规则相对于1979年和1996年的相关内容进行了充实与完善，提高了证据材料认定为定案证据的门槛，致使过去可以用来反映犯罪事实的证据材料失去了证据能力，导致事实细节的缺失无法作出有罪判决。

案例二：尚某某犯玩忽职守案

诉讼过程：吉林省长白朝鲜族自治县人民检察院（以下简称长白县检察院）指控被告人尚某某犯玩忽职守罪一案，长白朝鲜族自治县人民法院（以下简称长白县法院）于2004年3月17日作出（2004）长刑初字第7号刑事判决，宣告尚某某无罪。一审宣判后，长白县检察院提出抗诉。吉林省白山市中级人民法院于2005年4月28日作出（2005）白山刑终字第15号刑事判决，撤销原一审判决，改判尚某某犯玩忽职守罪，判处有期徒刑一年，缓刑一年。二审裁判发生法律效力后，尚某某于2006年5月10日向吉林省白山市中级人民法院提起申诉。吉林省白山市中级人民法院于2007年9月14日作出（2007）白山刑监字第11号驳回申诉通知书，驳回其申诉。尚某某于2013年6月25日向吉林省高级人民法院（以下简称省高院）提出申诉，省高院于2015年1月7日作出（2014）吉刑监字第88号再审决定书，指令吉林省白山市中级人民法院对该案进行再审。吉林省白山市中级人民法院判决维持（2005）白山刑终字第15号刑事判决中的定罪部分，即“被告人尚某某犯玩忽职守罪”；撤销本院（2005）白山刑终字第15号刑事判决中的量刑部分，即撤销“判处有期徒刑一年，缓刑一年”；

原审被告人尚某某犯玩忽职守罪，免予刑事处罚。①

一审认定事实：被告人尚某某奉命看押杨某某，在此期间没有擅离职守，没有严重不负责任，不履行或不正确履行职责的行为，也没有其他违法行为。当发现杨某某出现异常现象之后及时向刑警大队领导作了汇报。其主观上没有玩忽职守的过错，客观上也没有玩忽职守的行为，不构成玩忽职守罪，不应负刑事责任，

① 参见吉林省白山市中级人民法院刑事判决书，(2015)白山刑再字第2号。长白县法院一审查明，2002年8月14日中午12时许，被害人杨某某因涉嫌指使他人殴打伊朗运动员，且是省公安厅督办的“打黑”对象，被治安传唤到浑江区公安分局，因拒绝签字，情绪不稳被关押在新建刑警中队留置室内。由于杨某某情绪冲动、骂人、撞墙，为防止出现意外，刑警大队副大队长历某某决定将杨某某双手分别背铐在经省公安厅验收合格的设有防撞设施墙上的铁环上进行约束。因杨某某又用右脚踢暖气片，就把其右脚镣铐在地上的铁环上。历某某把对杨某某采取的约束性措施向主管刑警大队的副局长兼刑警大队长徐某某作了汇报，徐某某表示同意。历某某又安排刑警大队民警尚某某和实习生郝某某看押杨某某。尚某某和郝某某见杨某某情绪冲动并辱骂警察，便将留置室门锁上到值班室利用监视器进行监视。其间，杨某某在留置室多次喝水并小便，下午四时左右还到分局厕所大便一次。尚某某和郝某某一直通过现场巡视和监视器进行监视。当晚12时许，尚某某和郝某某在监视器里听到杨某某说不行了、难受的声音后，二人来到留置室，发现杨某某脸色不好，呼吸困难。尚某某让郝某某给刑警大队领导打电话，郝某某到值班室给副大队长张某某办公室打电话，民警费某某接电话后与张某某等人放下手头审讯工作往留置室赶。同时费某某又通知了副大队长历某某。张某某等人来到留置室后见杨某某头歪着，身体无支持力，脸色发白，呼吸困难，且没有反应，便将杨某某的械具打开放在地上，并报告分局局长周某某，周局长指示赶紧往医院送。张某某等人抬着杨某某往车上放，历某某放下正在审讯的工作赶往留置室，和庞某某、张某某等人一起把杨某某送到白山市中心医院(以下简称市医院)。值班医生检查后发现杨某某的血压、心跳、呼吸已经没有了，瞳孔散大，心电呈直线，确认其已死亡。局长周某某得知这一消息后用内线电话通知了主管刑警工作的副局长徐某某，同时向白山市浑江区人民检察院(以下简称浑江区检察院)、白山市公安局领导作了汇报。同年8月25日中国刑警学院法医系接受浑江区检察院的委托对杨某某进行尸体检验，以查明死亡原因。经检验分析得出结论：死者杨某某系因较长时间特殊体位导致呼吸运动障碍以及呼吸道通气不畅，加之肺脏壁胸膜广泛粘连，呼吸功能降低，导致脑缺血、缺氧，呼吸中枢麻痹死亡。

遂判决宣告被告人尚某某无罪。

二审认定事实：二审审理查明事实与一审判决认定的事实一致。原审被告人尚某某身为刑警大队民警，在工作中不认真履行职责，致在押人员死亡，其行为已构成玩忽职守罪。原审判决认定事实的证据已经控辩双方举证、质证，二审中控辩双方未提出异议，证据确实、充分，对抗诉机关的抗诉意见予以采纳，对尚某某及其辩护人的意见不予采纳。原审审判程序合法，但对尚某某宣告无罪不当，遂改判撤销一审判决，尚某某犯玩忽职守罪，判处有期徒刑一年，缓刑一年。

再审认定事实：再审审理查明的事实与原审审理查明的事实一致。法院再审认为，原审被告人尚某某是由领导安排看押嫌犯，在此期间虽然没有擅离职守，但其未认真履行职责，致在押嫌犯出现死亡的结果，其已构成玩忽职守罪。故尚某某的申诉理由不予采纳。鉴于其犯罪情节轻微，依法可免予刑事处罚。

选择该案是因为，该案历经一审、二审、再审，分别适用1996年《刑事诉讼法》和2012年《刑事诉讼法》。在认定事实相同的情况下，判决结果出现反复。从吉林省白山市中级人民法院的刑事判决书中，据以定案的证据内容没有清晰呈现。不同的审判机关、审判组织对玩忽职守罪的论证与认定过程亦没有展现。就该案的争议焦点，即被告人的危害行为与被害人的死亡结果之间是否具有直接因果关系，以及被告人的行为方式是否属于不履行或者不正确履行职责等左右案件判决结果的关键之处，审判机关的证明是缺失的。因此，该案的证明是如何达到“犯罪事实清楚，证据确实、充分”的标准模糊不清。再与聂某斌故意杀人、强奸案比较。这两个案件同为适用2012年《刑事诉讼法》的案件，公开的生效裁判文书内容所涵盖的信息内容无论从举证内容、质证过程以及认证依据都存在一定的差距。

虽然笔者仅略举两个案例，但并不意味着样本案例不具有代表性。聂案是社会上有广泛影响的案件，颇受新闻媒体与法学界等大众关注。聂案在诉讼程序、事实认定、证据解读等方面的任何动向都会牵动舆论场的风向。该案以自身具有的光芒代表着刑事诉讼案件应当遵循的程序与规则。而尚案是“北大法宝”司法案例数据库收录的众多刑事案件的普通案件之一。虽然经历一审、二审以及再审三场诉讼，但在星罗棋布的再审案件中，是没有引起广泛关注的一起普通再审案件。尚案以自身的普通代表着我国刑事诉讼程序的大多数。两个案件背后暗示着立法初衷与司法实践之间，改革期许与改革落实之间的差距。

通过两个案件诉讼过程的法律文书内容的对比，不难发现，个别社会重大敏感案件与普遍的普通刑事案件相比，在有罪认定的论证与证据与事实的关联性陈述层面，存在差别。多数普通刑事案件的判决书内容，证据确实、充分与事实清楚之间仿佛水油关系有证据无说理；在争议焦点排除怀疑的角度，普通案件的裁判文书中无法找到审判组织或者审判人员对事实、证据以及两者之间的关系当中存在什么怀疑，且就怀疑的合理性与议论的内容，或者现有证据反映的事实还存在何种可能性的分析等，仅在判决书或裁定书中写入“排除合理怀疑”以示回应。

可见，重大敏感案件与普通刑事案件的证明如何达到证明标准，仅通过法律文书反映的内容来看，反而形成了一个怪现象，即重大敏感案件的诉讼证明本身繁复但呈现的脉络清晰。相反,普通案件的诉讼证明本身简明却呈现得模糊不清。

(二)"排除合理怀疑"的适用不足

长期以来,在传统的以打击犯罪为诉讼目的观念的影响下,我们的司法机关贯彻积极的客观真实主义。为保证追诉工作的顺利进行,我国的司法制度对取证手段的合法性没有提出严格的要求。时代变迁,正当程序价值越发受到重视,意味着诉讼证明达到"事实清楚"的程度也将关系到犯罪嫌疑人权利保障的尺度。

2012 年《刑事诉讼法》从立法层面诠释了"证据确实、充分"的含义。在证据的合法性与关联性方面,立法为司法提供了更明确的依据。"排除合理怀疑"以解释、辅助刑事证明标准的形式正式写入我国刑事诉讼法。"排除合理怀疑"增加了证明标准的柔性因素,融入了裁判者的主观认知。诉讼证明是证明主体与证明对象之间在物质、能量、信息三种形态之间的互动活动。证据作为一种客观存在,具有物质性,它是由专门机关及其他诉讼参与人在刑事诉讼过程中转化为最终定案的依据,充分体现了专门机关办案人员及其他诉讼参与人收集、固定、审查、判断付出的能量,并在法庭审理过程中以信息传递的形式表现出来。

刑事诉讼目的也由偏重打击犯罪转向惩罚犯罪与保障人权并重。这意味着,司法人员的诉讼证明活动需要考虑取证的力度与尺度。仿佛手捧沙,用力过猛,反而会失去更多。司法经验表明,裁判案件是裁判者具备的专业素养,主要基于法律知识与理论基础的积累与经验总结。"排除合理怀疑"的适用更多的是提供给裁判者一个思维的方向,或者将裁判者的思维方式以法律条文的方式给予了认可。这种改变,一方面,顺应了学术界长久以来的呼吁,从主观能动性的角度弥补了传统证明标准抽象化与僵化的缺陷。另一方面,也实现了对刑事证明标准在客观与主观的双重维度作出规范的应然要求。考察“排除合理怀疑”在司法实践中的现状,通过实践检验制度完善的科学性,亦是制度向着科学化、规范化“成长”的必经之路。

1.“排除合理怀疑”司法实践现状

以2010年10月1日至2024年10月1日“北大法宝”收录的判决书为研究样本(见表4-1),判决书以“排除合理怀疑”为标准表述案件证明程度的数量从2010年以后呈上升趋势,至2019年数量到达顶峰。2012年修订、2013年实施的《刑事诉讼法》明确了证据条件,将“排除合理怀疑”写入法律,立法活动对司法实践产生了直接的影响,因此2013年、2014年相关案件出现激增。2020年后又呈现出逐年下降的趋势,可能的原因一方面是受疫情影响,整体案件数量都有所下降,另一方面是司法制度的不断完善。

表4-1 2010—2024年适用“排除合理怀疑”的案件数量

单位:件

年份	案件总数	一审	二审	再审	改判	全部收录案例
2024	96	70	8	1	3	138,887
2023	166	130	15	1	6	179,593
2022	122	105	10	2	5	198,549
2021	589	501	55	2	34	673,982
2020	1883	1618	162	19	112	1,326,476
2019	2384	2094	180	15	132	1,580,821

续表

年份	案件总数	一审	二审	再审	改判	全部收录案例
2018	2168	1843	206	25	151	1, 522, 115
2017	1927	1673	176	20	142	1, 524, 711
2016	1532	1267	190	21	137	1, 591, 651
2015	1188	989	140	6	52	1, 403, 534
2014	960	792	104	12	36	1, 228, 181
2013	263	227	17	8	8	337, 533
2012	48	36	9	0	2	185, 692
2011	26	19	6	1	2	113, 427
2010	13	12	1	0	0	73, 793

二审案件数量整体相对较少，但在 2018 年有小幅上升，可能更多案件进入上诉阶段。再审案件数量较少，说明真正需要再次审理的案件相对较少，也可能是法律程序较为复杂，导致再审较为困难。改判数量在 2018 年达到高峰，随后有逐渐下降的趋势，表明改判的情况在减少，可能说明法律体系的完善以及判决的公正性提升。

2. “非法证据”与“排除合理怀疑”关联性的实践现状

非法证据排除规则与诉讼证明标准之间存在结构性的张力。非法证据排除是基于正当程序价值建构的规则。证明主体除了完成证据合法性证明，还要完成案件实体真实的证明，达到“排除合理怀疑”的程度，否则要承担举证不能的不利后果。为了使诉讼证明达到法定的证明标准，证据在数量与质量的充分性是重要保障与客观需求。因此，证明主体要尽量完成证据合法性的证明任务，才能实现指控的成立。自 2010 年“两个证据规定”相对完整地规定了非法证据的概念、排除程序、排除后果以及证据采信规则等，历经 10 多年的运行，考察实践中“排除非法证据”与“排除合理怀疑”的实践状况（见表 4 – 2），概括“非法证据”与“排除合理怀疑”在实践中的紧张程度。

“非法证据”案件数量自 2010 年呈上升趋势，尤其在 2017 年到 2019 年达到高峰（3000 以上），显示出司法系统对非法证据排除的关注度提高。2012 年《刑事诉讼法》的修订强调了非法证据排除的重要性，推动了该规则的实施和普及，但是该类案件整体占比仍然很小。

将“非法证据”与“排除合理怀疑”同时作为关键词进行检索发现符合条件的案件数量非常少，尽管立法不断强化对非法证据排除和排除合理怀疑的适用，但在实际司法实践中的运用仍然有限。

表 4 – 2　2010—2024 年适用“非法证据排除规则”的案件情况

年份	案例总数/件	“非法证据”案例数/件	所占比例	“排除合理怀疑”案例数/件
2024	138, 887	166	0. 001195	16
2023	179, 593	271	0. 001509	15
2022	198, 549	163	0. 000821	12
2021	673, 982	1042	0. 001546	65
2020	1, 326, 476	2782	0. 002097	179
2019	1, 580, 821	3488	0. 002206	200
2018	1, 522, 115	3853	0. 002531	214
2017	1, 524, 711	3167	0. 002077	194
2016	1, 591, 651	2381	0. 001496	118

续表

年份	案例总数/件	"非法证据"案例数/件	所占比例	"排除合理怀疑"案例数/件
2015	1,403,534	1969	0.001403	94
2014	1,228,181	1673	0.001362	70
2013	337,533	466	0.001381	16
2012	185,692	115	0.000619	1
2011	113,427	82	0.000723	1
2010	73,793	30	0.000407	0

(三)借"常理"遮蔽心证过程

将日常生活经验融入司法裁判,生活事实才能照进案件事实。我国的刑事诉讼法及司法解释中多次出现"一般生活经验""常理""经验规则"等概念。事实判断本质是一种经验判断,经验的运用无处不在,但不能将所有经验判断统归为经验法则。[①]尽管从规范层面肯定了经验法则运用在诉讼证明中的合法性。学界的共识亦认为,经验法则是对法官自由心证的约束。"经验"何以成为"法则",无须证明的"众所周知的事实"如何认定,及其应用场景等处于模糊的状态。"经验法则"与"众所周知的事实"之间存在着"常理"的意义重合。"常理"是法则还是证据影响着诉讼证明的可靠性。为了避免"常理"的认定容易受到质疑的风险,实务界普遍存在用"常理"遮蔽心证不可言说的过程。

尽管实践中控、辩、审认识案件事实都需要用到常理、经验法

① 参见龙宗智:《刑事证明中经验法则运用的若干问题》,载《中国刑事法杂志》2021年第5期。

则,但裁判者是运用常理的主流群体。在观察的典型案例中,证据证明力判断、对实体真实的推理判断都需要用到常理,诉讼证明的多个层次都融入经验法则,或者常理。而常理在诉讼证明过程中扮演什么角色,实践中都存在不一致之处。通过观察最高人民法院、最高人民检察院发布的经典案例、公报案例、典型案例发现,裁判者在直接证据不足,运用间接证据认定案件事实时、证据之间存在矛盾时、证据不充分造成的事实真伪不明时,常用"违背常理""有悖常理""凭借经验、常理""根据常理、常情"等展开对证据证明力、证据与事实的证成过程的论述。[①] "常理"在诉讼证明中是一个规则还是一个命题,模糊不清。裁判文书中"根据常理""根据常情"而获得的对证据证明力、事实真伪的判断,可推知"常理"应当是规则。作为规则,即应当有一个普遍接受、具有指导意义的原则。但由于常理是日常生活经验的归纳总结,因此共识性的、高度抽象的原则并不存在。"常理"在诉讼证明的合理性保持着神秘感,由于无从知晓,也让人难以反驳。从最高司法机关公布的典型案例这一管中窥视普通案例的"常理"陷入神秘主义可能已经是普遍现象。

① 见"北大法宝"网"司法案例"栏目,以"常理"为关键词,案由为刑事案件,检索到在裁判文书中含有"常理"的裁判文书 41,143 件。参照级别为"人民司法·案例"的裁判文书共 140 件。按照审结日期的逆向排序,上海市第一中级人民法院(2020)沪 01 刑终 1726 号陈某诈骗案二审刑事裁定书记载"已经超出基本常理";广东省广州市中级人民法院(2018)粤 01 刑终 399 号李某某交通肇事案二审刑事判决书记载:"以常理推断";广东省高级人民法院(2015)粤高法刑三终字第 393 号林某故意伤害案二审刑事裁定书记载:"与常理不合"。贵州省高级人民法院(2014)黔高刑二终字第 58 号张某某强奸案二审刑事裁定书记载:"明显违背常理"。上海市第二中级人民法院(2020)沪 02 刑终 672 号谭某侮辱、诽谤案二审刑事裁定书记载:"违背道德常理的表现……"

另外，从“有悖常理”“与常理不符”的措辞可以推知，常理、常情应当是一个命题，是裁判者归纳形成的一个概括。例如，2022 年，浙江省高级人民法院发布 10 起防范和打击虚假诉讼第二批典型案例，在被告人李某某、付某某、傅某其虚假诉讼罪案中，被告人恶意串通办理抵押登记取得优先受偿权构成虚假诉讼罪，判决书中这样记载“在借款事实发生之前即出具借条，不符常理”。这样的“常理”论述，“常理”具有多大的不确定性，并且，依此“常理”，只要存在一个反例即可推翻“常理”作为认定事实真伪的依据。可见，“常理”运用面临可被验证的风险。

常理如果作为规则，由于其在诉讼证明中保持神秘，让本就内化的“心证”难以受到有效的客观的约束。常理如果作为命题，又会面临约束心证的合理性的可重复性、可验证性的风险。可见，实践中的“常理”无论作为规则，还是命题，约束心证的效果都存在盖然性，也许未能帮助自由心证很好地厘清“自由”与“恣意”的边界，反而遮蔽了心证的过程。

（四）司法解释客观化证据的证明力

我国的刑事诉讼构造继受大陆法系的职权主义模式，法官负责认定事实与适用法律。相较大陆法系国家刑事证明“内心确信”的标准，我国的刑事证明标准一直以强调客观性为导向，“案件事实清楚，证据确实、充分”被认为是证明实体真实的标准。2012 年《刑事诉讼法》引入“排除合理怀疑”解释“证据确实、充分”，形成了客观标准与主观标准互为表里的双重标准。然而，先后颁布的司法解释或者司法解释性文件，又将证明标准中“排除合理怀疑”在运用间接证据定案的事实认定中改造成了客观化标准。

2012年《刑事诉讼法》修改以来，尽管缺乏刑事证明标准改革的系统评估，但不影响司法改革主政者对刑事证明标准进行再改革的热情，以及将其作为以审判为中心的诉讼制度改革之关键的决心。① 关于证明标准的科学设置，提出运用量化测定、建构大数据模型等方式，制定可操作性强、可视化、可数据化的统一标准，减少司法实务界对证据证明的事实的分歧。可见，尽管在立法层面引入了主观性证明标准，但是在具体实践中，探索数据化、模型化等客观化证明标准，在事前规范裁判者的证明行为仍然是实务界青睐的方向。

刑事证明活动贯穿刑事诉讼的始终。除证明犯罪事实要达到"事实清楚，证据确实、充分"的程度，诉讼程序的合法性事实也需要有证据证明。随着我国最高司法机关相继确立规范审查证据、运用证据、判断证据的规则，与之相应的刑事诉讼制度的不断完善，我国初步建立了以刑事诉讼法为中心，辅以一系列司法解释的证据运用规范体系，结束了证据规范严重不足的局面。从2010年最高司法机关联合司法部、公安部等中央机关颁布实施"两个证据规定"，里程碑式地确立了大量排除性的证据规则，不仅涉及证据能力的判断标准，也总结归纳证据证明力审查的方法与标准，建立了一系列对原始证据、传来证据与直接证据、间接证据的一般性采信规则。到2019年最高人民检察院发布的《人民检察院刑事诉讼规则》第401条明确肯定"为一般人共同知晓的

① 参见李训虎：《刑事证明标准"中体西用"立法模式审思》，载《政法论坛》2018年第3期。

常识性事实""自然规律或者定律"可以逃出"证据裁判原则"的樊篱。2021 年《最高人民法院关于适用〈中华人民共和国刑事诉讼法〉的解释》设置"证据的综合审查与运用"一节,规范、指导证据判断的方法与标准。① 第 140 条分别列明没有直接证据,使用间接证据认定被告人有罪的标准。第 141 条规范直接证据与间接证据相互印证的有罪标准。第 143 条规定补强证据的判断标准,以及第 145 条认定法定从重情节应有的证据。最后,第 146 条证明法定责任年龄的证据,证据采信、认定规则等。这说明,中央相关部委、中央司法机关不断地探索、总结规范司法人员认定案件事实的证明标准的形成规律,不仅规范关于证据能力的程序性证明标准,还涉及判断证据证明力的限制性规范等实体性证明标准。

---

① 《最高人民法院关于适用〈中华人民共和国刑事诉讼法〉的解释》第 140 条规定:"没有直接证据,但间接证据同时符合下列条件的,可以认定被告人有罪:(一)证据已经查证属实;(二)证据之间相互印证,不存在无法排除的矛盾和无法解释的疑问;(三)全案证据形成完整的证据链;(四)根据证据认定案件事实足以排除合理怀疑,结论具有唯一性;(五)运用证据进行的推理符合逻辑和经验"。第 141 条规定:"根据被告人的供述、指认提取到了隐蔽性很强的物证、书证,且被告人的供述与其他证明犯罪事实发生的证据相互印证,并排除串供、逼供、诱供等可能性的,可以认定被告人有罪"。第 143 条规定:"下列证据应当慎重使用,有其他证据印证的,可以采信:(一)生理上、精神上有缺陷,对案件事实的认知和表达存在一定困难,但尚未丧失正确认知、表达能力的被害人、证人和被告人所作的陈述、证言和供述;(二)与被告人有亲属关系或者其他密切关系的证人所作的有利于被告人的证言,或者与被告人有利害冲突的证人所作的不利于被告人的证言"。第 145 条规定:"证明被告人具有累犯、毒品再犯情节等的证据材料,应当包括前罪的裁判文书、释放证明等材料;材料不全的,应当通知人民检察院提供"。第 146 条规定:"审查被告人实施被指控的犯罪时或者审判时是否达到相应法定责任年龄,应当根据户籍证明、出生证明文件、学籍卡、人口普查登记、无利害关系人的证言等证据综合判断。证明被告人已满十二周岁、十四周岁、十六周岁、十八周岁或者不满七十五周岁的证据不足的,应当作出有利于被告人的认定"。

司法权逐渐从主动的立法权与行政权中分离出来，具有谦抑性的特点。这与司法权运行机制和诉讼构造有密切的联系。司法权是对案件事实的判断权与法律适用的裁决权。案件事实的判断原则上依据证据裁判原则，证据证明的对象是过往的事实，具有不可预测性。诉讼活动的启动遵循“不告不理原则”，且裁判者审理与裁判的对象受制于控诉一方提起诉讼的内容，不可僭越。无论是事实认定还是法律适用，都是一种事后的评判。裁判者针对指控内容，探究实体真实是发现、认知、确信实体真实的过程。获得“案件事实清楚，证据确实、充分”的结论既是从证据材料到证据的程序性证明与实体性证明的融合，也是客观存在与主观认知行为的辩证统一。

刑事诉讼中对案件事实的证明适用的是演绎推理、溯因推理、归纳推理等多种逻辑方法判断证据证明力。其中，溯因推理是从已知事实借助相关知识追溯到之结果的原因的推理方法。叙事构建借助溯因逻辑着眼于证据与案件事实之间的普遍联系。如果证据与案件事实之间的因果关系未被扭曲，这些证据就能协调一致地反映特定的事实面向，能保证证据证明的事实为真相。① 溯因推理是从证据，借助相关知识发现的因果关系。裁判者要在证据与事实间的因果关系中来回穿梭，直至获得内心的确信，完成推理的过程，从而获得结论。证据与案件事实之间建立的因果关系既受到证据客观性的影响，也受到裁判者建构的因果关系的影响。可见，溯因推理与演绎推理方式不同，是裁判者基于预测

---

① 参见龙宗智：《刑事印证证明新探》，载《法学研究》2017 年第 2 期。

性的假定在递归循环中获得自己确信的结论的过程。尽管最终的结果也是主客观形成的辩证统一,但在司法实践的场景中,获得的结论应当是盖然性,且是不可预测的。诉讼证明不得不容忍证据材料的供给不足、事实证明的真伪不明,亦因此自由心证在诉讼证明中被赋予正当性。

为了尽可能区隔自由心证与主观恣意,裁判者在综合性推理活动中,亲历诉讼程序获得的直观印象,融合经验法则、逻辑理性等作出的判断,如果不能以客观的形式表达,既不能自证自由心证的正当性,也不能用证明标准的客观评价来衡量裁判结论的公正性。由此,在证据材料层面的相互印证,与预设证据证明力与证据采信规则,就将裁判者的内心确信过程进行了客观化呈现。

第五章 我国刑事证明标准的嬗变

一、我国刑事证明标准嬗变的表现

（一）语义模糊带来司法统一适用的争议

一般而言，证明标准是指诉讼中对案件事实等待证事项的证明所需达到的要求。① 诉讼证明既是证明主体认知危害事实的过程，也是证明主体将各类线索、证据融汇，并依赖逻辑思维能力将碎片化、片面化的证据材料重新梳理的过程。所谓“横看成岭侧成峰”，应用于刑事诉讼领域，是指参与刑事诉讼的不同主体站在不同的位置，处在不同的时间阶段，观察所获得的事实会有所区别。我国的刑事诉讼程序设计遵照“线性程序”的脉络。立法机关将复原案件事实的过程分为侦查、审查和审判3

---

① 参见龙宗智：《我国刑事诉讼的证明标准》，载《法学研究》1996年第6期。

个阶段，并赋予3个不同的职能机关或者部门，3个阶段首尾衔接。然而，刑事证明标准却整齐划一，模糊了各证明主体之间对“事实”认知的范围与界限，对刑事诉讼各阶段或者环节的诉讼任务失去明确的指向性。

1. 犯罪事实的回溯始于立案终于侦查

《刑事诉讼法》第109条规定，公安机关或者人民检察院发现犯罪事实或者犯罪嫌疑人，应当按照立案管辖权限立案侦查。立案线索来源于报案、控告和举报，其内容往往会涉及一个具体的事件或与涉事当事人有关的具体的行为。受理机关对线索内容进行初步判断，若符合犯罪案件的特征，则迅速进入侦查环节。

从立法层面来看，侦查是一个相对复杂的工作。我国《刑事诉讼法》共用10个小节49个条文规范公安机关的侦查活动，占据刑事诉讼法全部篇幅的1/6，相比检察机关的审查起诉仅11条，一审程序公诉案件仅23条，侦查在立法层面的轻重可见一斑。

从侦查期限来看，法律赋予的侦查期限至少2个月，并可以延长3次，而发现另有重要罪行的，自发现之日起可以重新计算。在刑事诉讼中，侦查期限计算是以行为为单位。相比审查起诉期限和审判期限，虽然也有不同的法定事由可以延长，但都是以案件为单位。可见，立法赋予侦查工作较长的期限，也表明侦查工作的重要性和复杂性。

从认识的规律来看，世界的运动是绝对的。刑事诉讼程序在侦查环节投入了大量的时间。随着时间的推移，犯罪时间、地点、手段、经过等从未知变为已知，向“清楚”的标准大幅迈进。我国

《刑事诉讼法》规定的立案条件是,有犯罪事实需要追究刑事责任,而侦查终结的条件则是犯罪事实清楚,证据确实、充分。虽然都是指犯罪事实,但侦查终结的犯罪事实相对立案的犯罪事实所指的内容丰满了许多。

2. 检察机关的证明是从审查证据到认识事实的过程

我国《刑事诉讼法》授权检察机关审查起诉的权限是:(1)查明犯罪事实、情节是否清楚,证据是否确实、充分,犯罪性质和罪名的认定是否正确;(2)有无遗漏罪行和其他应当追究刑事责任的人;(3)是否属于不应追究刑事责任的;(4)有无附带民事诉讼;(5)侦查活动是否合法。我国《刑事诉讼法》规定,检察机关承担举证责任。检察人员直面的是已经成型的犯罪事实。既要证明犯罪事实,也要证明证据取得合法。

在审查起诉阶段,检察人员需要判断侦查活动是否合法,确认证据的合法性,进而证明犯罪事实的内容与定性。此时,检察人员对犯罪事实的认知已显露出些许的判断性,但是不公开的判断。事实上,一个人不可能什么事情都懂。① 检察人员凭借侦查人员所不具备的专门法律知识,②也许会发现证据之间的不周延之处,通过退回侦查机关补充侦查或者自行补充材料,使事实逻辑自洽。亦也许会认为部分证据材料不具备合法性而予以排除,从而改变侦查机关回溯的犯罪事实的内容。

---

① 参见[法]勒内·弗洛里奥:《错案》,赵淑美、张洪竹译,法律出版社 2013 年版,第 194～195 页。

② 我国的《公务员法》《检察官法》《法官法》对检察官、法官都要求通过国家统一法律职业资格考试。《警察法》中对此没有要求。由此可知,检察官、法官在法律知识和法律专业性层面从应然角度来看应当优于公安机关的侦查人员。

如果将侦查阶段工作比喻成对证据做"加法",将证据材料编织成一张犯罪事实之"网"。那么,检察机关审查环节,对证据的审查既有"加法"也有"减法",补充证据以增加犯罪事实之"网"的密度。或者将原本编织成形的"网"扣除一部分,并判断被扣除之后的犯罪事实"网"是否依旧严密,是否会造成一个无法弥补的漏洞。可知,检察机关证明的事实可能与侦查终结的犯罪事实又发生了变化,而在证明标准中亦无法体现。

3. 审判机关的裁判因辩护权介入可能改变指控客体

品读法律文本的措辞能够发现,审判机关作出有罪判决的条件使用了"案件事实清楚",而非"犯罪事实清楚"。[①] 可知,"案件"与"犯罪"涵盖了不同的内容。相应地,在刑事诉讼程序中,审前程序对辩护权行使范围仍然有限。案件进入审判环节之后,辩护权的适用范围扩张至最大值。辩护权直接的、公开的作用于指控的事实与证据。即便检察官、法官与辩护律师同属于法律职业共同体,但控、辩双方基于相反的立场进行对峙,只要辩护权有效运行,指控的犯罪事实内容因为外力的作用或多或少地会发生变化。但"案件事实清楚"作为定罪的标准,应当是指与被告人有罪相关的事实清楚而不包括无罪辩解的事实,是指作出有罪判决的事清楚而不是作出无罪判决的事实清楚。[②] 则有罪判决只是意味

---

① 《刑事诉讼法》第200条:在被告人最后陈述后,审判长宣布休庭,合议庭进行评议,根据已经查明的事实、证据和有关的法律规定,分别作出以下判决:(1)案件事实清楚,证据确实、充分,依据法律认定被告人有罪的,应当作出有罪判决;(2)依据法律认定被告人无罪的,应当作出无罪判决;(3)证据不足,不能认定被告人有罪的,应当作出证据不足、指控的犯罪不能成立的无罪判决。

② 参见赖早兴:《犯罪构成要件与刑事证明标准》,载《安徽师范大学学报(人文社会科学版)》2015年第5期。

着辩护意见的介入没有击垮检察机关的指控,而并非对检察机关的指控毫无影响。

由此可见,在刑事诉讼中,犯罪事实先被丰富,又被反复论证,去伪存真。若将证据视为一个定量,那么,证据与犯罪事实之间的关系,并不是多一份证据,犯罪事实就会多一分真实;反之则多一分虚假。其更像是高分子聚合物,呈现"非牛顿流体"的状态。① 两者之间相互作用,呈现出的事实在外形与张力上,可能会因证据作用而产生非线性的变化。更有甚者,证据本身是一个变量,进一步增加了事实变化的复杂度。因此,以"事实清楚,证据确实、充分"概括刑事证明标准,显得过于宽泛,失去了度量衡的准确性。

(二)同一证明标准与认知犯罪的递进性矛盾

1. 侦查环节是对犯罪事实的初步认识

根据事物发展的规律,犯罪行为人自着手实施犯罪行为之时,其行为即产生与客观世界的各种联系。犯罪行为人实施的危害行为既符合朴素认知的一般规律性,也遵循个人逻辑的主观意识。故犯罪行为的共性有助于认知犯罪,行为的个性有助于锁定犯罪行为人。通常情况下,侦查的主要着力点是充实犯罪事实,

---

① 非牛顿流体相对于牛顿流体而言。流体是一种连续变形运动,指受任何微小剪切力作用都能连续变形的物质。牛顿流体的分子结构比较简单,符合牛顿内摩擦定律,与温度压力呈现函数关系,有规律可循。而非牛顿流体的物质构成远比牛顿流体复杂,流体流动不仅与温度、压力等环境因素有关,还与其流动状态有关,一般难以用单一的系数关系表征。生活中非牛顿流体非常常见,例如,车站广场的密集人群,淀粉溶液等。参见李兆敏、蔡国琰编著:《非牛顿流体力学》,石油大学出版社1998年版,第1~7页。

建立事实与犯罪嫌疑人之间的联系。依此,侦查机关作为最先感知危害后果,最先接触相关证据材料的主体,通过侦查工作由危害结果复原犯罪行为,对犯罪事实进行初步认知。

2. 审查起诉环节是对犯罪事实的再认识

依据人类认识规律,新的认识可能会强化之前的认识,亦有可能会产生怀疑甚至是否定。基于此,我国《刑事诉讼法》授权检察机关在将案件移送法院提起公诉后,可以补充侦查或者撤回起诉,是对认识犯罪事实客观规律的法律层面的表达。根据《刑事诉讼法》的规定,审查起诉是检察人员审查证据是否合法、与案件事实之间关联性的紧密程度如何。然而,对犯罪事实的认知不会因控诉主张的明确而停滞不前。在案件开庭审理之前与开庭之时,检察机关仍需对双方当事人提出的事实、证据、辩护意见进行判断和给予回应。基于此,检查人员对案件事实的认知可能会产生新的认识。

3. 审判环节对指控事实的判断是抽象的逻辑过程

一般而言,思维方式为人类所独有。① 且与人类基因携带的信息一样,以其微小的单位个体但高度多样化的组合方式呈现出复杂性。其表现方式既因人而异,又趋于理性统一。同时,客观存在的事物,两种高度复杂又难以一言以蔽之的事物相互交融,其复杂程度会产生几何倍数增长,从而难以具有可复制性。因此,审判人员对指控罪名相同的案件,应当建立的是不同的认识。

裁判者对于案件的认知始于控方的诉讼请求。裁判者需要

① 参见[英]托马斯·里德:《论人的理智能力》,李涤非译,浙江大学出版社2010年版,第11页。

运用自己的良知、法律专业知识与经验等既有素质判断诉讼请求能否成立、证据材料是否合法。最终能够认定有罪。这是证据经抽象内化于心的活动，即将独立于自己意识之外存在的“自在之物”，经过自身的思维方式加工，最终转化为“为我之物”。[①] 在诉讼证明中，证据基于事物之间或宏观可见的或微观不可见的规律彼此相连，有机结合形成案件事实。比如书面记录、证人证言等，又如DNA鉴定、声纹鉴定等同一性鉴定。其中，关联关系的紧密程度则与认定事实的确定性之间呈正比关系。

可知，“案件事实”的内容经过裁判者思维的加工与认定，相比指控的事实和法律条文规定的事实，其内容均有区别。

4. 法律条文的刑事证明标准僵化

一般而言，刑事证明活动主要是一个认识的过程，认识活动贯穿于刑事诉讼的始终。[②] 我国《刑事诉讼法》规定，在立案之初，对报案、控告、举报和自首的材料依照管辖范围进行审查之时，既要审查是否是犯罪行为，亦要判断是否需要追究刑事责任。在案件侦查终结之时，公安机关的侦查应当达到“犯罪事实清楚，证据确实、充分”；在提起公诉之时，检察机关的审查应当达到犯罪嫌疑人的犯罪事实已经查清，证据确实、充分，依法应当追究刑事责

---

① “自在之物”与“为我之物”的概念是基于马克思和恩格斯曾借用康德唯心主义的概念。本书中的“自在之物”与“为我之物”是在辩证唯物主义认识论下的两个概念。“根据辩证唯物主义，‘自在之物’是没有的，只有以认识的‘为我之物’和尚未认识的但将来会有科学和实践的力量揭示和认识的‘自在之物’的差别。”参见[苏]罗森塔尔、[苏]尤金编：《简明哲学辞典》，中共中央马克思恩格斯列宁斯大林著作编译局译，生活·读书·新知三联书店1973年版，第173页。

② 参见卞建林、谭世贵主编：《证据法学》（第3版），中国政法大学出版社2014年版，第48页。

任的程度。

可见,在审前程序中,无论是公安机关还是检察机关认识犯罪,不但要以"犯罪事实"为核心,也要判断犯罪嫌疑人是否需要承担刑事责任。然而,犯罪行为的内容尚且处于不断修正的状态,刑事责任问题作为犯罪行为的后件需要时刻与前提放在同一顺序裁判,僭越了人认知客观事物的层级。

由此可见,刑事案件的复杂性影响了刑事诉讼证明曲折、复杂的发展过程。用一元的刑事证明标准无法囊括处于不同诉讼阶段的证明程度,更无法涵盖证明主体的主观能动性在认识犯罪过程中认识的不断深化所起的作用。

(三)印证的客观标准消解心证的主观标准

法官裁判案件的自由裁量权在诉讼证明中发挥着重要作用,因此,我国刑事诉讼法在既有的客观标准基础上,增加了"排除合理怀疑"主观标准,形成了主客观结合的证明标准。但主客观相结合的证明标准在诉讼证明中尚未形成统一的规范机制,以及法官的自由裁量的规范内容中自由裁量与主观恣意的权力边界模糊。无论是"排除合理怀疑",还是"得出唯一结论"等主观标准,只有外化内心确信的形成过程,才能表明裁判者对证据的证明与采信达到应有标准。但因为缺少公开心证的制度保障与卸除审判责任的结果预期,裁判者选择直接依靠客观化的证据规则是一个优渥且稳妥的选择。

引入"排除合理怀疑"的立法初衷是增加裁判者主观确信的程度,以弥补刑事证明标准过于客观化的不足。"排除合理怀疑"生长于普通法系国家的环境,它受到"不可知论"哲学思想的影响,以怀疑主义认识论为基础,同时受制于当地权力制约与当事人主义诉讼构造等因素综合作用的产物。“排除合理怀疑”的主体是陪审团,他们均是非法律职业群体,但又有其他专业领域的相关知识。“排除合理怀疑”是内省的,道德层面的,且不可见的。

我国在上述各方面都与普通法系国家有较大差异。我国对诉讼证明方法坚持辩证唯物主义认识论,认为客观事实是能够被人们认知的。授予刑事诉讼专门机关不同的职权,分工负责,遵循特定的程序和规则,收集、运用证据,认知案件事实,在可知论与人的认知能力局限性之间寻求彰显司法公正、司法公信力的平衡点。由此,“排除合理怀疑”在我国刑事证明情境下,应当是以实体真实为参照物,建构的被证事实靠近被证事实的方法,应当是外部的、规范的,且可被验证的。

2018 年《刑事诉讼法》第 55 条第 2 款规定的“排除合理怀疑”是裁判者判断案件事实既需要外部关于证据采信的约束,亦需要判断怀疑是否“合理”的良知空间。规范与约束裁判者的自由裁量权已经成为诉讼证明规范的重点领域,授予主观能动性合理生存的制度空间却在一定程度上被司法解释挤占。

认识的根源在于主客体之间的互动。诉讼证明是证明主体在程序法设置的各种“规”与“矩”的限制之下认知案件事实的过程。在任何一个特定的争议中,我们的法律权利与义务都应当建立在对现实予以精神重构的基础上。在刑事证明中,承担收集证据的主体需要在法律授权范围内依法收集证据,在证据材料总量有限的前提下,取证规则与证据取得之间可能会产生张力,限制了取证行为,亦会影响证据材料的充分性。证据间的印证、证据与待证事实的相关性证明需要证明主体的主观能动性补位。在事实发展起承转合的节点上，证明主体的能动性拉近了被证事实与客观真实之间的距离。“距离”的推进一部分的实质是在法律框架下的自由裁量行为。专门机关享有的权力应当有自由和边界。然而，我国的立法对证明主体主观能动性的忽视造成的权力留白，裁判者的自由裁量权无处安放，自由裁量与主观恣意的区隔在事前规范与事后裁判中杂糅。在这种背景下，证据规则对证据证明力大小、强弱，综合运用证据方法的一般性规范成为拯救裁判者自由裁量权恰当使用的“稻草”。

可见，尽管法律规范肯定了“排除合理怀疑”自由心证模式的合法性，但有关“合理的”自由裁量与主观恣意的边界模糊不清，使裁判者的“自由”难以在法律规范的框架内运行。在这种情况下，那些限制裁判者主观恣意的证据证明力规范就有了孕育的条件与空间。裁判者在面临采纳证据证明力、认识案件事实方面经常面临错误风险，这些风险的大小与风险转化为现实，都与自由裁量权相关。因此，在有可以直接拿来的证据规则时，裁判者应被激发的自由裁量权就被客观化的证据规则所替代，既能提升审判效率，也能有效规避个案实体公正的风险。

（四）责任风险推动主观标准向客观标准漂移

理论界与实务界不约而同地将“案件事实清楚，证据确实、充分”作为刑事证明标准。我国刑事诉讼确立的证据裁判原则，“证据确实、充分”被简单地等同于“案件事实清楚”。受证据即事实的观念影响，证据的客观性契合诉讼证明应当发现实体真实的目标。司法解释将证据证明力的客观化亦可以厘清裁判者自由心证与主观恣意的界限,帮助法官洗脱恣意的嫌疑,但司法解释关于证据证明力的归纳、预设与司法权的谦抑性、认知实体真实的主观性存在冲突。同时,我国的诉讼证明活动没有给予事实认定明晰的容错空间,裁判者在裁判案件时难免会要面对证据材料不足、事实真伪不明、证明结论不确信等疑难情境,当裁判者面临错误裁判的风险时,依靠客观化的证明力制度规范反而能有效化解错判风险。诉讼证明的事前指引性规范与事后追责性规范之间存在的运行不畅,导致原本是指引裁判者认定实体真实的解释性规范在适用中的漂移。一方面因为挤占了证明标准主观性的作用空间,另一方面成了裁判者逃避裁判责任的"保护伞",无论证明实体真实的证据材料是否充足,案件事实的证立都需要经过从证据到事实的推理。推理过程亦包含经验法则的融入,赋予被证明的案件事实鲜活的情节与可被接受的缘由。学界的主流观点认为,经验法则应当具有普遍性、高度盖然性、相对确定性等特质,是从个体实践行为中获得,经过反复验证成为普遍接受的认识。

2010 年《关于办理死刑案件审查判断证据若干问题的规定》第 5 条规定"根据证据认定案件事实的过程符合逻辑和经验规则",第 33 条规定"运用间接证据进行的推理符合逻辑和经验判断"。参照 2019 年《人民检察院刑事诉讼规则》第 401 条采用"为一般人共同知晓的常识性事实"和"自然规律或者定律"可以分别归类于"情"和"理",[①]属于无须证据证明的事实。2021 年《最高人民法院关于适用〈中华人民共和国刑事诉讼法〉的解释》第 140

① 参见杜邈:《论双层次刑事证明模式》,载《国家检察官学院学报》2024 年第 5 期。

条也规定了当直接证据不足，运用间接证据证明案件事实的标准。间接证据相互印证形成的“证据链”离不开经验法则。除此之外，也有“常理”“情理”“常识”等来自日常生活的一般性规则的表述方式出现在司法解释或司法解释性文件中，对诉讼证明活动具有一般规范性意义。可见，在证明活动中适用经验法则认定案件事实在方法论层面不可或缺，在制度层面也给予了肯定。

经验法则是演绎推理、溯因推理必不可少的推理媒介，深度参与实体真实发现的过程。在诉讼证明活动中，据以判断的经验法则面临着个人经验与日常法则区隔的风险，它的可重复性、可验证性也可能面临来自多方的质疑。我国立法对经验法则在诉讼证明中的应用可视化、客观化呈现的方式采取了模糊化处理，这种“留白式”的法律规范必然会造成经验法则的适用失范。

《人民检察院刑事诉讼规则》对“共同知晓的常识”既没有给予事前的列举式地概括与限定，又以不需要证明的行为指引排除了裁判者事后阐明“经验法则”作为事实认定的“理据”“论据”的机会。尽管最高司法机关肯定了“经验法则”在诉讼证明中运用的合法性，但运用间接证据认定案件事实的证明，需要达到“根据证据认定案件事实足以排除合理怀疑，结论具有唯一性”的证明标准，裁判者用经验法则编制的间接证据证据链要面对结论“唯一性”的评判，其实质就是亲历裁判的司法人员运用的经验法则具有可重复、可验证性的评判。然而，在具体个案的证明活动中，基于诉讼构造搭建的信息系统，其信息流动亦具有过往性。裁判者置身现场场域获得的客观的证据、现场传递的信息，结合自己的经验、逻辑，形成裁判结论。获得“唯一性”结论的依据不仅要排除“合理的”怀疑,而且要排除一切怀疑。从“排除合理的”怀疑到“唯一的”结论的证明标准的变化,实质是压缩了经验法则营造的“合理”讨论空间,考验着经验法则能否被不同参与诉讼主体验证、认可,也就放大了裁判者面临的裁判认同风险。

我国相关的诉讼证明制度与司法责任制度没有给予裁判者应对证明活动可能面临的各种风险的容错空间。证据天然的稀缺性、运用证据依赖经验法则的风险、溯因推理本身的不确定性等诸多要素为裁判者发觉实体真实设置了重重障碍。刑事诉讼活动顺着时间向前推进,尽管裁判者不能拒绝裁判,亦需要在法律授权的范围内履行司法职能。司法工作人员受司法责任的约束,当前司法责任的认定存在“权责不一”的问题,在一定程度上,裁判者为了转移错误裁判的风险,尽量避免经验法则等主观方面的参与,直接援引证据规则的客观化规定,是一个比较稳妥的选择。

可见,诉讼证明是一个主观认识与客观证据辩证统一的过程,既受制于证据材料的减损、吸取等客观方面的限制,亦受制于主观认知能力的局限,认知主体之间的差异。诉讼证明行为的指引性规范对证明主体主观行为的模糊指引,缺乏证明主体心证形成依据与心证形成过程的可视化呈现的引导机制,又在事后追责层面以客观化结论认定证明主体证明行为的合法性。在证明行为规范与证明结果评价之间存在证明行为的主客观不一致之处,与诉讼证明主客观相一致的规律相悖,由此导致实践中证明行为规范在实践中的漂移。

二、我国刑事证明标准嬗变的原因

（一）泛化客观真实使诉讼证明陷入混乱

刑事证明标准是以马克思主义的辩证唯物主义认识论为基础建构的诉讼证明框架。学界出现的“客观真实”不可知观点、“客观真实”与“法律真实”之争，实质是将“真实”抽离了诉讼证明的法律框架与场景，从哲学本义层面泛化“真实”的应有之义，造成诉讼证明谈及“客观真实”与“客观真实之不可知”而色变的问题。加之，程序正义价值作为舶来品，在融入我国诉讼证明既有体系，实现其独立价值的过程中，又对“客观真实”造成认知条件上的障碍。

在诉讼证明活动中，能否实现“客观真实”与“客观真实”作为认定犯罪的标准应当是两个不同的问题，但既有争论谈“客观真实”即色变，唯恐客观真实证明标准将倒逼侦查机关放松证据合法性标准，而衍生冤假错案。然而，在诉讼证明场景中，依据证明达到“客观真实”的程度在个案中是可实现的。有关“客观真实”与“法律真实”之争，是抛开具体的诉讼证明场景，将“真实”置于哲学本义范畴之内，泛化了“客观真实”之实质，由此产生的“纠偏”，“法律真实”“相对真实”都是在哲学主义之间产生的拉锯战。思想层面上的观点之争，且结果的悬而未决是一种常态，但诉讼证明活动是一项社会活动，事关公共利益。因此，厘清“客观真实”与证明标准之间的关系，达成共识，才能实现诉讼证明活动在有序的状态下进行，而不至于陷入一种混乱状态。

“客观真实”是诉讼证明活动认知的对象。认识形成的思想映像,在客观上被历史状况所限制,在主观上被映像主体的肉体与精神所限制。诉讼证明的发生场景既受制于诉讼程序建构的封闭的信息场域限制,亦受制于证据材料的限制,证明主体的限制。可见,对"客观真实"的认识程度是相对的,受制于历史场景与认知局限的认识。诉讼证明能否达到"客观真实"的另一个争议焦点就是,认知能力的有限性制约了"客观真实"的实现。这又是一次站在哲学主义"客观真实"的制高点看待人的"认知局限"与之的逻辑关系。

诉讼证明活动亦有其特殊性。其一,诉讼证明发生在有限的时空中,依据的是有限的证据。证明行为的施展时空是有限的,始于刑事立案,终于刑事执行。哲学主义"客观真实"受到认知能力的局限,是因为人的认知方法、认知的知识置于无限的时空中是有限的。但诉讼证明活动,凭借的是有限的证据对过往事实的回溯,在一定程度上,是通过他人的所见所闻,论证诉讼主体的过往行为,是置于一个具体的场景中谈论证明依据、证明方法、证明结论的活动。其二,诉讼证明行为针对的对象是犯罪构成。诉讼证明的目的是认识案件事实,保证刑法的正确适用。刑法由其谦抑性而遵循的罪刑法定原则意味着,证明结论的罪与非罪应当有明确的法律规范区隔。其三,诉讼证明是公共行为。裁判者对"客观真实"的判断不是一个人的事情,而是大家的事情。大家的范围既包括刑事诉讼参与人,亦包括不特定的公众。裁判者个人对客观真实的认知、证明需要获得他人认可。裁判者与他人就同一证明对象的认知,共同的认识起点是证据,证明过程适用的方法与证明结论的差异处于次要顺位。"客观真实"的形成首先受制于证据的有无与多少而非认知局限。可见,"客观真实"在有限的诉讼证明场景中不是遥不可及的。然而,“客观真实”的规范意义并没有获得应有的对待。

对客观真实在概念界定、证明程度的泛化,使得客观真实在诉讼证明中成了难以企及的标准,证明标准失去了它追求的终极目标,就变得飘忽不定。诉讼证明欲追求的“案件事实清楚”,被人的认知局限一叶障目,导致在建构诉讼证明的规范中,盲目地追求拘束、制约“人”的认知行为。人对“案件事实清楚”的认知差异具有正当性,规范人的自由裁量权,制约人的主观恣意便成了与认知差异形成递归循环。

(二)犯罪构成的“平面”结构局限刑事证明标准层次性

犯罪构成是我国刑法规定的,决定某一具体行为的社会危害性及其程度,而为该行为构成犯罪所必须具备的一切客观要件和主观要件的有机统一整体。[①] 我国刑法理论认同犯罪构成“四要件”说,当同时具备犯罪构成“四要件”,则成立犯罪,缺一不可。“四要件”之间可以按照不同的逻辑关系进行排列。可知彼此之间只有顺序性而没有位阶性。[②] 然而,犯罪构成作为刑事证明标准的指向标,其自身的平面性,也在一定程度上造成了刑事证明标准缺少层次性。

1.“四要件”的平面性混淆了行为可罚性与行为人可罚性的判断

根据刑法的一般理论,刑法规范对应的行为可罚性与行为人

① 参见马克昌主编、莫洪宪执行主编:《刑法》(第4版),高等教育出版社2017年版,第33页。

② 参见陈兴良:《犯罪论体系的位阶性研究》,载《法学研究》2010年第4期。

可罚性的层序区分。在犯罪判断的过程中，应当将行为可罚性的判断置于行为人可罚性判断之前。[①]

将犯罪构成理论与认识论的一般方法结合，认识犯罪的过程不是一个中心辐射出平行的几个方面的过程，而是一个中心衍生出不同层次的递进或者转折关系。根据我国的刑事诉讼法可知，对犯罪行为的认知通常始于行为呈现出的危害结果，最后锁定犯罪嫌疑人。危害行为的呈现与危害行为人的锁定之间通常情况下具有一定的次序关系。而犯罪构成的“四要件”理论将认识危害行为的可罚性与危害行为人的应罚性的“三维”过程，嵌套进该理论的“二维”场域中，使行为可罚与行为人可罚同时进行判断。在证明或者认定个别犯罪时，可能会出现自相矛盾、陷入或枉或纵的两难境地。因此，对危害行为的“犯罪”构成的认定，在侦查阶段，依据“四要件”的内容即可呈现事实的全貌与锁定嫌疑人。

2. “四要件”理论对诉讼证明的递进性指引不足

我国的犯罪构成理论主要来源于苏联。苏联刑法理论是对大陆法系的犯罪论体系进行的改造。不同的是，大陆法系犯罪论体系将构成要件作为犯罪成立的一个条件，但苏联将犯罪构成条件扩充为犯罪成立条件的总和。[②] 可知，我国的犯罪构成要件的内容相对大陆法系的犯罪构成要件的内容，范围略小。因此，在刑事诉讼中，尽管危害行为具备我国的犯罪构成要件，但也有可能存在苛处刑罚不具有合理性。

犯罪是一个法律概念，具有事实因素与价值因素相融合的人

---

① 参见陈兴良主编:《犯罪论体系研究》，清华大学出版社 2005 年版，第 158 页。

② 参见陈兴良主编:《犯罪论体系研究》，清华大学出版社 2005 年版，第 2 页。

为属性。相应地,证明主体提出的诉讼主张主要集中于罪与责两个方面,即被追诉的人是否构成犯罪、构成何种犯罪以及是否应当承担刑事责任的程度。可见,犯罪构成要件作为刑事证明的指向标,证明主体完成犯罪构成要件的证明即可卸除证明责任。而"四要件"犯罪构成理论能够回应罪与非罪、此罪与彼罪的证明责任,无法指引证明主体对价值因素方向的证明。当形式上具备犯罪构成"四要件"内容时,则构成事实因素的犯罪。而犯罪蕴含的价值因素却没有犯罪构成理论中的其他内容予以对应。可见"四要件"的犯罪构成理论混淆了犯罪的事实因素与价值因素,即将不同层面的概念放置在同一个操作系统之内。

可知,认定犯罪与否定犯罪两者在刑事实体法规范的语境下是"平行关系"。虽然,这种平行关系与刑事诉讼法规定的侦查机关、检察机关需要全面收集证据相匹配,但侦查机关、检察机关作为具有追诉职能的国家机关,收集被告人罪轻、无罪的证据与其职能相悖。同时,被告人不承担任何举证责任,检察机关亦不可能穷尽犯罪构成以外的全部否定的可能性。因此,诉讼活动要么会形成国家机关单方权威的主导定罪的过程,要么会导致检察机关承担过重的举证责任,但无论哪一种情况,都会导致控辩双方力量失衡,影响刑事审判的公正性。

3."四要件"理论限制排除合理怀疑的开放程度

根据刑法的犯罪论体系理论,罪刑法定主义的基础上产生和形成的,罪刑法定化必定要求构成要件法定化。① 罪刑法定原则

---

① 劳东燕:《罪刑法定本土化的法治叙事》,北京大学出版社2010年版,第204页以下。转引自陈兴良:《犯罪论体系的位阶性研究》,载《法学研究》2010年第4期。

在法治的司法理念下,才有可能实现。因此,裁判者认定具体犯罪行为的过程是依据控方的诉讼主张中对应的犯罪构成“四要件”,将指控犯罪事实的全部内容涵射犯罪构成“四要件”内容,使用归纳或演绎等方法,综合全案进行逻辑推理并判断的过程。

根据犯罪构成“四要件”的内容,“四要件”之间是横向的“平面关系”,不存在严格的位阶与严密的逻辑。具体到个案,犯罪主体、犯罪客体以及犯罪客观方面、主观方面彼此之间是“二维”的简单印证。可见,“四要件”之间并没有呈现出犯罪构成要件的“有机统一”的关系,也没有体现诉讼证明中多个命题与结论、前件与后件之间的前因后果的关系。因为“合理怀疑”产生基础则在于前件与后件之间的逻辑关系不确定,或者前件与后件之间存在其他可能的因果关系等。同时,裁判过程不能回避对各行为之间、行为与行为人之间的因果关系判断。可见,“平面”的犯罪构成会对裁判者应当持有的“立体”式思维方式造成逻辑混乱。

(三)司法责任的归责条款抑制裁判者独立裁判

一个人究竟会采取什么角色,并不取决于关于他的规范性角色,而取决于制度对他的各种实在的制约。在推进以审判为中心的刑事诉讼制度改革背景下,基于公正裁判的立场,司法责任制的主要内容不仅包括对错误裁判的问责,也包括法官依法独立行使职权。然而,客观化的证据规则、“错案”的界定与司法规律的抵牾,抑制裁判者独立裁判的活性。

在法官事实认定环节,证据发挥着重要的作用。法官运用经验法则判断证据证明力的大小,这种判断虽受诉讼程序、证据规则的约束,但因其逻辑内核是法外问题,故若试图从一种先验的理念出发,预设法外问题的规则,则会引起预设的证据规则如何巧妙地区分法官良知与恣意问题的讨论。社会生活的复杂与多变,经验法则呈多样性和动态性,相对于实体法规范,对将经验法则上升为证据规则,各国普遍持更谨慎的态度。

当前,我国的证据规则尚未形成完备的证据法治秩序。以刑事证据规则为例,首先,法律解释中的证据规则与《刑事诉讼法》的规定存在多次重复。关于"非法证据排除"中非法证据的认定与程序分别出现在《人民检察院刑事诉讼规则》、《最高人民法院关于适用〈中华人民共和国刑事诉讼法〉的解释》以及联合发布的司法解释中。其次,具有一般规范性、拘束力的司法解释有限度地突破了《刑事诉讼法》关于证据的规定。证据规则在规范层面存在的冲突能否统一、稳定地指引法官正确认定案件事实,具有超越法官凭借经验法则认定事实的优越性?最后,现行的证据规则中的证明力条款挤占了部分法官的良知、经验在裁判中发挥的作用。当本该能动的思考被越来越多的法律条文替代时,法官的裁判行为可能会走向规则依赖。这无形中湮灭了法官之间个人智识与勤勉的差异。在审判责任豁免条件的加持下,法官坚持自由心证独立裁判的动力会进一步减弱。那么,预设的证据证明力是否能引导法官作出公正的判决呢?证据证明力的预设可能更注重证据材料本身或者证据材料之间因果符合性、同一性。但案件事实不能预设,同类证据与案件事实之间的关联度也无法预知,因此证据规则无法预测证据材料与待证事实、经验法则之间的合理性。法官如果基于审判责任免责条款的激励,选择满足符合性的证据,遵循法定的证明力条款,并不排除会作出一个失真但是合法的判决。审判责任制的免责条款出发点是确保证据规则的适用。但是,两个基于程序正当性的法律规则践行在司法活动中会成为法官裁判不公的“护身符”,其症结就在于证据规则本应是基于价值论的规则,而现在侵入到认识论领域形成了规则。

刑事证明标准伴随着诉讼程序的推进也具有递进性。同时,证明贯穿刑事诉讼始终,则会出现证成之后又被证伪的可能。依据正当程序原则,诉讼证明如果遵从司法规律和程序正义,无论事实被认定为事实无罪还是法定无罪,都不违背法律对公正价值的追求与认知犯罪事实的客观规律。

历年来,“有罪判决率”是令公诉部门担心的考核项目,在许多地方均是“大额扣分”甚至“一票否决”的关键指标。① 在案件数量居高不下的条件下,刑事案件涌入审判机关之后都如期结案,并且实体法结果几乎均为有罪判决。② 司法裁判在办案压力与超负荷的工作量面前,办案周期已不断刷新司法人员的能力极限。在保证案件公正处理之时,还需要对考核内容中批捕率、起诉率、有罪判决率等项点给予关照。③

---

① 参见钟晋、周瑾:《从“有罪判决率”反思考评机制》,载《人民检察》2016年第18期。

② 参见梁洪:《广西:职务罪案有罪判决率100%》,载《检察日报》2011年7月21日,第1版;钟晋、周瑾:《从“有罪判决率”反思考评机制》,载《人民检察》2016年第18期。

③ 参见《最高人民检察院关于切实履行检察职能防止和纠正冤假错案的若干意见》第26条:“实施案件质量分析评查通报,建立和完善符合司法规律的考评体系。各分、州、市院每季度要对刑事案件质量进行全面分析,形成案件质量综合分析报告进行通报,促进办案质量和执法水平的提高。要改变简单通过办案指标和各种统计数据排队形成绩效排位的做法,把结果考评与过程管理、定期考评与动态指导、综合考评与个案评查结合起来,把办案数量、质量、效率、效果、安全等因素结合起来综合评价业务工作,防止片面追求立案数、批捕率、起诉率、有罪判决率等。在与公安机关、人民法院沟通、协调的基础上,根据各执法环节的特点,确立科学合理的办案绩效考评体系。”

当司法的判断性湮灭在诸如有罪判决率等数字指标中时,司法人员的个人责任则不再与案件是否公正处理相关,而是与考核指标指向的定罪结果相联系。不难想象,在刑事诉讼中,即使证据出现瑕疵、非法导致案件不起诉或者判处无罪,会降低司法机关的工作绩效。这样的司法责任与案件处理结果之间的反比关系,会促使司法人员对刑事证明标准的异化逐渐成为沉默的大多数。

综上所述,刑事诉讼程序涉及国家权力与个人权利、国家安全与公民自由之间的价值选择与平衡。决定价值取向的依据又与所处的社会政治结构、文化背景、经济发展状况密切相关。在如此庞杂的关系网中,价值取向的调整也不会一蹴而就。当前,我国刑事证明标准存在的问题是一个相当复杂的问题,造成这样的局面的原因来自多个层面。在立法层面:其一,立法者轻视了刑事证明标准的主观性,导致心证的合法性体现不足。其二,立法者虽然强调证明标准的客观性,但又忽视了其表现形式的严谨性,导致立法对司法的指引性不足。在司法层面:其一,司法人员轻证明过程,重有罪判决结果的心理,与当前的司法制度相符,但程序正义的内容要求还有差距。其二,诉讼证明的司法行政化,进一步加剧了刑事证明标准的异化。

(四)纠问化构造僭越以审判为中心的证据裁判功能

我国的刑事诉讼制度运行还存在明显的侦查中心主义倾向。侦查权在刑事诉讼中的权力难以受到审判权的制约,尽管检察机关可以通过侦查监督活动遏制侦查权的扩张,但检察机关代表国家指控犯罪职能,在一定程度上将抑制权力制约机制的有效发挥。因此，需要通过法律规范掣肘侦查权，用证据制度与诉讼制度相互制约的方式规制权力运行，使法官亲历审判形成内心确信的积极性也置于制度窠臼。

诉讼证明主观标准的客观化最早可以追溯至自由心证制度前的法定证据制度时期。纠问式诉讼模式赋予法官比较集中的权力是滋生法定证据制度的土壤。法官不仅审查判断证据、作出裁判，而且可以提出告诉，同时掌握控审职能，为防止法官权力走向专断、恣意，需要从规范层面予以约束。亦由于刑事诉讼中缺乏掣肘裁判权的权力，刑事诉讼的卷宗作为法官认知案件事实的介质，其所具有的书面性、秘密性可以被纠问式的刑事诉讼结构所包容，起诉卷宗主义、纠问式模式与法定证据制度生成了"和谐的"控审职能混同格局下的权力制约生态。

当前，我国的刑事诉讼构造在主体上区分了控辩审职能，然而，控辩审职能在"相互配合"的基本原则支持下导致职能分离的界限模糊不清。侦查机关是刑事诉讼审前程序中负责查获犯罪嫌疑人、收集证据的环节，侦查程序对案件事实的查明起着"锚定"的作用，对保证国家刑罚权的正确行使的重要性不言而喻。侦查程序收集、固定的证据材料、采取的强制侦查措施、强制措施缺少司法审查程序介入，由此形成的案卷材料随着程序推进移送至检察机关、审判机关，权力运行呈现出"线形"结构，缺少其他权力的干预。为了保证指控犯罪达到"案件事实清楚，证据确实、充分"的证明标准，刑事诉讼法还赋予了检察机关在审前程序补充侦查、在审判程序申请延期审理补充侦查等的权力，凸显诉讼程序保证指控犯罪成功的目的倾向，造就刑事诉讼以侦查为中心，审判环节成为侦查程序合法性、正当性、终局性的效力背书。可见刑事诉讼构造在制度运转中出现纠问化的嬗变。控审职能的模糊不清，侦查权难以受到审判权的制约，司法程序应当体现的直接原则、言词原则被卷宗主义的间接性、书面性侵蚀。裁判者应当亲历庭审，充分听取控辩双方质证意见，判断证据证明力而认知案件的媒介也被案件卷宗部分替代。但为了防止权力滥用威胁司法公正，以法律规范的形式事先确定证据运用方法与证据证明力的方式，普遍性地制约权力，成为一个高“性价比”的选择。

除了诉讼制度的外部机制挤压审判权对侦查权的制约，司法责任制度亦是消解裁判者依靠证据自由心证的内部因素。司法责任制以裁判结果评价审判行为合法性的权责分配机制将裁判者的依证据、凭借良心、经验裁判案件异化为依证据规则裁判。传统的司法实践多采用进入刑事诉讼程序的案件，作了错误定性或者错误处理的，都属于刑事错案。包括“无罪认定为有罪、有罪认定为无罪、此罪认定为彼罪、轻罪认定为重罪、重罪认定为轻罪”。[①] 这种以后程序的实体定性评价前程序的诉讼证明活动，实质是混淆了依法审理与依常理作出裁判两种行为的界限。如前所述，以常理推断实体真实体现出的主观性可能面临着可验证、可重复的风险，法律规范层面的提前预设本就存在与诉讼证明主客观相一致规律的矛盾。后程序的裁判者与前程序的裁判者在“常理”依据的认知存在差异，就会产生判决结果的差异。而常理认知的可验证性需要在具体个案的证据材料中个性化评估，关于

① 张保生：《刑事错案及其纠错制度的证据分析》，载《中国法学》2013年第1期。

错案的认定方式简单粗暴地用裁判结果抹杀了“常理”认知差异的合理性判断。这样让裁判者从内心愿意依赖客观化的证据规则。由此,形成了裁判者自由心证与其可能面临司法责任风险的制度困境。裁判者为了规避责任风险,将趋利避害地选择服从证据规则。

可见,我国刑事诉讼以侦查为中心,权力运行的线性结构与强大的侦查权被客观化的证据规则制约与保护,客观化的证据规则消解了“常理”判断个性化差异的合理性,僭越了审判程序裁判者对证据证明力的判断。

第六章　我国刑事证明标准的重构

哲学领域普遍将哲学内容分为本体论、认识论与价值论，三者之间是一个有机的统一体。诉讼证明活动与案件事实的本原密切相关，诉讼主体在诉讼活动中认知事实的能力、范围、限度，以及最终认识的结果应当以何为价值取向，都离不开哲学本体论、认识论、价值论的指导。重构刑事证明标准亦应当以之为起点，从本体论、认识论、价值论 3 个层次分解“事实清楚，证据确实、充分”在诉讼证明中的应然所指，再将其置身于我国刑事诉讼的程序框架内，厘清我国刑事证明标准的意义为何。

一、“事实清楚，证据确实、充分”的解构

我国的刑事证明标准以“事实清楚”为追求。欲重构符合我国权力运行方式与诉讼认识规律的刑事证明标准，有必要对既有标准从本体论、认识论和价值论层面先行解构，寻找修正实然标准异化

的切入点。

(一)本体论——正视刑事证明标准的主观性

1."事实"的语意主观性。

其一,在语意层面,"事实"不仅应用于诉讼法律规范的表述,而且被广泛应用于社会生活的方方面面。例如,事实胜于雄辩、事实婚姻等词汇。"事实"在特定场域表达传递思想之时,并不会产生过多误解或不解。可见,"事实"具体指什么?需要根据语意背景综合判断。因此,就"事实"本体论层面看,严格地说,事实是不能被定义的。①

其二,在法律的逻辑层面,"事实"分为"指控的事实"、"认定的事实"和"原判决认定的事实"。在诉讼程序中,"事实"在内容不同的基础上,既融入了人类理性的普遍认识,亦加入了因人而异的主观判断因素。可见,"事实"在价值评判层面可以概括为具有法律效力的事实、不具有法律效力的事实。

其三,在法律规范层面,"事实"是交融着时空的客观性与人类认识的主观性的集合。我国的《刑事诉讼法》全文共使用"事实"之处一共出现 55 次,贯穿于刑事诉讼法始末。在"以事实为根据,以法律为准绳"的统领之下,"犯罪事实"作为概括"事实"内涵的主流,辅以"案件事实""事实真相""定罪量刑有关的事实""查明的事实""判决认定的事实"等不同的定语,组成了刑事诉讼视阈内的"事实"体系。可见,仅在法律内容本身层面,"事实"有多重含义。伴随刑事诉讼程序进展环节不同,"事实"所指

---

① 参见[奥]维特根斯坦:《逻辑哲学论》,贺绍甲译,商务印书馆 2017 年版,第 25 页。

向的具体内容亦有不同。

其四,在诉讼证明层面,“事实”即包含被证事实与待证事实。两者之间应当是包含但不限于包含的关系。可见,作为证明主体或者裁判者,在“事实”的边界没有厘清之时,无法衡量“事实清楚”具体指哪些内容。

由此推知,“事实”内涵的厘定需要借助讨论“事实”的场域形成的氛围,经由人的主观性加工成语言,以可被感知的方式传达“事实”的具体意思。

2.“证据”的形式客观性

所谓证据,是指“能够证明某事物的真实性的有关事实或材料”。[①]《辞海》:“用法律用语,据以认定事实的材料。”[②]历史表明,在漫长的历史发展与自我进化中,诉讼证明破除蒙昧的神明裁判,进入理性的证据裁判时代。根据现代刑事诉讼的原理,证据裁判原则要求证据需要具有合法性。可知,证据是一种受到了人类理性预设条件的客观存在。我国《刑事诉讼法》第50条第1款规定:可以用于证明案件事实的材料,都是证据。

证据的证明力与证据能力是大陆法系中一组对合概念。普通法系称之为可采性与关联性。证据的证明力是基于客观世界的普遍联系,是唯物辩证法用普遍联系的观点看待世界和历史在诉讼证明领域的反映。可知,证据的证明力(普通法系称之为证据的关联性)是与待证事实的客观联系,具有多样性,是无法预先

① 中国社会科学院语言研究所词典编辑室编:《现代汉语词典》(第7版),商务印书馆2016年版,第1673页。

② 《辞海·语词分册》(上册),上海辞书出版社1979年版,第373页。

用法律规范予以列举并穷尽的。证据能力（普通法系称之为证据的可采性）又称证据的合法性，即为该证据得为立证资料之法律上资格。①

证据能力的规定具有一定的阶级性，也在不同程度反映着它的价值取向。例如，普通法系国家美国的证据规则，以体现公民自由价值、公民权利至上为主要导向，构建了相当复杂的一套证据规则体系。又如，我国古代“父为子隐，子为父隐，直在其中”的宗法思想在法律规范层面的体现，即有直系血缘关系的证人证言不具有证据资格。可见，证据能力是法律创设的，以体现某种价值取向为目的，作为限制证据证明力的前置条件。依此，证据本体是物质的，证据能力虽然含有意识因素，但能力是否具备依然是物质的。由此可见，证据能力是具有客观性的。

由此可见，在诉讼程序视阈下，“事实”是通过证据回溯的一种主观认知，是人的主观认知能力对具备证据能力的证据判断其证明力大小、强弱的互动结果。刑事证明标准本身能表达其标准性质的着力点局限于依据的客观性。

（二）认识论——程序性事实证明与实体性事实证明

1. 认知与证明的联系

一般而言，一切关于实际事实的推理似乎都建立在因果联系之上。同时，关于因果联系的知识都不是通过先验推理得出的，而是完全源于我们在发现任何特定对象总是相互连接在一起时

---

① 参见万毅：《论无证据能力的证据——兼评我国的证据能力规则》，载《现代法学》2014 年第 4 期。

的经验感受。[①] 在刑事诉讼中,证明主体对危害事实的推理,是对证据之间的因果关系进行认知到证明的过程。且因诉讼程序的推进,认知与证明之间应当具有层次性。

所谓认知,指通过思维活动认识、了解。[②] 证明主体对事实的认知,是思维对所吸收的事实信息进行加工,认识了解的过程。可见,认知行为侧重输入性。相对地,证明主体对事实的证明,是将认知所获得的结论向外展示以表明肯定与否定的行为。可知,证明行为侧重输出性。

在诉讼证明中,危害事实是过往事实,故证据具有恒定性。同时,诉讼证明需要遵循正当程序,取证行为的合法性会影响事实内容。因此,认知与证明可能会因诉讼阶段不同而有所不同,输入性的认知内容与输出性的证明内容之间,是包含但并不限于包含的关系。

2. 主体、证据与事实的联系

在明了证明行为是人类理性行为后,启蒙运动的先贤告诉我们,我们称为良知或者理性的东西,本来就是人人均等的。我们的意见之所以分歧,并不是由于有些人的理性多一些,有些人的理性少一些,而只是由于我们运用思想的途径不同,所考察的对象不是一回事。[③] 可见,主体不同,决定着考察对象的内容亦

---

① 参见[英]休谟:《人类理智研究》,吕大吉译,商务印书馆1999年版,第24页。

② 参见中国社会科学院语言研究所词典编辑室编:《现代汉语词典》(第7版),商务印书馆2016年版,第1102页。

③ 参见[法]笛卡尔:《谈谈方法》,王太庆译,商务印书馆2017年版,第3页。良知:Le bon sens,指一种良好的官能,不同于可以弄错的感觉官能,如视、听等。这里是一种绝对正确的分辨力,有如孟子所谓不虑而知的良知,即理性。但是作者此处所用的意义不同于中国人所理解的分别善恶的能力,而是指分辨真假的能力,即理性的知识论意义而非伦理意义。

不同。

在刑事诉讼程序中,侦查机关、检察机关与审判机关都需要认知犯罪事实,但认知的实质内容不同。首先,侦查机关作为距离犯罪事实最近的专门机关,通过取证工作还原犯罪事实,因此,侦查机关对犯罪事实是从无到有的认知过程。待认知达到法定标准时,认知即告终结。其次,检察机关接触侦查机关移交的案卷之时,在论证卷宗内容反映的信息之后,再说服审判机关支持己方诉讼请求则是证成犯罪的过程。因此,检察机关对犯罪事实是从认知到证明的过程。最后,审判机关同时面对检察机关提出的入罪诉讼主张与刑事被告人、辩护人提出的出罪辩解,是对犯罪事实的判断过程。由此可见,审前程序的证明是认知的危害事实是否有罪。审判程序的证明是认知的危害事实是否正确。

依此,不同的主体因所处的立场不同,基于对同一待证事实,遵循先认知而后证明的顺序,行为性质以及犯罪事实的内容亦不同。

3. 待证事实与被证实事实的联系

如果不能赋予“事实”认识论层面的概念,在诉讼法律领域是没有意义的。仿佛存在于浩渺宇宙中的真理,从理性角度可以演绎出各种猜想,诸如“黎曼猜想”“哥德巴赫猜想”等,但猜想如果不被论证,则无法对其价值进行评价与运用。“事实”亦如此。因为不知如何认知的“事实”,无从谈及对其进行社会价值的评价。

在刑事诉讼中,对于危害行为真相的追求是否需要像寻求真理一般执着?显然,诉讼程序的时效性决定着对真相的执念并不符合现代刑事诉讼的价值取向。完全准确的真理并无必要,必要的是信念足够真，使得据之行动能够产生可欲得结果就可以了。[①] 基于此，借助“待证事实”与“被证事实”呈现的衔接关系解构“事实”在认识层面呈现的动态变化，以表明刑事证明标准在诉讼证明中体现的递进性。

基于认知的相对性与认知主体的不同，对待证事实的认知呈现出不同的版本。犹如阳光照射的物体，因光线角度、光线明暗等外部条件不同而呈现不同影子一般。待证事实作为存在于历史时空当中的危害行为，其兼具存在的绝对性与认知的相对性，充当“物体”的角色。被证事实则是一种主观层面的认知。这种认知是相对于待证事实的客观存在而言的，因为加入了人类理性的元素，而变得人性化、个人化，充当“影子”的角色。

可见，我国刑事诉讼中对危害事实的认知或证明。审前程序的诉讼证明是以待证事实为参照物，证明被证事实是否有罪。审判程序的诉讼证明是以被证事实为参照物，论证被证事实是否正确。因此，证明目的的差异决定了不同主体会给予“事实清楚”以不同角度的解读。

（三）价值论——实体真实与法律程序的博弈

1. 证据的合法性附加程序性制裁

刑事证明标准具有多重特征，以其衡量被证事实能否作出有罪判决的过程，仿佛阳光穿过玻璃晶体会发生折射，被证事实因内涵多种性质元素，各元素之间又具有多重逻辑关系，会将刑事证明标准表面呈现的白光折射出不同的颜色。因此，对刑事证明

---

① 参见［美］罗伯特·诺奇克：《合理性的本质》，葛四友、陈昳译，上海译文出版社2012年版，第109页。

标准合理设置的前提就是要对构成被证事实的不同内容给予恰当评价，才不至于继续程序法运行适用实体法评价的错误导向。

经过解析，我国的刑事证明标准是衡量以证据证成的事实。证据能力以法律拟制的方式呈现，无论待证事实、被证事实还是证据的关联性与真实性都需要依靠司法人员的理性判断、裁量。可见，对证据能力设置否定条件的路径，也是可以法律拟制的。例如，证据排除规则以宣告证据不产生相应的法律后果或法律效力的方式，将证据排除在程序之外。所谓“宣告无效”是指法院以权威的方式宣告那些受到程序性违法行为直接影响的证据、起诉、判决、羁押命令等失去法律效力，也不再产生预期的法律效果。① 依概念可知，其一，就逻辑层面而言，证据是检察机关卸除证明责任的核心，也是稀缺资源。其质量直接反映检察机关能否获得利益最大化。证据也是国家机关全力以赴的追求对象，以利益导向为规制途径是法律的应有之义。其二，就证明结果而言，案件结果与检察机关有直接利害关系。证据的“宣告无效”可能会严重削弱起诉的事实与理由的确定性与可信性，甚至会整体推翻。通过对检察机关的利益诉求产生不利后果的程序性制裁，引导检察机关格外重视审查侦查行为的合法性，以及自己收集证据的手段合法问题，赋予“证据确实”以合法性前提。

2. 事实裁判的主观性附加表现形式

根据逻辑学原理，诉讼证明是将发生在客观世界中呈现各种样态的危害行为涵摄法律拟制世界的行为。显然，法律拟制的世

---

① 参见陈瑞华：《程序性制裁制度的法理学分析》，载《中国法学》2005 年第 6 期。

界是客观世界的微小的子集。认知危害行为的方法固然不能局限于法律的逻辑与经验之中。依此,当适用的方法突破了已经构建的"公式化"的范围时,建立新的联系则需要依赖主观能动性。申言之,诉讼证明无法也不可能像自然科学证明那样,可以用符号、公式表达概念及其之间的关系,通过已知的公式得出确切的推论。然而,发生在客观世界中的危害行为之间的逻辑关系显然远超数理公式确立的逻辑关系。我们即便依靠超然的人类理智,也无法预设全部已知条件以及已知条件之间的固有关系,更何谈涉足未知领域。因此,侦查人员需要推知未知的危害事实,检察人员或审判人员需要论证危害事实是否构成犯罪,需要在不同的证据之间找到联通彼此的关联通道。而方法的选择是一种能动性的活动,需要依靠人的主观作用。一旦人经过意识获得一个结论,就意味着思维由抽象变成了具体的存在,则可以通过具象的形式予以呈现。

以此可知,诉讼证明的发展不是经历了神明裁判、法定证据裁判的失败之后,选择适用自由心证的方法,而是诉讼证明中不能回避的主观性与法律拟制的客观性决定了自由心证是唯一的选择。诚然,法律拟制不能穷尽世间万物以及人类思维,否则,任何进步都将无从谈起。但自由心证也不是赋予法官天马行空的自由,而是论证逻辑方法以及判断逻辑关系的自由。所以,遇到具体案件,选择方法与判断的自由将从一种被选择的可能性变为具体案件中已选择的确定性。

可见,在刑事诉讼程序中,刑事证明标准的主观性体现在证明主体或裁判者在方法论层面的选择权的自由,而不是证明结果或裁判结果的自由或不确定。法定的刑事证明标准可以为个案的诉讼证明提供方向性导引,个案显露的证明结论则是对法定证明标准的微观诠释。

二、侦查阶段的“事实清楚,证据确实、充分”的含义

(一)侦查权与“事实清楚”的联系

1. 侦查权的强制性使待证事实由不清到清楚

在刑事诉讼程序中,侦查程序占据重要的地位。从各国的刑事诉讼程序活动与程序设计来看,侦查行为(程序)在整个刑事诉讼活动中都是第一道程序。[①] 其承担着将危害事实从不完整向完整的方向推进的任务。侦查权在法律授权内容、权力运行机制以及侦查活动目的等方面具有的特征决定刑事案件通过侦查可以实现由未知到已知的认知过程。

第一,从侦查权的法定内容角度。《刑事诉讼法》第 108 条规定,侦查是公安机关等依照法律进行的专门调查工作和有关的强制性措施。其中,专门的调查工作反映在法律规范中,具体是指,收集、调取犯罪嫌疑人有罪或者无罪、罪轻或者罪重的证据材料。有关强制措施是指,对现行犯或者重大嫌疑分子可以依法先行拘留,对符合逮捕条件的犯罪嫌疑人,应当依法逮捕。从法律授权的内容来看,侦查机关的侦查活动主要分为两方面:其一,是查明案情、全面收集证据。其二,有权采取强制措施以保证刑事诉讼程序的顺利进行。其中,包括限制人身自由

---

① 参见何家弘编著:《外国犯罪侦查制度》,中国人民大学出版社 1995 年版,第 4 页。

的强制措施与限制财产权的强制措施。两者之间并没有明确的分界线,甚至会经常发生交融。例如,讯问被采取强制措施的犯罪嫌疑人,查询、扣押犯罪嫌疑人的与犯罪行为有关的财产或者物品等。可见,侦查权的强制性能保证诉讼程序及取证的顺利进行。

第二,从侦查权的运行机制角度。司法权与行政权均为执行立法内容的国家权力,前者作为救济权力而存在,后者则属于管理权力而运行。[①] 一般而言,行政权承担维护社会稳定安宁的重要任务。但危害行为的发生通常具有偶然性,决定了侦查资源需要据危害行为的危害程度及时、统一分配,方能满足使危害事实水落石出、将危害行为人绳之以法的时效性,以恢复社会秩序的安宁。在侦查机关组织机构内部,侦查权运行不能脱离依法行政的束缚,与上级机关的命令或同意。[②] 可见,侦查行为由于探索性的目的要求,需要自上而下的命令性。

由此可见,侦查权是以维护社会安宁稳定为己任。侦查权的运行一方面有国家授予的强制力保证其目的实现,另一方面以命令式的管理体制保证其高效性。因此,依法惩罚犯罪是刑事诉讼程序价值追求之一,侦查权具有的进取性可以保证及时有效地查明案件事实。

---

① 参见[奥]凯尔森:《法与国家的一般理论》,沈宗灵译,商务印书馆2013年版,第392页。

② 参见2012年12月公安部发布的《公安机关办理刑事案件程序规定》要求,关于侦查行为中向有关单位和个人调取证据、采取强制措施和采取强制侦查措施等,需要经县级以上公安机关负责人批准。

2. 侦查权的非判断性无法决定事实是否属于犯罪

首先,在刑事诉讼中,侦查权体现的行政性与司法权不能相容。如拉德布鲁赫所言:警察的职责是维护必要的社会安宁、安全和秩序,并排除公众或其他个别成员所面对的危险。① 在行政机关内部,上下级之间是服从与隶属的关系,权力运行遵照上命下从的模式。在行政机关外部,与行政相对人形成管理模式。尽管在民主社会,基于社会契约关系,行政权运行需要严格依法。但除成文法以及上级机关的限制外,侦查权运行中缺少对应的对抗机制,权利保障与权力运行之间的力量呈现不对等性,侦查权的运行机制涉及权力作用于权利之时是单向的。

其次,侦查权具有目的导向的判断性。不可否认,刑事案件从立案到侦查终结,事关证据证明力大小以及证据之间的逻辑关系,会不同程度地涉及侦查人员的主观判断。但这种判断易与司法权是一种判断权相混淆,从而陷入侦查亦具有司法性的误区。② 侦查的重要任务是通过查明危害事实,追究犯罪嫌疑人相应的刑事责任,实现社会控制的一般预防。虽然侦查也需要进行判断,但这种判断,无论是从其目的层面,还是从其逻辑路径层面,都应当是基于前一结果决定下一行为走向或者选择的因果判断。不涉及争端的权衡与如何适用法律的是非判断,只是探索性的逻辑判断。侦查程序仅是对待证事实的极力还原,无法进行司法性质

① 参见[德]拉德布鲁赫:《法学导论》,米健、朱林译,商务印书馆2013年版,第133页。

② 参见杨宗辉:《论我国侦查权的性质——驳“行政权本质说”》,载《法学》2005年第9期。

的判断。

综上所述,侦查权是从宏观的制度层面实现公平与效率的价值的平衡,以严格依法取证和采取强制措施的方式体现公平,以严格的上命下从,克制自由裁量空间体现效率。在侦查程序中,没有独立居中裁判的主体,亦没有控辩平等的两造。相反,在侦查权运行的整个程序中,与刑事诉讼相关的参与人都处于弱势。可知,侦查是使"事实"在社会危害性的角度从不清楚到清楚的过程。

(二)侦查阶段的查明标准

侦查权运行不应当深入至法律适用判断的领域。侦查机关认知危害事实的客观条件决定了,其对"事实清楚,证据确实、充分"具体展现通过经验的方法,最大限度地贴近待证事实为目标。

1. 客观层面危害结果的片面性

侦查活动通过对危害结果的调查,直接与危害行为人狭路相逢并实现将其绳之以法的目的。呈现在侦查机关眼前的是直观的、鲜活的、具体的危害结果,与呈现在检察机关甚至审判机关眼前文字的、死板的、抽象的案卷材料带来的体验感有天壤之别。但这并不意味着,赋予侦查机关以"事实清楚,证据确实、充分"的侦查目标,相对诉讼其他环节的标准容易达到。在通往待证事实的路上,时间的不可逆转亦不可超越成为一道天然且不可逾越的路障。

时间何以存在、从哪里来又去向哪里的疑问令古往今来的先贤们着迷,对其思考与探索一直没有终结。英国天体物理学家亚瑟·斯坦利·爱丁顿(Arthur Stanley Eddington)曾言:"在属于内心和外界的两种经验之间搭任何桥梁,时间都占有着最关键的地位。”[①]具体到刑事案件层面,依然如此。侦查人员利用时间的不可超越性,才能从犯罪结果中,通过逆向思维,以收集证据的方式,推断过往的事实。也是因为时间的不可超越性,侦查人员对刑事案件的认知不能预知或者预设审判程序对事实的认知。

由此可见,侦查机关在刑事诉讼中只能顺着时间发展方向,查明危害行为的经过,使危害行为以危害结果为起点,逆向呈现其过往内容,完成由片面到全面、由未知到已知的查明任务。

2. 主观层面权力运行的效能性

依据辩证唯物主义理论,在客观世界,运动与静止的辩证关系决定了时间的向前推移,周遭事物都不可阻挡地发生变化。无论其是否与危害行为直接相关。因此,侦查行为需要注重效率。

其原因在于:其一,侦查环节对危害行为的认知是沿着曾经走过的时间线逆流而上的。但认知行为作为一种客观存在,伴随着认识深入,时间也在向前推进。因此,侦查机关逆流向上的回溯行为,其进程需要在速度上“跑赢”时间前进的脚步,才能在证物、证言受到时间侵蚀之前完成收集固定工作。其二,侦查权在一定程度上可以预防犯罪嫌疑人继续实施危害行为,使社会公众感受到社会秩序回归安宁。亦有利于及时惩罚犯罪,吓阻潜在的犯罪行为人。由此可见,侦查机关作为维护国家安全与社会稳定安宁的机关,查明危害事实、打击犯罪是国家权力机关赋予的本质特性,运用权力、高效行动是本质中的本质。

① 舒国滢:《在法律的边缘》(第2版),中国法制出版社2016年版,第65页。

一般而言，拼凑而成、出于众手的作品，往往没有一手制成的完美。由经验可知，一位建筑师一手建成的房屋，总要比对旧房进行七手八脚的设法补救的房屋来得整齐漂亮。改造一座融贯他人设计理念的村落远比工程师按照自己的想法在一片空地上设计出来的城镇难度大很多，且效果并不会比后者更好。同理，侦查工作的时间紧迫性与当事双方的目的冲突性，都要求侦查效率要高，力度要大，势如破竹般完成查明事实，查获嫌疑人的工作。侦查权蕴含的行政性，作为参与刑事诉讼程序的最初始的权力，统一、系统的运行更有利于完整、细致且有逻辑地将事实从无到有的呈现。

3. 结果的非绝对正确性

根据回溯推理的逻辑规律，回溯推理与演绎推理都需要运用一般性知识，如果能够穷尽一般性知识，则回溯推理可以转化为演绎推理。[①] 可见，侦查机关认知危害事实的思路是开放性的，其结果应当是不能确保绝对正确的。

具体而言，侦查人员面对多样化的危害结果，其背后因果关系不会局限于特定类型，可能遍布于各个领域。人脑亦非计算机的中央处理器，对线索的千丝万缕关联性处理不一定都有预设算法与给定逻辑。可以说，侦查依赖天马行空的开放思维应对千变万化的危害行为，已实属不易。虽然，侦查的起点是客观存在的危害结果。但给定的条件（命题）来源于不同维度，则推理的结论也不一定是唯一解。加之，以积极追诉为目标的侦查活动，缺少

① 参见杜汝楫主编：《法律专业形式逻辑》，群众出版社1983年版，第261页。

外来力量制衡,如何保证其回溯推理或者演绎推理的客观、公正性? 可见,侦查面临的真正的难点在于不能确保危害事实排他的正确性。与时间赛跑的效率和排除纷繁复杂可能性的难度,已经令侦查承担不可承受之重,如果再附加确定的正确,无疑已经超越侦查客观本质与主观预期的比例。

由此可见,侦查权从权力本质、权力运行机制到权力运行结果,一方面侦查权不具有中立立场,另一方面缺乏确保结果确定的条件。因此,应当修正地理解侦查终结时,移送提起公诉的标准。变"犯罪事实"为"危害事实",摒弃对侦查结果的法律性判断。

(三)侦查阶段查明的程序性规制

虽然侦查权运行是为了维系社会安宁、秩序稳定,保护个人或者集体的合法权益不受危害。但侦查权的行政性与运行的高效性,需要以事先预防与事后制裁的方式对侦查权运行进行引导,达到及时查办犯罪嫌疑人、保障人权的目的。

1. 立法上弥补对侦查权规制的不完善

法律旨在创设一种正义社会秩序的结论。[①] 侦查权在无序社会中或者侦查权的无序运行,其危害性犹如沼泽。涉诉当事人一旦陷入泥潭,越是挣扎则越会深受其害,直至被吞噬生命。众多冤假错案的教训已经不证自明。

如前文所述,冤假错案的背后多数事关非法取证行为。历史的教训与社会发展的追求共同决定,侦查权需要运行在公法制度

① 参见[美]E. 博登海默:《法理学——法律哲学与法律方法》,邓正来译,中国政法大学出版社2010年版,第330页。

当中，有必要理顺并完善我国的证据规则体系。毕竟证据的合法性需要以有法可依为前提。相对域外法治发达国家，我国的证据规则还存在立法理念与立法技术等多方面的不足。在立法观念上，我国的证据规则还没有树立“审判人员不是提线木偶，而是在限定的舞台内自由舞动”的思想。在立法技术上，既有证据规则的内容对证据能力的诠释用力不足。反映在实践中，对证据能力的轻视意味着对侦查权的放纵。权力不加以约束则犹如洪水猛兽。所以，完善立法内容，相当于以架设护栏或通道的方式，将汹涌而来的人潮人为分离成为若干队伍，化无序膨胀为有序前进。不同的是，危害事实的多样性表明，与其预设积极的合法手段，不如确定消极的非法特征，能满足侦查工作思维开放性的需求，亦能有效排除侦查权运行恣意的可能性。

2. 司法上修正对侦查权恣意的制约不足

在刑事诉讼程序中，侦查权作为最早参与的公权力，无论是其权力本身，还是权力运行机制，侦查权都不具备对危害行为是否属于犯罪进行裁判的能力。是故，裁判结果是否公正与侦查权运行是否合法之间不宜建立直接的因果关系。相反，在刑事诉讼的取证过程中，我国法律赋予侦查机关诸多强制性侦查措施与强制措施，几乎涵盖了受宪法保护的公民基本权利的重要内容。可见，程序法执行的规范性与公民个人、组织权利能否得到保障有直接因果关系。因此，非法证据排除规则的完善可以为司法权对行政权的制约提供着力点，赋予非法证据排除规则以实效性。基于经验主义方法和程序正义，取证行为是否合法可以通过法律规范予以预设，亦可以通过证据具有的形式予以彰显。因此，在完善证据规则的基础上，通过审判程序裁决受程序违法行为影响的证据不具有法律效力，以限制侦查权的恣意。

3. 程序上注重证据合法性审查程序的独立

当前，在我国“线性”的刑事诉讼模式中，司法权对侦查权的制约相当有限。具体而言，审判机关无法实现直接制约公安机关的侦查行为，检察机关的批准逮捕权、公诉权对侦查权是有限的制约。

如前文所述，侦查权自身权力强大且具有侵犯性。扭转以实体结果衡量侦查行为合法性的考量办法，以消除侦查结果或者结论牵制审判机关裁判的掣肘。这应当是扭转“侦查中心主义”的利器，也是对我国目前存在的证明标准异化的回应。与此同时，若外部制约机制没有及时跟进，则侦查行为可能会进入无的放矢又恣意横行的另一困境。需要强调的是，我国目前缺乏的是“司法审查机制”，而不是域外现有的“司法审查制度”本身。基于此，笔者认为，对侦查行为的程序性裁判应当独立于对刑事案件的实体审理程序，才能阻断侦查违法行为对危害事实裁判的影响，亦可以有效推进“审判中心主义”模式的建立。

综上，侦查机关需要给予检察机关一个证成或者证伪的危害事实，而不是给予检察机关一个法律判断结果。在刑事诉讼的侦查环节，侦查权的主要作用在于查明危害事实，而非判断危害事实是否是犯罪事实。因此，侦查终结的“事实清楚，证据确实、充分”应当是指，危害事实清楚、证据均依法取得。完善证据规则对侦查行为的规制，放开以侦查结果的罪与非罪判断衡量行为的合法性，应当是修正异化的刑事证明标准的有效进路。

三、审查起诉阶段“事实清楚，证据确实、充分”的含义

（一）检察权与“事实清楚，证据确实、充分”的联系

1. 检察权的性质

第一，公诉权是检察权的核心内容。一般而言，对犯罪行为的控诉由私力救济进化为公力救济，一方面是阶级斗争日益激烈的产物。另一方面也是防止司法专断的有效制约机制。检察权作为检察制度的重要内容，是国家权力的重要组成部分。在大陆法系国家，作为对司法权进行分权制衡的手段而产生了检察权。在英美法系国家，检察权的主要职能就是对刑事案件的侦查结果进行审查，以决定是否提起公诉。对侦查权进行分权制衡。同时，在证据充分的情况下提起刑事公诉并决定支持公诉。[①] 可知，虽然有关检察权内容的展现与制度构建，大陆法系国家与普通法系国家存在不同的法律规定，但公诉权作为检察权的核心内容普遍存在于各国法律规范中。

第二，检察权的多重属性——行政性和司法性。笔者无意论证我国检察权的应然与实然之间的异化及如何重构等问题，仅以检察权在刑事诉讼中的具体职责为论据。一般情况，行政权具有自上而下的强制性。当权者利用社会力量强制一切公民遵照法律的形式表现自己的意志。[②] 与之相对地，司法裁判一般有作为第三方的裁判者参与，裁判活动要在争议各方同时参与的情况下

① 参见洪浩：《检察权论》，武汉大学出版社 2001 年版，第 104 页。

② 参见[法]霍尔巴赫：《自然政治论》，陈太先、眭茂译，商务印书馆 2009 年版，第 76 页。

进行。[①] 我国作为继受大陆法系司法制度的国家,其宪法和检察院组织法赋予检察机关以法律监督权。随着国家司法体制改革的逐步深入,在检察机关内部,侦查权从中剥离,使检察机关在刑事诉讼中的权力性质趋于纯粹。在审前程序,检察机关可以要求侦查机关收集、补充证据或自行收集、补充。但辩护权的有限介入,罪与非罪、此罪彼罪的判断,使检察权呈现出些许居中、裁判司法性。当案件进入审判程序,检察机关则以追诉犯罪的身份,积极主动地指控犯罪并举证证明自己的诉讼主张,此时,检察权则体现出行政性。

2. 检察权的行政性能完善待证事实

在分析我国的检察权在刑事诉讼中的运行规律与运行效果之后,审前程序的刑事证明标准的内涵变得清晰而明确。根据经验主义与理性主义方法,检察权的行政性可以帮助检察机关实现对危害行为更全面的认知。

具体而言,检察机关审查案件是以书面的文字内容为主,辅以补充侦查活动增加的证据。可见,检察人员对危害行为的认知过程是根据既有证据勾勒危害行为的大致轮廓,是知觉行为。随后经过思维行为,发挥检察权行政性的积极主动性,自行或者命令侦查机关补充证据以消除危害事实周延性的疑虑。最后,检察人员的思维由认知的输入到证明的输出,最终的落脚点是判断能否追诉犯罪。这是在对危害事实的认知方面,检察权与审判权的本质区别。

---

① 参见陈瑞华:《司法权的性质——以刑事司法为范例的分析》,载《法学研究》2000 年第 5 期。

3. 检察权的司法性能判断被证事实

检察机关作为侦查机关与审判机关之间承上启下的纽带，对刑事案件是否能够进入审判程序起决定作用，通过知觉、思维认知危害行为，最终形成是否构成犯罪的结论，是一个判断的过程。同时，检察权的双重属性以公诉权为节点，自案件提起公诉之时，待证事实转变为被证事实。

若将眼光扩展到诉讼程序的全部，那么，检察机关在审前程序形成的结论是审判程序裁判的命题。具体而言，在审前程序，检察权介于强大的侦查权和相对弱势的辩护权之间。虽然，检察机关与侦查机关同属于追诉主体，但检察机关的举证责任驱动其需要对侦查机关的取证行为是否合法、查明的危害事实是否构成犯罪进行判断，并承担因判断错误产生的不利后果。因此，基于程序性制裁的理由，检察权对侦查权既有制约亦有配合，发挥着衡平作用。加之，在审前程序中，检察权表现出较多的司法权性质，决定了检察机关在全面收集证据的基础上，需要听取辩护方的意见，对事实和证据是否达到起诉条件进行判断。

由此可见，在刑事诉讼中，公诉权发挥着转折点的作用。以公诉权为界限，检察机关在提起公诉之前，通过程序与实体的判断，认知待证事实。当决定提起公诉之时，不确定的待证事实转换为确定的被证事实。

（二）审查起诉阶段实体性“主张”的证明

1. 检察机关的主张是经验事实。

依照我国《刑事诉讼法》的规定，检察机关对侦查机关移送的案件进行审查。检察权的行政性与司法性共同保证审查结果的确定性与客观性，其结果应当比侦查终结的“事实”表现形式更接近待证事实，但这仍然与审判机关对“事实清楚”的裁判有所区别。这是诉讼模式与权力性质决定的。

其一，检察机关的审查工作建立在侦查机关的经验基础上。检察机关审查的对象是经过侦查获取的证据材料。所有源于侦查所得证据是侦查人员通过积极、主动、探索的职权行为等亲自经历而获得的书面材料。这些材料承载着时间流逝与空间变换带来的记忆，是侦查人员脑海内客观事物的反应。依此可知，侦查人员、检察人员与证据材料的内容之间基于经验而建立联系。此知觉与思维并非源于脑内逻辑的推理，而是源于外界证据材料的感官刺激，形成有关被证事实的信念。

其二，检察机关的审查结果是对经验结果的判断。在审查起诉阶段，检察机关的审查工作是在各类素材和对象都已具备之时，审查单个证据材料是否具有证据能力，继而判断与待证事实是否具有相关性，将其有机整合，成为被证事实。塞耶教授认为“相关性是一个经验和逻辑问题，而完全不是法律问题。”①依此，一般认为，诉讼阶段的推进会影响逻辑与经验方法的应用比重。一般而言，证据的证明力源于与待证事实之间存在的相关关系。相关关系是人们由证据命题之真确证要证命题真或假的逻辑依据，但证据命题与要证命题之间的相关关系并非唯一。② 可知，单

① [美]约翰·W. 斯特龙主编：《麦考密克论证据》(第5版)，汤维建等译，中国政法大学出版社2004年版，“译序”第15页。

② 参见张继成：《命题获得证据地位的内在逻辑》，载《中国法学》2011年第4期。

纯依靠可感证据通常得出的结论可能不具有确定性，还需要结合多个条件增强推论的可信性。

司法实践中，单个证据可能涵盖多个与待证事实相关的要素，且相关关系并不相同。例如，证人证言反映的危害事实经过。检察人员在审查证明力时，是依据已知的证据要素，穷举证明力与待证事实之间可能具有的因果关系、条件关系、时空关系等。虽然运算量庞大，但只需达到现有证据之间逻辑关系顺畅，共同指向待证事实，完成待证事实到被证事实的转换。

2. 被证事实是信念与真相的平衡

笔者已经论证“法律真实”与“客观真实”之争是以高度抽象化和所谓科学化的真理观消解了刑事证明标准在程序价值与认识论的多样性。依此，检察机关的证明应当达到何种程度，既不会侵犯司法权的独立性，亦能保持检察权的特质？一般而言，认知与评价作为证明活动的主要内容，应当是主客观交融的。所以，刑事诉讼证明精妙地展现了“是”不一定是“应该”的事实与价值之间的二分法关系。立法者基于认知规律创设合理的证明标准可以有效弥合认知与评价之间的沟壑。

从认知合理的理由性问题来看，拉伦茨对亚里士多德的古典三段论作了司法化演化。检察机关对被证事实的论证是在罪刑法定原则下，以被证事实的具体内容涵摄成文法的犯罪构成要件，推论是否构成犯罪的思维过程。然而，大前提的抽象性与小前提的多样化之间并不能简单地以等同关系概括。当检察官衡量相互冲突的法益时，其需要进行价值判断。但以价值判断为基础的法学方法需要克服主观的任意性。① 依此，检察机关证成被证事实的思维过程，交织着因果关系、时空关系、条件关系等逻辑关系。是基于追诉犯罪的目的，对证据材料的梳理、去伪存真的排列组合，重现事实的思维过程，是“平面的”论证；而关于法律适用涵摄的思维过程，是基于是否符合构成要件的递进映射的判断，是“纵向的”论证。综合两者，检察机关对“被证事实”证明的思维呈现“漏斗型”模式。由此可见，所谓的认知“合理”是检察人员脑海内的对客观联系的重组与整合的过程。其无法依靠法律对这个思维过程进行预设，但是可以经由法律以分配证明责任的方式倒逼检察人员表现证明的客观性。

从认知合理的可靠性来看，检察机关的证明活动是思维过程。一般而言，有思维就会产生信念，没有信念，则不可能有肯定，也不可能有否定。② 待证事实经过思维转化为被证事实。其本质是表达了一个命题，即对危害事实构成犯罪的肯定或者否定。依此，检察人员内心对待证事实的证明由不周延到逻辑自洽，其信念亦会在极度怀疑到极度确信之间游离。当我们不得不承认竭尽全力也无法抵达待证事实彼岸时，选择退而求其次的证明标准，与其说为检察机关证明的被证事实重新寻找一个更合理的标准，不如说是给予检察机关的证明一个合理的信念程度。域外普通法系与大陆法系不同国家，对证明标准的表述虽然不同，

---

① 参见[德]卡尔·拉伦茨：《法学方法论》，陈爱娥译，商务印书馆2015年版，“引论”第19页。

② 参见[英]托马斯·里德：《论人的理智能力》，李涤非译，浙江大学出版社2010年版，第156页。

但均认可诉讼证明是到达内心的信念。这从侧面也佐证事实真相与内心信念形影不离的关系。

3. 经验事实的局限性

其一，在认识论层面，被证事实与待证事实应当是部分重合的关系。一般而言，一个“可证实的”命题就是一个与经验之间具有某种类型符合的命题——只不过出现在知觉判断中的那种最简单类型的符合在所有其他判断中是不可能的，因为这些其他的判断包含着变项。[①] 可知，凭借知觉、经验认识的事实，其确定的程度具有盖然性。虽然，在刑事诉讼程序中，被证事实形成过程复杂，但其依然以可知觉的联系为主，略微涉及微观世界的联系。相对人类认知已经拓展至量子级别的联系，仍然是冰山一角。历史与司法实践已经证明，多数疑难案件得以告破，其本质原因即曾经隐藏的联系随着时间的流逝逐步显露，以新证据的形式填充到残缺的案件事实情节中。

其二，在诉讼结构层面，检察机关在审前程序对于案件事实的证明以及侦查行为合法性监督都发挥着重要的作用。但从权力配置的比重来看，在审前程序，检察权的弱司法性与侦查机关的强行政性决定了两者之间是配合强而监督弱。加之，虽然辩护权参与刑事诉讼的力度逐渐加强，但仍处于无法与侦查机关相抗衡的地位。可以说，检察机关是审前程序的核心，居于侦查机关与犯罪嫌疑人及其辩护人之中但不是正中。诉讼两造与检察机关的中心位置也可以形成一个“三角形”的诉讼结构，但不是“正

---

① 参见[英]伯特兰·罗素：《意义与真理的探究》，贾可春译，商务印书馆2012年版，第357页。

三角形”或“等腰三角形”。审前程序行政权的强势多少会影响对被证事实的证明偏重有罪方向的证成,从而使证据具有某种倾向。使决定某项在诉讼中待确认的事实的存在比没有该项证据时更有可能或更无可能。① 可知,审前程序的非中立性可能会令事实推论不自觉地偏离真相,偏向积极追诉的方向。

由此可见,检察机关的证明寻求的是“信以为真”的真相。在正当程序层面,检察机关审查证据合法性,监督侦查行为。在实体正义层面,检察机关依据知觉、经验、逻辑的方法,形成对被证事实是否构成犯罪的内心确信,其外化表现就是提起公诉。

(三)审查起诉阶段程序性“主张”的证明

1. 证据能力是程序性“主张”主要的证明对象

在程序视域下,证据成为证明的对象。具体而言,根据程序的独立价值,“证据”由犯罪事实的前件变为“程序”中的“命题”,意味着连接待证事实与被证事实的通道是需要证明的对象。在刑事诉讼程序中,侦查机关、检察机关在追寻犯罪真相时,蓦然回首,却发现寻求公正的手段行为可能正在侵害法律保障的正义。此时,不得不及时克制急功近利追寻真相的欲望,为更重要的目的让步。让步既然发生在寻求真相的过程中,则更重要的目的应当隐藏在与证据相关的行为动静内。因此,为获得实体公正,要以手段正义的确认为先导。

证据能力是程序独立价值的表现形式。沿着证明的逻辑进行回溯,我们会发现,如果证据为真则可以成为待证事实的基本

---

① 参见《美国联邦刑事诉讼规则和证据规则》,卞建林译,中国政法大学出版社1996年版,第105页。

组成单位。然而,证据命题本身并非不可分的最小单位。[①] 证据作为一种客观存在,其蕴含证明力与证据能力。根据证据裁判原则,证据证明力以证据能力为前置条件。在分析证明力之于待证事实的关系后,不难发现,事实性"主张"成立的前置要件是检察机关证明证据具有证据能力。

2. 证据能力的证明达到符合性

既然证据能力是证据命题证成的前置条件,证据命题成立的大前提是证据规则。所以,检察机关面临诉讼证明的首要任务就是判断证据命题是否符合相关程序法与证据规则的要件。

一般而言,原则和规则都是人类行为的规范。[②] 从规范的构成有叙述性的(descriptive)与规定性的(prescriptive)。[③] 而规范证据能力的法律规则应当是构成性规则,即指引侦查机关、检察机关需要按照规则的规定进行取证行为的规则。规则先于行为,用规则引导行为。[④]

从逻辑层面分析,每一个法律规则都由行为模式和法律后果两个部分组成。我国关于法的要素因受到苏联法学教材的影响,部分通说认为法律规则由假定、处理和制裁 3 个部分构成。但无论何种学说,立法者都是将立法意图或立法目的通过不同的概念形态表现出来的。可以说,法律概念组成了法律规则的最小

① 本小节中使用"证据命题"而非"证据",是想表达证据需要经过判断,认定具有合法性才能被称为证明案件事实的证据。

② 参见[美]迈克尔·D. 贝勒斯:《程序正义:向个人的分配》,邓海平译,高等教育出版社 2005 年版,第 11 页。

③ 参见[奥]凯尔森:《法与国家的一般理论》,沈宗灵译,商务印书馆 2013 年版。

④ 参见沈宗灵主编:《法理学》(第 4 版),北京大学出版社 2014 年版,第 30 页。

单位。

从规范的语意分析,任何概念都可以区分为内涵与外延两个部分。内涵反映的是事物所具有的本质属性或者区别于其他概念的特有属性。外延则是指具有这些属性的对象。[①] 可知,确定了事物的内涵意味着同时明确了事物的外延。对事物内涵外延的认知即明了立法意图和立法目的。立法目的与立法意图的表达通常采用语词定义法而非种属和种差定义法。[②] 在刑事诉讼程序的法律规范中,通过对证据规则法律条文中不同概念的描述以明确其指向的内容或者应当具备的形式。例如,证人证言、鉴定意见应当具备的形式要件内容。

将上述逻辑层面与语意两个方面的条件予以综合,可知,证据命题是否符合法律条文或者证据规则的预设要求,取决于证据命题蕴含的内容与证据规则的语义符合关系。因此,检察机关对证据命题真假的前置判断,只需要以既有构成性法律规则作为大前提,证据命题的形式要件作为小前提,进行对照得出是否符合的结论即可。

综上所述,检察机关提起公诉主张的“事实清楚,证据确实、充分”,首先需要证明证据能力符合法律规定;其次需要论证被证事实的符合我国刑法具体罪名的犯罪构成要件,且与被指控的犯罪嫌疑人之间具有直接因果关系,需要追究刑事责任,综合全案

---

① 参见杜汝楫主编:《法律专业形式逻辑》,群众出版社1983年版,第5页。

② 属和种差定义是指通过揭示邻近的属和种差来下定义。属和种差定义法不适用单独概念和哲学范畴的定义方法。规定的语词定义法是根据实践和认识的需要给一个语词规定一个新的意义。参见何雪勤主编:《形式逻辑学》,辽宁人民出版社1985年版,第48~51页。

证据,检察人员已经形成有罪的内心确信。

四、审判阶段“事实清楚,证据确实、充分”的含义

(一)审判权与“事实清楚,证据确实、充分”的联系

1. 审判权需要关注事实真相

我国的刑事诉讼法虽然借鉴了普通法系的控辩对抗的元素,但依然没有远离大陆法系职权主义模式的制度基础。我国这种诉讼模式是与我国国家权力的层级式构架在总体思路上保持一致的,司法机关与行政机关均是立法机关制定的法律的执行主体。我国的首部刑事诉讼法体现出强烈的职权主义诉讼模式色彩。随着诉讼目的追求由一元向多元的转变,我国的刑事诉讼法在继受大陆法系诉讼模式的基础之上,不断扩充辩护权的内容以增强控辩对抗。但与普通法系不同,控辩双方力量对比的衡平,并没有削弱审判人员的程序主导作用,审判人员依然基于认定的犯罪事实选择适用法律。

历史表明,我国无法脱离实体结果的确定性仅关注程序的合法性。我国古代以降,以事实为基础,对行为人苛以刑罚是常态。依此,古人的智慧发现与发明了当时处于领先地位的多项侦查技术。国家的权威性通过惩罚破坏国家秩序的反抗者以恢复并保障社会秩序的思想并未发生质的改变,只是在通往目标的方法上更趋于理性。我国的传统文化穿越时空的屏障在现代社会仍然显露着身影,中国人内心对真相的追求以及刑罚事出有因的正统性观念根深蒂固。在缺乏足以对抗传统的强大思潮时,彻底摒弃我国既有诉讼目的,建立与普通法系国家相似的,以程序推进实

体结果的刑事诉讼程序,几乎是不可能的任务。

由此可见,我国审判权的运行,从思想层面到制度层面都无法脱离对事实真相的关注。只是在追求真相的基础上,调整了程序性权利保障的比重,修正了以往对实体结果趋之若鹜与急功近利的思想。

2. 审判权审查证据合法性与判断证据关联性

其一,寻求事实真相在一定程度上是裁判证据真实。如果说刑事诉讼的审前程序是以行政性权力为主导,伴随着危害事实逐渐清晰,检察权的司法性衡平着行政性权力的一部分,那么刑事诉讼的审判程序则是司法权全方位主导,全面制约行政权的环节。由此可知,国家权力虽然贯穿于刑事诉讼始终,却是行政权与司法权此消彼长的过程。在刑事诉讼中,无论行政权还是司法权,其共同的作用对象即证据。在审前程序,重点集中于取证与举证。在审判程序,则是质证与认证的过程。侦、控、审三个诉讼环节的共同之处是将证据与事实内容紧密联系。加之,刑事诉讼证据裁判原则的要求与规律也预示着证据的真实性是保证事实真实性的重要前提。

其二,判断证据合法性更易接近证据真实。在诉讼法层面,证据是诉讼证明与证明标准之间的桥梁。在实体法层面,亦是待证事实进入被证事实的通道。无论是证明标准还是被证事实,都不同程度地反映出兼具客观性与主观性的特征。同时,证明标准与被证事实的主、客观性均来源于人类理性的能动和事实的客观存在。而证据的主、客观性区分是基于普遍联系与形式合法。证据虽然可以同时在程序法与实体法中发挥桥梁作用,但唯有证据的形式合法性是人为拟制的。在认定事实的方法中,如果我们始终将眼光局限在证据与事实的证明关系或者证据与证明标准之间穷举式的调整与划分,将陷入世界普遍联系的漩涡之中。不如选择提纲挈领的方式,化繁为简,以正当程序带动实体公正的实现,在证据能力与证明力之间建立必要非充分的条件关系,或许可以更好地体现世界与主观价值取向的统一。依此,在正当程序价值日益凸显的时代,证据能力是反映程序正义价值的镜子,亦具有较强的辨识度。司法权的公开性可以使审前程序的证据合法性问题暴露在阳光下。以合法取得的证据为蓝本,通过对背后关联性大小的判断才能获得接近待证事实的判断结论。如此才符合以审判为中心的诉讼模式的内涵,亦能满足对证据真实性裁判中立的需求。

其三,审判机关据以定案的证据应以检察机关所举证据为限。这既是审判权的中立性与被动性的内在要求,也是对检察权的尊重。一方面,检察机关与审判机关对案件事实真相的追求是相同的。基于权力管理功能与救济功能的不同,两者对案件事实的处理方式不同。虽然法律也授权审判机关可以采取勘验、检查、查封、扣押、鉴定和查询、冻结等措施对证据进行调查核实。[①]但仔细甄别,不难发现,审判机关对证据的调查核实是基于在法庭出示的证据有疑问,为了排除疑问而进行的调查。这种疑问是审判人员自己脑内无法形成判断的疑惑,不是对可能的非法证据

① 《刑事诉讼法》第 196 条:法庭审理过程中,合议庭对证据有疑问的,可以宣布休庭,对证据进行调查核实。人民法院调查核实证据,可以进行勘验、检查、查封、扣押、鉴定和查询、冻结。

的修正,甚至为打击犯罪调取与案件事实有关的新证据。另一方面,审判权若对双方质证后存有异议的证据进行调查核实,甚至借调查核实行调查取证之实,可能会侵入检察权的职权领域,亦是对司法权中立与被动的突破。

由此可见,证据作为认定事实的重要依据,其真实性直接影响认定案件事实的客观性,而证据的真实性又受到证据能力与证明力的审查要素与判断结果的影响。在刑事诉讼程序认定事实的最后一环,审判权是彰显实体公正与程序公正的终结者。故审判机关应当恪守中立地位,将检察机关的指控以“看得见的”方式,获得令人信服的实体正义。

3. 审判权需要把握谦抑性与能动性之间的关系

一般而言,在刑事诉讼中,审判人员不得因证据稀缺而拒绝裁判。因此,审判人员需要在司法谦抑性和能动性之间把握具体的适用场域,给予行政权和立法权适当尊重。

从本体层面,审判权的消极性和被动性是司法权的本质决定的。在刑事诉讼中,审判权的运行遵照不告不理的原则,与检察权的权力运行需要保持必要的克制,因而具有谦抑性,否则会破坏刑事诉讼以审判为中心的“三角形”诉讼结构。依此,审判人员在选择适用法律时,是将刚性的法律规范“软化”适用的过程;对事实认定的范围局限于检察机关提起公诉的主张范围之内,不得超越主张的事实范围。

从权力运行层面,审判权运行不能脱离能动性。孟德斯鸠在《论法的精神》中说:“法律明确时,法官遵循法律;法律不明确时,法官则探求法律的精神。”①依此，审判人员应当正确行使审判权，以及时彰显正义。同时，审判人员不是计算机。其不能刻板、教条、僵化地套用法律条文，以裁判犯罪事实。而是灵活地权衡个案的不同情节，与危害行为人的社会危害性作出裁判。

可见，审判权的谦抑性与能动性之间是辩证统一的关系。其谦抑性是指审判权不得主动将纠纷纳入司法管辖的范畴，但在审判程序，审判人员则应当积极地发挥其能动性。在法律给予自由裁量权范围之内，审判人员凭借生活经验和良知评判证据与事实之间的联系。

（二）审判机关对起诉程序性和实体性“主张”的裁判

1. 应当赋予审判人员的心证自由以法律规范的效力

一般而言，法律实效应当是法律效力的条件之一。法律效力的意思是法律规范是有约束力的，人们应当像法律规范所规定的那样行为，应当服从和适用法律规范。法律实效的意思是人们实际上就像根据法律规范规定的应当那样行为而行为，规范实际上被适用和服从。② 因此，法律规范是否具有实效性，需要人的行为予以证明或者表现。当启蒙思想、民主意识席卷而来，国家与公民个人基于社会契约构建出权力制约与权利保障关系。刑事诉讼法作为规范国家权力如何运行的法律，事关公民权利保障的实现程度。可见，刑事诉讼法律规范的内容需要尊重并表达客观规

---

① [法]孟德斯鸠：《论法的精神》（上册），许明龙译，商务印书馆1961年版，第76页。

② 参见[奥]凯尔森：《法与国家的一般理论》，沈宗灵译，商务印书馆2013年版，第78页。

律,法律效力才能转化为法律实效。

在刑事诉讼中,诉讼证明作为司法活动的重要组成部分,其结果的权威性应当来源于司法,而非立法内容。冤假错案的悲剧已经表明,既有证明标准与司法规律并不相符,从而导致证明标准嬗变。在变异的证明标准的引导下,被证事实既与待证事实不相符合,也没有体现程序正义的独立价值。在明了诉讼证明无法屏蔽证明主体的主观能动性参与其中后,审判人员作为司法权的主体,其内心对诉讼证明是否达到证明标准的判断,应当在法律规范层面赋予其司法行为的权威性。根据辩证唯物主义的一般原理,法律规范对权力运行的规制,亦是对权力主体的保护。因此,应当理性看待并且肯定审判人员的主观能动性对国家刑罚权实现的正面价值。唯有权力运行合法,才有权力主体的自由。依此,既能消除审判人员自由裁量的后顾之忧,亦能归还司法中立的本质。

2. 审判人员心证的形成在逻辑上是由蕴含定义到具体罪名的过程

根据认识论的一般方法,审判人员进行裁判的逻辑思维是从蕴含定义到具体罪名的思维过程,呈“枣核型”结构。依照我国刑事诉讼审判程序的设计,审判人员对个案作出裁判,其逻辑思维发端于理性主义,终结于理性与经验交织并融合后形成罪与非罪的结论。

一般而言,对犯罪的判断是由蕴含定义到具体罪名的过程。所谓蕴含定义,是一种能够使我们完全确定概念从而在思维中获得严格精确性的工具。蕴含定义这个表达式是在比现今数学上的习惯用法更广的意义上来使用的。在这里,我们用“显”意指通过其他概念的结合来表达一个概念。从而这一概念无论在哪里出现,都可以用这种概念的结合来代替。[①] 蕴含定义从宏观上为我们描述审判人员逻辑思维的起点提供了良好的语意表达工具。借助蕴含定义可以准确区分抽象罪名与具体个案的不同场域。

具体而言,审判程序的诉讼证明是审判人员基于经法庭认证的证据,充分听取控辩双方的主张和反驳意见之后,以刑事实体法为依据,结合法学理论与生活经验,判断检察机关指控犯罪的主张是否为真的过程。如果说审前程序的侦查环节是回溯推理,那么审判程序的证明则是对过去时态的事实演绎、归纳的过程。审判人员对被证事实是否为犯罪的判断,是以抽象的、罪与非罪的基本命题为起点,随着控辩双方就事实与证据发表的意见逐渐展开且具体化。这是一个解构,又重构的过程。如前文所述,审判人员对犯罪事实的认知融入了自己脑内的个性化元素。可知,其对于被证事实的定性可能但并不局限于同意检察机关的主张。因此,刑事证明标准应当综合审判人员对事实建模的过程,配以与认知模式相符的内容。

3. 审判人员心证的形成在程序上是综合控辩双方意见的过程

第一,审判人员对控方意见的判断是基于感知事实与逻辑事实的同一性判断。司法权的属性决定了审判人员的中立立场,进而意味着审判人员看待被证事实的眼光应当区别于检察机关。

---

① 参见[德]石里克:《普通认识论》,李步楼译,商务印书馆2010年版,第59页。

审判人员在接触案件事实前已经明了抽象的具体罪名的构成要件。一般而言,证实是建立在两个判断的同一性而告终的。[①] 当审判人员依据所举证据得到的感知事实,与其基于抽象认识推出的事实能够得出两者蕴含的结论,则可以认为检察机关的诉讼主张为真。

第二,审判人员对辩方意见的判断是基于反驳控方立论的类比性判断。审判人员通过开庭审理程序,其脑海在接收检察机关提起公诉的主张之后,又接收到了来自被告人一方的无罪、罪轻的主张。对立意见的交汇好比冷暖流交融,可能会针锋相对,也可能兼容并包,但应当不会有千篇一律的判断标准。在审判者的脑海中,控辩双方的主张与支持各自主张的证据凭借证据之间逻辑的关联性进行复杂的融合,又或者是部分融合伴随着部分排异。即便双方意见相左,但用于支撑双方意见的事实和理由未必完全周延,存在彼此融入的可能性。如果控方事实可以吸收辩方主张得出一个结论,则检察机关指控犯罪成立;也有可能在审判人员的脑海中对证据的证明力和证据间的联系进行重新排列组合,又析出了对案件事实的新认识和不同的法律适用意见,则以审判人员脑海中呈现的事实作为选择适用法律的基础与根据。可见,审判人员对事实主张的裁判是同类相融或者异类相斥的类比过程。

第三,对程序的判断是一种盖然性的判断。一般而言,审判机关面对 3 个不同类别的诉讼,分别是定罪之诉,量刑之诉与程

① 参见[德]石里克:《普通认识论》,李步楼译,商务印书馆 2010 年版,第 205 页。

序之诉。这3场诉讼中,程序之诉基于正当程序价值原理作为刑事诉讼的诉中之诉。其因有独立的诉讼主体、独立的诉讼请求、独立的法律适用等,与定罪之诉、量刑之诉形成诉权的对立关系,应当有独立的判断标准。程序之诉的证明对象是证据的合法性。证据是基于经历形成的记录与回溯,是一种经验行为。又如前文所述,盖然性是经验事实的固有局限。因此,对程序的判断达到盖然性程度是符合经验事实规律的。

4. 审判人员的裁判是从犯罪构成到认证证据的融贯过程

在诉讼证明中,待证事实与被证事实之间是可能无限靠近与确定不会重合的关系。因此,诉讼证明指向的终点应当是一种逻辑事实而非真理事实。如何判断被证的逻辑事实为真?根据基本命题的"真"依赖于它们与某种现象之间的关系,而其他命题的"真"则依赖于它们与基本命题之间的句法关系。[①] 可知,被证明事实若符合犯罪构成,则需要证据与犯罪构成之间具有联系,证据与证据之间能够相互融合或者印证。

具体而言,刑事实体法已经为审判人员提供犯罪的样式。审判人员需要借助证据背后隐含的与犯罪构成有关的关联性,将呈现于客观世界的待证事实转化为被证事实,再与犯罪构成要件的抽象内容进行涵射。加之,审判人员对被证事实是否构成犯罪的裁判,需要在法律的框架内,依据证据与犯罪构成之间的符合性进行裁判。

若将我国刑事实体法规定的犯罪比作太阳,则审判人员心证

---

① 参见[英]伯特兰·罗素:《意义与真理的探究》,贾可春译,商务印书馆2012年版,第341页。

指向的犯罪事实即为阳光照耀在证据之上形成的投影。具体罪名演绎的犯罪构成要件是证据或者证据与证据之间隐含关系的客观反映。麦考密克曾用融贯论的逻辑方法将证据融贯区分为描述性融贯和规范性融贯。[①] 虽然,麦考密克是以融贯论方法诠释证据与证据之间横向的逻辑性印证,与证据与事实之间的纵向的客观性印证。但不难发现,融贯论在事实与证据的二元贯通已经跨入了真理符合论的领域,即证据、事实与犯罪构成之间都要符合客观规律。可见,审判人员的心证过程,是基于检察机关提起公诉的主张判断是否有充分的证据支持,且证据之间集结成网的过程。证据之网不一定需要结构严谨,严丝合缝,只需彼此形成有机的因果关系,与刑事实体法的具体罪名犯罪构成建立条件关系。

综上,无论是审判人员对案件实体由犯罪构成涵摄具体个案的证明,还是诉讼程序中判断与权衡控辩双方具体主张与反驳,都依赖主观能动性。犯罪从蕴含定义到具体罪名的论证过程因犯罪构成的抽象、犯罪行为的多样以及证明力的主观判断,彼此间难以用刚性的、统一的刑事证明标准概括。我们不能因为对权力有可能滥用的恐惧而封堵审判人员内心自由裁判作用于案件事实的通道。即便权力犹如洪水猛兽,也可以通过程序制度的构建或者重构进行疏导,实现权力能量的正向转化。在法律规范层面,与其疲于奔命一般不断修正对审判人员内心思维的限制,不如规范证据真实,给予审判人员思想层面裁判事实的

① 参见[美]约翰·W.斯特龙主编:《麦考密克论证据》(第5版),汤维建等译,中国政法大学出版社2004年版,第152~163页。

自由。

（三）审判机关裁决“排除合理怀疑”的标准

刑事证明标准中“排除合理怀疑”的内容与普通法系国家的地位与内涵不同，但其在法律层面肯定了事实裁判者的主观能动性，符合刑事证明标准的本质特征。加之，“排除合理怀疑”的否定性表述具有很强的包容性，应当可以进行本土化解读。只是需要在排除合理怀疑的主体，以及个案中展现何为“排除合理怀疑”的方式略作调整，更符合我国传统观念中对事实真相的不懈追求。

1. 形式要件：参与案件决策的审判组织意见一致

笔者分别在第三章和第五章阐述了“排除合理怀疑”作为舶来品与我国现存刑事诉讼模式水土不服之处，同时肯定了“排除合理怀疑”本土化的可能性。因此，需要通过构建符合“排除合理怀疑”所需形式的制度，以彰显其内涵。

其一，排除合理怀疑应当局限于审判程序。从语义层面，排除合理怀疑的前提是存在合理怀疑。又根据怀疑主义的一般原理，在作用力与反作用力共同作用下，“怀疑”才有存在的空间。在审前程序，检察机关占据程序主导，辩护权的内容相对审判程序还比较有限。检察机关基于经验理性归纳得出的起诉意见限缩了产生合理怀疑的可能性。因此，促成合理怀疑的产生应当以控辩双方平等对抗为前提。

其二，排除合理怀疑需要审判组织意见一致。根据我国的刑事诉讼法，审判组织以合议庭审判为主，辅以独任审判和审判委员会讨论决定的多级多元形式。在否定既有审判组织的少数服从多数的裁决模式之时,需要根据我国审判组织的特点确定何种形式能够准确表达“排除合理怀疑”。我国作为主要承袭大陆法系传统的法治国家,经过多轮司法改革,审判人员日益接近司法精英的内在要求。其对证据评判、事实重组与结果裁量日趋具备专业性与职业性。因此,审判组织就案件事实的合理怀疑不是天马行空的“怀疑”,而是基于专业、理性开展论证与探讨的“怀疑”。是故,“排除合理怀疑”的定罪标准可以变少数服从多数为多数服从少数,即若少数人认为仍然存在“合理怀疑”,则说明案件证明尚未达到证明标准,不得作出有罪判决。

2. 实质要件:裁判意见的说明与说服

“排除合理怀疑”因其自身具备的主观性特征,软化了既有刑事证明标准的僵化,同样也可能滋生随意性。因此,需要在解构“排除合理怀疑”的具体表现形式之后,辅以配套的制度,方能预防刑事证明标准的异化。

首先,怀疑的产生。前文已经论述,怀疑主义并没有否定案件事实客观存在以及证明主体对其认知的能力。怀疑存在的范围限于证据与被证事实自身或者逻辑关系的合理性。怀疑应当终结于逻辑上的无懈可击。而逻辑上的无懈可击意指对事实内容本体无明显的争议,其经验知识与外部世界的联系顺理成章。由此可知,怀疑是审判组织认为的事实、证据以及两者之间的逻辑不能自洽,与经验知识不符,没有达到真理符合的程度。

其次,合理性的判断。从某种意义上说,“排除合理怀疑”是无罪推定具体化。法律不要求法官排除一切怀疑,只要基于理性的无偏见的合理怀疑被排除，就足以安全地作出有罪判决。① 如前所述，所谓“合理性”应同时具备理由性与可信性，且两者之间是充分非必要的条件关系。因此，若想达到符合合理性的认可，审判人员有必要充分阐述“怀疑”存在的场域、事实与证据之间的盲区，并基于理性主义与审判人员的中立立场，说明并说服“怀疑”的存在具有可信性。

最后，排除的方式。排除合理怀疑是审判人员其脑海中由据以定案的证据推论出周延的事实。产生怀疑的途径，可能是原发的，来自审判组织自身的良知；也可能是继发的，来自被告人或者辩护人的辩解意见。因此，可将“排除”分为隐性的排除与显性的排除，并赋予其不同的行为模式。针对隐性排除的理由，审判人员有权选择是否说明并论证；而就显性排除的理由，审判人员应当说明并论证排除的过程。根据逻辑的周延内容可知，诉讼证明的逻辑寄生于证据与被证事实之间的各类联系。当我们已知怀疑是无懈可击的逻辑思维的漏洞时，排除怀疑则是将缺失或者隐藏的联系通过审判人员的智力活动予以弥合或者显露的过程。因此，否定怀疑的方式也应当是逻辑的方式。

由此可见，“排除合理怀疑”的形式内容是以多数人意见一致的方式表达形式上的确定性。排除的实质内容是逻辑漏洞的排除，即通过说明怀疑与证据之间隐含着逻辑的、因果的、时空的、贡献的等关系，使应有的联系呈现并明了的过程。

综上所述，诚如我国台湾地区学者蔡墩铭教授所言：“近代刑

① 参见刘晓丹：《刑事证明标准的维度分析》，载《中国刑事杂志》2016 年第 3 期。

事诉讼法所采之自由心证主义与证据裁判主义，不失为事实认定之二项基本原则，且由于此二项原则之密切配合，使真实发现与人权保障皆成为可能。”①古往今来，刑事诉讼程序从未抛弃对犯罪事实真相的关注，只是寻求真相的手段越来越进步与文明。当我们认识到追求极致的真实反而会产生更多的冤假错案后，刑事证明标准作为发现真实与保障无辜之间的调节器，发挥着衡平作用。虽然其调节作用抽象，但非远离生活或不可言喻。刑事案件的裁判更像是交响音乐剧。唯有通过歌唱者与交响乐队的完美结合，方能演绎出能够带给观众沁人心脾的审美满足。歌唱者的演绎带有主观意志且因人而异，就像审判人员对证据证明力的把握一般；但歌唱者需要受制于乐队的合奏与乐谱的篇章，就像证据规则是早已预设一般；虽然，歌唱者不同，呈现的演出风格各异。但曲目的内容是确定的，其中的乐器、音色、音准、节奏在演出时不容任意改变。否则将会面临一片倒彩的混乱局面，就像任凭不同的裁判者运用其自由裁量权，但只要出于理性，则不会得出截然不同或者没有逻辑的事实认定版本一般。那么，刑事证明标准在其中扮演什么角色呢？是情绪。既可以在乐谱上以节拍、音符、文字的方式被描述，也可以由乐队传递给歌者的信息被感知。并伴随故事情节推进而呈现的跌宕起伏，亦可以被观众认同引起共鸣。由此可见，刑事证明标准的内涵并不是非客观即主观的。在兼顾多元价值的时代，已经蕴含亦客观亦主观的性质。因此，与其不断地尝试修正“一言以蔽之”的刑事证明标准以达到修

① 蔡墩铭：《刑事证据法论》，台北，五南图书出版股份有限公司1997年版，第424页。

辞的准确性,早晚会暴露出与时代的耦合。不如分配更多精力关注如何调控刑事证明标准的客观性,如何引导其主观性。通过建立与之固有属性相适应的综合配套保障措施等方法,综合彰显其确定性。

第七章　我国刑事证明标准重构的二元进路

证据展现了证据与事实之间证明与被证明的关系。证据与证明作为刑事实体法与程序法的连接节点,承载着实现程序公正与实体公正统一的功能。权力运行应当置于正当程序之下,保障个人权利不受任意侵犯,证明标准的实现意味着国家刑罚权的正确实现,维护国家利益、公共利益及私人权益等刑法保护的法益。刑事证明活动一方面涉及国家权力应当受到制约,另一方面亦涉及国家权力的积极实现。这种辩证的价值追求应当以精细、科学的制度转化到刑事证明的现实中来。由此,刑事证明标准的制度建构应当以证明主体为起点,分别从程序性标准与实体性标准的二元进路展开。

一、优化权责统一的司法责任制度

刑事证明标准的主观性若不加以适当引导、约束和保障，会导致符合客观认识规律的证明标准在司法实践中失灵，失去指引作用，反而成为裁判者恣意裁判的合法掩护。

反观我国有关刑事证明的配套制度，对证明标准主观性的约束有着方枘圆凿的倾向。在司法实践中，受制于司法资源外部条件的制约，为了保证案件质量，弥补法官的法律修养与法律能力不高的历史性困境，形成的“判者不审，审者不判”“集体负责”的司法制度。在面临成就制度的历史条件已然改变的情况下，掣肘了司法人员公正行使司法权的美好愿景。因此，刑事证明标准主观性的配套制度需要结合证明活动的客观规律与司法人员的结构性变革进行优化。司法人员的教育背景与专业素养已经可以应对诉讼证明活动的客观需求，则应当为专业的司法人员厘清权力运行的范围与边界。因此，需要从积极条件与消极条件两个层面优化司法责任制度，实现司法人员在证明活动中的权责统一。

（一）司法行为视角的错案内涵

刑事错案通常被称作冤假错案，可以分为广义的错案和狭义的错案。广义的错案是指事实认定错误的案件和法律适用错误的案件，狭义层面仅指对不应认定有罪的人而认定有罪的事实认定错误案件，也即“冤案”。[①] 事实认定错误导致的错案则又可以细分为人的认知局限导致的错误，或者人的主观恣意导致的错误。司法责任是指司法责任的行使主体在履职过程中因违反相应职责要求的不当行为有损相关法益而产生的责任。由此可见，司法人员因认知局限铸成的错案应当被排除评价司法责任的范

① 参见梁健、徐建新：《新时代刑事错案防范机制实施效果研究》，载《中国法律评论》2022 年第 6 期。

围之外。

1.“冤假错案”的概念厘定

当前“错案”概念内涵含混不清，在有关错案追究的规范性文件中，错案追究制度还存在诸多问题，如责任划分显失公平、法律依据混乱冲突、逻辑断裂等。[①] 若错案的内涵与司法规律、认知规律不符，或与司法人员的主观故意之间的因果关系仍处于混沌状态，则可能会酿成冤假错案滥觞于逃避司法责任制的怪现象。因此，需要从理论层面重新衡量“冤假错案”所指为何。

首先，需要厘清错案与冤假案的区别。“冤假错案”虽顾名思义，但也要区别对待冤案、假案与错案。毕竟“冤”和“假”均具有进取性、获得性。无论“冤”“假”行为是违纪、轻微违法还是严重违法，外在表现均为显性，即行为人主观明知的故意、对结果的积极追求指引下的行为。较易通过证据予以证明。其次，需要通过法律规范分析错案可能的类型。立法没有给予错案明确的定义。综合法律规范文件的内容可知，可能导致刑事错案的项点分别是程序错误、事实认定错误和法律适用错误。[②] 然而，程序、事实和法律的错误不仅分别包含两层向度，且各个要素之间没有必然因

---

① 参见蔡富强、田坤：《论错案责任追究模式的拓维性建构》，载《湘潭大学学报(哲学社会科学版)》2020 年第 3 期。

② 《刑事诉讼法》第 253 条：当事人及其法定代理人、近亲属的申诉符合下列情形之一的，人民法院应当重新审判：(1)有新的证据证明原判决、裁定认定的事实确有错误，可能影响定罪量刑的；(2)据以定罪量刑的证据不确实、不充分、依法应当予以排除，或者证明案件事实的主要证据之间存在矛盾的；(3)原判决、裁定适用法律确有错误的；(4)违反法律规定的诉讼程序，可能影响公正审判的；(5)审判人员在审理该案件的时候，有贪污受贿，徇私舞弊，枉法裁判行为的。2013 年 10 月发布的《最高人民法院印发〈关于建立健全防范刑事冤假错案工作机制的意见〉的通知》可推知程序违法导致的错误。

果关系。因此,需要具体问题具体分析。在评判刑事判决对与错的视域下,程序之错、事实认定之错与法律适用之错可以形成15种错案的表现形式。① 可见,难以通过一言以蔽之的方式概括错案的内涵。最后,错案要以司法人员执行程序法出现的错误为重。错案的内涵应当以司法过程的违法为出发点,才会令责任追究变得事出有因,且理由充分。其原因在于:在立法层面,程序法是操作流程的表述,具有准确性。司法责任是评判司法人员在审理案件的过程中是否违反刑事诉讼法及与之有关的程序、证据的司法解释。因此,以违反程序法的司法行为作为责任来源,有可能出现模棱两可、似是而非的两难情境的概率会适当降低。在司法层面,程序事实的证明既是盖然性的证明,也是刑事证明标准中客观性内容的反映。相对主观性的错综复杂、因人而异,程序性证明相对稳定且容易准确判断。在责任层面,作为衡量错案的标准,以程序法为标尺可以纠正以实体结果衡量程序正当的错误。消除审判人员因趋利避害而产生的先入为主、有罪推定的倾向。加之,毕竟认识能力伴随时间是不可逆的。当人类脱离了无知则很难倒退至蒙昧状态。如果单纯以实体结果衡量错案,就像用现代社会的进步程度嘲笑远古时期的落后一样迂腐。因此,对错案的评判会流于失准。

综上,以完善证据规则为前提,应当将程序违法行为纳入错案范畴。错案评判应当以司法人员是否存在程序违法事由的证据或者直接违反法定程序为充分必要条件。事实认定的错误与

---

① 排列组合方法:组合无须考虑取出元素的顺序。

法律适用的错误为认定错案的必要非充分条件。在厘清刑事错案的行为维度之后,再从“司法行为—司法责任”的视角厘清以司法责任倒逼公正裁判在刑事证明领域的指引作用。

2.“错案”责任认定的司法化

自2014年党的十八届四中全会通过《中共中央关于全面推进依法治国若干重大问题的决定》,确定“保证公正司法,提高司法公信力”以及与之相关的多种具体做法。其中,包括实行办案质量终身负责制和错案责任倒查问责制改革。相应地,2015年最高人民法院发布的《关于完善人民法院司法责任制的若干意见》、最高人民检察院下发的《关于完善人民检察院司法责任制的若干意见》(已失效)。分别细化了司法人员在司法活动中的行为规范以及应承担的法律责任与追责程序。根据规范性文件的内容,可以将责任形式概括为3种类型:故意违反法律法规责任、重大过失责任和监督管理责任。

党的二十大报告提出全面准确落实司法责任制的目标任务。司法责任制的落实要遵循“放权”与“权责统一”辩证统一的规律。如果司法人员在证明活动中不能独立行使判断权,司法责任制的权责统一就会在一定程度上发生嬗变或异化。但由于诉讼证明的主观性、经验性等特质决定了,证明行为模式的高度抽象化有可能难以适应个案证明行为的主观层面的具体化,由此引起对证明主体司法责任的认定,亦需要建构以个案为单位的司法方式认定司法责任。原因在于:

其一,确认司法责任是一项判断性活动。首先,司法活动是一项复杂的判断活动。诉讼程序需要兼顾多种价值平衡。证明对象的性质不同,对应的证明标准也具有多元特征。基于此,诉讼证明是司法人员经过事实判断、价值判断等多种综合因素考量所得出的结果,导致该结果的各类因素难以预设与量化考量。其次,导致错案的原因既有事物本身判断的错误,亦有因果关系判断的错误。对事物本身的认知是一种经验事实。根据经验事实的局限可知,即便认知前提为真,其结论也不会全为真;而对因果关系的判断,是建筑于经验之上的理性认知。根据理性认知的规律可知,只要前提为真,则结论也为真。可见,司法人员证明被证事实确定无疑的逻辑起点在于经验事实确定为真。然而,经验主义的一般原理表明,经验属于客观世界在司法人员大脑内的抽象概括,这种概括即包含理性的局限性与认知主体的个体差异性。则司法人员的判断结果既不会绝对正确,也不会整齐划一。需要就个案进行判断。

其二,确认司法责任是一种判断司法人员的主观过错的责任。司法责任制改革背景下,基层法官普遍流露出这样的迷惑和担忧:到底哪些情况该承担责任?是违法办案还是办案瑕疵?是作风责任还是程序错误?[①] 基于诉讼程序的本质属性、司法人员能动参与的复杂性和司法人员认知能力的局限性,我们既需要承认错案无法杜绝,也需要正确处理权力正当行使与实体错误结果之间的因果关系。因此,如何认定司法人员的司法责任,应当给予追责主体和被追责主体平等参与与对话的平台。判断错案的产生,是基于司法人员主观上存在过错,还是客观上认识的局限。

---

① 参见温红彦、张毅、王比学、徐隽:《深化司改提升公信力——来自司法体制改革试点省份的调研与思考》(上),载《人民日报》2015年6月23日,第4版。

综上,司法责任的正确落实,首先,应当明确哪些错案是可以避免的。其次,应当承认司法人员的认识的局限性。最后,应当构建司法人员主观过错与错案之间的因果关系的判断程序,才不至于使司法责任制陷入缘木求鱼,沦为虚无的制度。

(二)员额制改革的完善

员额制改革是将审理权及裁判权归位的制度改革。根据中央政法委《关于司法体制改革试点若干问题的框架意见》,2015年最高人民法院发布了《关于全面深化人民法院改革的意见》,正式确立了法官员额制,即建立法官员额制,对法官在编制限额内实行员额管理,确保法官主要集中在审判一线,高素质人才能够充实到审判一线。① 员额制改革在我国尚无先例,改革的推行方案采取了比较谨慎的态度。通过先行试点而后全面推行实施本轮改革。当代中国法官的职业化程度和专业化水平已经比十几年前有了质的飞跃。基层法院的法官极少有经过正规法律本科以上的法学教育也不复存在。② 在诉讼证明中,刑事证明标准的主观性决定了审判人员裁决案件需要其个人主观意志的参与,基于法官非职业化的历史背景建构的刑事审判的多数人决定,集体承担责任的模式已经显露出不合时宜,限制了审判人员自由裁量的自主性与积极性。司法责任制需要以司法人员有权独立行使司法权为前提,员额制改革应当成为落实司法责任制的先行条

---

① 参见最高人民法院《关于全面深化人民法院改革的意见——人民法院第四个五年改革纲要(2014—2018)》。

② 参见凌斌:《法官如何说理:中国经验与普遍原理》,载《中国法学》2015年第5期。

件。尽管关于司法员额制改革在进程中遭遇了不同的声音,[①]但司法体制综合配套改革作为司法体制改革的一个环节,其关键在于综合配套措施与司法体制改革在细节上、微观上的协调性与整体性。因此,从实践层面反思现行制度与基本理论之间的存在的嫌隙,才能有针对性地明确制度完善的方向。

1. 员额制改革的反思

自 2014 年上海市法院作为第一批员额制改革试点地区,随后全方面推广,至 2017 年法官员额制改革全面完成。[②] 但从新闻媒体反馈的改革现状来看,改革虽然收到了一定的效果,但对于司法职业化、精英化的追求仍存在一些差距。[③] 为何理想与现实之间会出现如此落差,甚至出现审判机关、检察机关内部人员"劣币驱逐良币"的现象。司法权的专业性、职业性意味着司法人员必须走精英化道路,司法员额制改革作为一项保障权责统一制度目标实现的改革制度,应本着选拔或培养具有奉献精神、品德良好,政治素质、法律专业素质、业务素质都比较过硬的本国公民执

---

① 参见涂钒、马继民:《明辨法官员额制改革中被误读之概念——以甘肃省兰州市两级法院为样本的实证分析》,载《西北民族大学学报(哲学社会科学版)》2020 年第 1 期。

② 参见靳昊、李京:《我国法官员额制改革全面完成》,载《光明日报》2017 年 7 月 4 日,第 4 版。

③ 参见邢世伟、赵欢:《贺小荣:法官员额制不能简单论资排辈》,载《民主与法制时报》2014 年 8 月 4 日,第 11 版,"由于部分年轻法官担忧职位不保,离职潮的涌动成为近期社会关注的焦点";陈瑞华:《员额制改革的新课题》,载《人民法院报》2017 年 4 月 12 日,第 2 版,"'案多人少'、案件积压的问题依然困扰着各地法院,很多法院的审判工作也面临着难以应付的局面";熊秋红:《法官员额制改革推进司法精英化》,载《人民法院报》2017 年 7 月 7 日,第 2 版:"在法院内部未能突出法官的办案主体地位,一些人拥有法官头衔却不办案,出现了优秀法官逃离办案一线,进行'逆向选择'的现象。"

掌司法权。[①] 因此，司法员额制改革的剖析亦需要从司法人员的内生品质与外部激励两个层面展开，分析制度层面的不足。

首先，在司法人员思想层面，员额制改革的冲击形成司法精英"围城"。一方面，员额检察官、员额法官根据司法责任权责统一的要求，需要直面行使司法权行为可能引起的司法责任。但司法权运行中，检察人员、审判人员却面临种种困境。造成困境的客观条件，一是来自刑事证明标准模糊与证据规则不完善，对裁判主体的自由裁量权保障不足，在司法人员裁判案件时，其对司法责任的消解功能缺失。二是以审判为中心的改革也与之同步推进，在一定程度上，审判人员对证据合法性的裁判仍然受制于公安机关。制度的不完善时常会令已入额的检察人员、审判人员即便有践行司法公正的冲动，也缺乏放心施展的制度环境。另一方面，已入额检察人员、审判人员固守行政管理思维。当然，不能否认担任领导职务的司法人员不具备司法精英的素质。但若不加甄别，也会压缩青年优秀法官、检察官走入审判、审查一线的可能性。可见，在深受行政化管理思想的司法机关，已入额的司法人员面临进退维谷的无奈。

其次，在制度层面，入额标准与改革预期目标不相匹配。根据员额比不能超过39%的司改规定，且要留有余地。[②] 实践反馈效果则是加剧部分经济发达地区"案多人少"的矛盾。[③] 一般而

① 参见卓泽渊：《十九大报告"深化司法体制综合配套改革"解读：护航公平正义》，载《人民日报》2017年11月15日，第3版。

② 参见高憬宏：《法官员额制的制度价值和实现路径》，载《人民法院报》2015年7月15日，第5版。

③ 参见左卫民：《时间都去哪儿了——基层法院刑事法官工作时间实证研究》，载《现代法学》2017年第5期。

言，司法人员运用司法权的权限，一方面来自国家立法的明确授权，另一方面来自司法人员以其专业知识结合司法经验而具备的专业能力。司法的专业化也体现在通过司法途径能够化解其他救济途径无法处理的矛盾。法律知识是区别其他化解矛盾的基础。司法经验是保证检察官、法官处理案件不至于成为理论空想家。因此，员额制准入内容应当上述两方面有所体现，且因地制宜地调整员额比例。

最后，在制度落实层面，遴选机制可能存在权力依附。虽然，入额遴选的办法采取考试与考核并行的模式，但考试与考核并不是一个纯粹的客观选择模式。一般而言，员额制改革是掺杂着国家利益与个人利益之间的重新分配。在司法改革目标设定超越了具体司法机关领导个人所能容忍的利益容余空间时，法官与领导的关系就会呈现紧张状态。虽然凭司法机关领导个人一己之力无法撼动改革向着目标推进，但其可在小范围内调动资源以满足一己之需。加之，司法机关的领导个人也可以凭借身处高位的权势，利用国家政策执行与反馈的信息不对等的优势，主导改革具体方案的制定与落实，以掌握改革落实的话语权。当司法精英与乌合之众之间的博弈不以改革目标而以个人得失为衡量标准时，必然会伤及司法精英能够获得的公正评价与可得利益。

2. 员额制改革的完善

面临上述多个层面的问题，需要修正改革目标与改革方法之间的耦合度。首先，变员额比例总量控制为员额比例精英度的关注。一般而言，在司法实践领域，面临愈加复杂的社会矛盾，更需要检察官、法官的专业化与职业化。根据马斯洛的需求层次理论,自我实现需求(need for self-actualization)是最高层的需求。其包括针对真善美至高人生境界获得的需求。① 越是接近精英的人对自我价值亦越来越渴望实现,也变得相对越来越容易。是故,有必要填补员额准入内容中有关司法精英内涵的空白。给予尚未入额的检察官、法官未来晋升的努力方向与希望。同时,设定与之相适应的员额消极条件,达到优胜劣汰的动态平衡。保证置身员额制内的司法人员自身内心具有获得感与满足感。

其次,利用统计学原理确定入额比例。在司法机关人员总量固定的情况下,入额比例、入额人数与辅助人员的人数比例是一而二的问题。改革目标是构建员额检察官、法官与司法辅助人员形成金字塔的结构。这种模式无论是大陆法系还是普通法系国家都屡见不鲜。在我国,员额司法人员与司法辅助人员之间的比例也可以是因地制宜的。基层司法机关司法辅助人员可能需要承担数量级别的辅助工作,在较高级别的司法机关,员额司法人员面临较为疑难复杂的案件,案件处理影响力与员额司法人员承担的责任成正比。是故,有必要根据司法机关的级别、案件数量和人均工作量对员额比例进行个性化调整,修正当前入额上限恒定的方式,以确保每一刑事案件都能分配到与之繁简程度相适应的司法资源,获得公正的裁判。

最后,明确入额司法人员与司法辅助人员之间的责任权限。根据权责统一原理,员额司法人员与司法辅助人员之间的责任不明是入额标准不完善的衍生物。当入额标准得到修正以后,明确

---

① 参见[美]亚伯拉罕·马斯洛:《动机与人格》(第3版),许金声等译,中国人民大学出版社2012年版,第29~30页。

责任区间即成为现实问题。依此，与刑事案件证明有关的程序、事实认定与法律适用的决定应当由有权行使司法权的员额司法人员承担。有关案件诉讼程序的非判断性工作，或与司法权运行无关的工作可以由辅助人员承担。

（三）司法管理机制的优化

2020 年 3 月，中共中央办公厅印发《关于深化司法责任制综合配套改革的意见》，标志着“我国的司法体制改革从夯基垒台、立柱架梁迈入协同配套、系统集成的新阶段”。当前，我国司法人员集多重身份于一身。司法人员在行使国家权力之时，同时要受到公务员法、法官法或检察官法等多部法律的约束。司法机关内部也需要行政管理以保障司法职能以外的其他事务顺利进行。在多重身份的背后，是否存在义务冲突，从而陷入责任混同的误区？

1. 行政性管理裹挟着司法人员的独立性

公务员的行政管理模式在司法领域有不同程度的体现。根据福柯对绩效考核的认识，这是一种对人进行规训（discipline）的手段，通过各种基本构成因素的协调组合而达到最大效果的机制。这种管理层面的政治技术学恰好适合对行政权的规制。[①] 然而，在检察机关、审判机关内部，绩效考核制度如影随形。一方面，当前我国犯罪结构呈现明显的两极化，轻罪案件已经占据一片江山，与之对应的诉讼制度改革即认罪认罚从宽制度。有关认罪认罚案件的办案质效评估成为司法机关、司法人员工作绩效评

---

① 参见［法］米歇尔·福柯：《规训与惩罚：监狱的诞生》（第 2 版），刘北成、杨远婴译，生活·读书·新知三联书店 2003 年版，第 206～208 页。

定的依据。这种“自上而下”的强管理行为在一定程度上会影响司法人员的利益。“结案率”“无罪判决率”“不起诉率”等指标体系的考量在最高人民法院、最高人民检察院的工作报告中依然能看到身影。判决结果何如已经成为检察机关、审判机关各成员思想深处衡量办案质量的标尺。另一方面,司法管理体制改革要求“省以下地方法院、检察院人财物统一管理”。尽管“省级统管”能够解决地方干预司法的难题,但也会带来司法系统内管理“行政化”的风险。司法行政权统一集中于省级司法机关,省级司法机关可以通过法官遴选委员会、检察官遴选委员会等机制,经费预算等方式影响下级司法机关的人员配置与经费,带来下级司法机关唯上级化的风险。这将难以避免司法人员不愿独立裁判的困境。

司法权作为一种判断权,需要根据已知条件作出裁决,预设条件难以契合司法权本性。在案件受理之初,裁判者无法预知结果,否则有违司法权中立性的要求。经过多年的努力探索,错案责任追究、员额制改革等一系列改革措施已经到位,制度间的系统性、整体性与协同性应当成为激励司法人员在司法裁判中正当履职的重要途径。然而,我国的司法责任制度对于司法人员的管理仍然参照公务员管理的模式,公务员管理的行政问责机制与司法人员的问责机制的交错适用,忽视了司法工作的特殊性,这不利于培育、提升法官的专业素养,间接地影响着诉讼证明过程与结果的公正性。

2. 以行为性质区隔行政管理与司法责任

司法责任制改革的核心要义是让审理者裁判,让裁判者负责。因此,司法责任的认定应当以裁判行为的合法性、裁判结果的可接受性为依据,在党的领导下,优化证明主体、证明行为与证明结果之间制度运行的协同性。司法人员作为证明主体,其判断证据能力、证据证明力以及事实认定、法律适用等行为的正当性,可以事前确立权力清单,处理好司法人员、公务员、党员等不同身份的行为性质区分,以明确不同责任的边界。

首先,以权力的性质界分司法人员的多重身份。若认为员额制改革是以司法权运行为核心的人员分类改革,则司法人员配备分类职责是从供给层面进行的配套完善。根据司法权的性质,行政权不宜介入具体案件的审查、审判。当与程序正义的相关配套制度建立并完善时,可以寄予检察人员、审判人员审查、审理刑事案件的专业性与行使自由裁量权以尊重和信任,或通过党内领导就党员个人的不当行为进行惩戒。重新构建符合司法权特征、反映司法人员判断过程是否存在程序过错的指标体系,引导司法人员建立注重遵守程序法律的意识。依此,司法责任制改革才有条件付诸实践。其次,行政权与司法权的剥离。司法机关内部的正常运转既涉及行政管理事务,也涉及党务活动。我国法律已经明确,司法权的运行要坚持党的全面领导,不受行政机关的干涉,因此,应当建立与员额制改革制度相匹配的分身份管理制度。厘清刑事案件程序、事实认定与裁判行为的权力清单,以及在此之外属于行政权力领导下的职责,便于司法人员在选择行政性行为模式之时了解行为预期与行为后果,形成依据不同身份确定责任类型的责任模式。

二、证据制度的体系化重塑

刑事证据作为刑事证明的重要依据，其制度的建构既是对刑事诉讼目的、任务及价值取向的制度化诠释，也是指引司法人员正当行使司法权的行为规范。然而，当前证据制度的内容与证据制度承载的作用还存在不平衡，证据规则的内容对程序正义与实体正义的诠释还存在不清晰，证据规则执行力度不到位等情形。需要从内容建构、实践运行与价值衡平等进行体系化重塑，以保证证据规则在证明活动中实现应有的规范意义。

（一）证据能力与证明力规则的区隔

当前证据规则在立法层面体系松散，内容凌乱，造成司法人员的适法困境。一般而言，诉讼证明不是单纯的认识案件事实的活动，认知过程要受到法定程序的规制，以掣肘介入证明活动的国家权力。长久以来，证据领域的司法实践、证据科学以及自然科学等诸多实例表明，证据的证明力是事物间普遍联系紧密程度的反映，其既不以人的主观意志为转移，又受到人的认知局限性影响。传统证据理论认为，证据制度“所要解决的核心问题”是“如何保证司法人员能够正确认识案件事实，亦即如何保证其主观符合客观”。[①] 在印证证明模式下，由已知证据材料通往犯罪事实的路径越复杂，证据材料之间桥接环节越多，所得结论就越可靠。可谓“因难能而可贵”。司法人员为此可能会不遗余力地获取证据，挖掘真相。因此，证据规则名义上是证据裁判与程序独

① 陈一云主编：《证据学》，中国人民大学出版社 1991 年版，第 96 页。转引自卞建林、谭世贵主编：《证据法学》（第 3 版），中国政法大学出版社 2014 年版，第 44 页。

立价值的衍生物，实则回归至真相至上的理念中。当保证获取真相的手段和方式正当性的制度失灵，法制上的任何缺陷都会增加造成冤狱的危险。① 我国当前的证据规则实质是认识事实的工具，程序的独立价值如果与认识有罪事实出现冲突，在一定程度上会湮没在对证据规则的错误设定中。因此，有必要重新从证据的证据能力与证明力两个层面重新定位制度设置的目的。

证据能力规范是彰显正当程序的价值取向。依据程序的独立价值理论，现在证据法学的构建需要以正当程序原则为基础，法律程序是为保障一些独立于判决结果的程序价值而设计的。②这些价值是人类理性拟制的，经历一个从无到有，从被无视到被重视的过程。例如，人权、自由、平等等。在内容和彼此占比上，这些价值会伴随人的主观意志发生变化。相应地，证据规则可以成为价值取向变化的外在表现形式。

在现代的刑事诉讼证明活动中，证据规则主要是程序正义原则与证据裁判原则的制度化表现。证明力作为证据的重要属性之一，其既是经验的，也是理性的。它是审判人员综合全案证据进行逻辑推理与反复论证控辩双方意见之后，进行自由裁量的事项。裁量的结果关系到犯罪事实的认定。既然证明力不以人的意志为转移，意味着无法将特定的价值取向附加于证明力的大小之上。可见，证明力的本质与证据规则的价值取向并不契合。因

① 参见[意]切萨雷·贝卡里亚：《论犯罪与刑罚》，黄风译，中国大百科全书出版社 1993 年版，第 37 页。

② 参见卞建林、谭世贵主编：《证据法学》（第 3 版），中国政法大学出版社 2014 年版，第 46 页。

此，证据规则需要在遵循普遍联系规律与程序正当性之间产生冲突时，给出化解矛盾的路径。

从证据能力与证明力本质内容来看，在基本属性和价值取向层面，证据既是事实认定的唯一根据，也是刑事证明标准的一个缩影。具体而言，比较证据与证明标准的相通之处，不难发现，检察机关的主张需要迈过证明标准的门槛才能转化为犯罪事实的判决，是通过规范证明标准的客观性，尊重证明标准主观性的方法与程序，展现其中凝聚着的程序正义与实体正义。同理，作为组成犯罪事实的基本元素，假设定案证据如果溢出或者不满法定的边界或要求，那么由这一类不具有统一规格的证据材料搭建的犯罪事实之塔能否通往实体正义的彼岸，经受历史的检验？答案毋庸赘言。因此，证据的证据能力判断与证明力判断需要区分客观性与主观性，配备专属的程序进行裁量。

从证明力对证据能力的影响来看，证据能力因其被赋予人权保障等价值取向，在一定程度上反映了程序正义的实现程度，相应地，证明力因其对认定案件事实有至关重要的作用，决定着实体正义实现的可能性。如果先入为主地关注证据的证明力，总是会在某个个案中遇到迁就证明力而忽视证据能力的非正义情景。可见，证据能力与证明力在一定程度上亦存在着紧张关系。目前，我国的刑事诉讼仍处于打击犯罪与保障人权的转型期，如果非法证据排除规则混淆了证据能力与证明力的顺位，审判人员会基于既有的路径依赖，而不忍排除具有证明力的非法证据。2017年最高人民法院发布的《人民法院办理刑事案件庭前会议规程（试行）》（已失效）、《人民法院办理刑事案件排除非法证据规程

（试行）》（已失效）与《人民法院办理刑事案件第一审普通程序法庭调查规程（试行）》显露出，证据认证的法律规范开始由注重证明力规范向注重证据能力规范的方向转移。

从诉讼程序的多层次内容来看，在普通法系国家，若法官发现控方出示的某一证据存在非法证据的嫌疑，尤其是违背被追诉人自愿性的言词证据，有权主动要求控方提供证据证明该证据的可采性。在大陆法系国家，法官有权依职权调查核实某一证据的合法性。不难发现，在域外，非法证据排除规则既可以通过被告人行使诉权适用，亦可以通过法官依职权适用。无论适用方式如何，都是通过司法审查进行裁判。在我国，如前所述，检察机关提出自己的主张，意味着面临3场诉讼，其中，定罪之诉与量刑之诉因其中涉及刑事实体法的具体适用与罪刑相适应的因果关系，集中在刑事诉讼程序中展现。程序之诉却没有对应的独立程序，而是与涉及实体权利义务的诉讼程序混同，以一种或明确或不明确的方式渗透在定罪量刑之诉的空隙中。显然还是保有重实体、轻程序的潜意识。因此，应当以规范证据的范围、证据能力的法定形式为重点，构建证据能力与证明力裁判的梯度程序，避免两者不自觉地混淆。

（二）"非法证据"认定的正当程序

尽管我国已经形成由不同位阶的法律规范性文件组成的证据规则体系，但其内部，在刑事诉讼法与司法解释的纵向位阶之间，旧的特殊司法解释与新的一般的司法解释的横向位阶之间，分别存在不同类型的矛盾。

1. 理顺“非法证据”的法律规范

经过梳理刑事诉讼法与司法解释的内容，不难发现，刑事诉讼法和司法解释之间的主要矛盾体现在如何认定“非法证据”。矛盾的核心集中于非法性的表现方式。具体而言，如果立法的表述抽象，对司法实践不具有指导意义。相反，如果用语过于具象，又会漏过本应排除的非法证据。因此，司法解释有关“非法证据”的内容不断地在抽象与具象之间徘徊。其原因可能在于，法律规范没有在刑事诉讼程序中融贯正当程序的应有之义，而仅注重其表现形式。

司法解释之间的矛盾主要体现在证明力与证据能力侧重不同。2010 年“两个证据规定”的内容流露着对证据证明力的预先肯定或设定，而后追认证据能力的逻辑线。例如，《关于办理死刑案件审查判断证据若干问题的规定》中“一般规定”的 5 个条款，涉及证据的证明力，证据审查不仅要经过合法的程序，在证明力层面要达到法定的证明标准。尽管 2017 年的“非法证据排除规则”修正了偏重证据能力的证据规则，但又产生了旧特殊规范与新一般规范之间的冲突。这可能会令审判人员在找法、适法之时无所适从。类似的困境还散见于《最高人民法院关于适用〈中华人民共和国刑事诉讼法〉的解释》、防范冤假错案证据规则当中的部分内容。

在我国的司法制度正处于深刻变革的时代背景下，司法解释的实效性能够有效迎合审判人员适法需求和正当程序理论。但司法权的运行应当有序，权力运行的司法解释与权力配置的司法解释之间的界限应当明确。非法证据排除规则是正当程序独立价值的反映，其核心价值在于遏制权力机关侵害公民基本权利的取证行为。在证据规则体系梳理与重构方面,要以刑事诉讼法为根本,以法律解释为辅,构建层次清晰、逻辑顺畅的证据规则体系。

2. 变潜规则为显规则

一般而言,立法者对证据能力的设置会受到价值取向、立法成本以及立法技术等条件的限制,也需要考虑证据的稀缺性。如前文所述,在论证修正"瑕疵证据"内涵的必要性后,还应当关注可能产生证据瑕疵的其他领域,并将其上升至法律规范。

我国作为主要继受大陆法系法律规范体系的国家,依照大陆法系证据理论,证据的证据能力由 4 个方面组成:一是取证主体的合法性;二是证据表现形式的合法性;三是取证手段的合法性;四是法庭调查程序的合法性。依此,有关证据能力的规范应当覆盖以上 4 个方面。然而,刑事诉讼法相继确认了取证手段违法的证据,以及取证手段违法与瑕疵物证、书证、同步录音录像的补正规则,但对取证主体、证据内容以及法庭调查程序不具有合法性的证据材料是否应当排除采取了沉默态度。不难发现,理论应然层面的"非法证据"与立法实然层面的"非法证据"出现了不对等性,即立法层面的非法证据属于理论层面非法证据的子集,并且这个子集只占全集当中较小部分。我国的证据规则过多地关注证据的证明力,尤其是言词证据的证明力。当证据的表现形式介于理论的应然层面与立法的规范层面之间的间隙时,证据规则应有的规范功能就变成了证明主体、裁判主体凭借个人的道德、良知与专业的技能。证据材料能否作为定案证据会出现徘徊不定的状态。而检察机关与审判机关同为法律职业共同体的组成部分,对同行之间瑕疵行为、不法行为的包庇以维护职业群体的共同利益,是一荣俱荣、一损俱损的内在导向。因此,将合理的潜规则在法律规范层面予以肯定,将无理的潜规则也同样需要在法律规范层面给予否定,为司法人员提供清晰的行为模式选择。

3. 关注有关新型证据的证据规则

信息时代的到来引领着大数据研究风靡。当我们置身于由网络和信息覆盖的既广袤又狭小的空间中,惊叹大数据时代几乎没有隐秘的只有没有获取的隐私时,证据链的组成也在悄然发生着变化。以前,物证、书证等实物证据作为"哑巴证据"需要证人证言、犯罪嫌疑人、被告人供述或辩解、鉴定意见等言词证据赋予其生命,通过言词证据的生动和主观特征将零散的实物证据串联成为证据链。可见,言词证据诉讼证明发挥着灵魂的作用。当前,物证、书证,尤其是电子数据的广泛遍布,稠密了实物证据之间的彼此联系,弱化了言词证据以往的穿针引线的作用,实物证据彼此之间显露的逻辑联系可以在一定程度上重组案件事实。

信息网络带来的智能便捷就是依靠经验主义与理性主义的逻辑性,随着时代的发展,人类追求便捷生活的愿望不断提高,会越来越多地渗透并融入人类日常的生活。因此,实物证据对犯罪事实的证明也将扮演着越来越重要的角色。但我国当前对实物证据的证据能力的规范还处于法条简单、不成体系、内容单一的层级。

(三)程序性制裁的规范化

1. 程序制裁方式的正当性

所谓程序性制裁,是指侦查、起诉、审判人员等因违反法定的诉讼程序所必须承担的程序上的不利后果。[①] 域外国家刑事诉讼的程序性制裁制度已经趋于成熟。普通法系国家的排除规则、撤销起诉制度以及撤销原判制度构成3种最重要的程序性制裁制度。而在大陆法系国家,有关刑事诉讼行为的无效制度属于其主要的程序性制裁措施。[②] 我国的"非法证据排除规则"从观念变成立法经历了漫长的过程。然而,"千呼万唤始出来"的非法证据排除规则并未收获"千树万树梨花开"的司法繁荣。其中既有历史原因,也有制度构建和程序设计的原因。

在历史层面,禁止非法取证的实现程度是国家安全与个人自由之间博弈与价值取向转变的见证。早在"非法证据排除规则"建立初期,我国处于法治现代化的开端,百废待兴的背景下,维护国家安全是实现个人自由的前提与保证。随着经济飞速发展,逐渐赋予个人权利更丰富的内涵。加之,冤假错案逐渐浮出水面使人们意识到程序正义的独立价值与重要意义。国家机器的强势与个人利益的弱势之间力量对比的变化,因势利导地牵动着"非法证据排除规则"迎来付诸实践的时代。因此,即便在立法上已经是老规范的"非法证据排除规则",在司法层面刚刚遇到适合繁衍的环境条件。

在制度构建层面,我国目前非法证据排除规则应用不多,几乎贴近"僵尸"证据排除规则,可能是因为立法者仍然在以实体的不利结果制裁执行证据规则的不规范行为。然而,制裁结果与司

① 参见陈永生:《刑事诉讼的程序性制裁》,载《现代法学》2004年第1期。

② 参见陈瑞华:《刑事诉讼的前沿问题》(第4版),中国人民大学出版社2013年版,第197页。

法人员的个人利益息息相关。即便司法人员是理性人，亦不可逃脱利益驱动的藩篱。是故，审判人员、检察人员深受实体结果吸引力的强烈作用。其陷入轻视证据能力，重视证明力的导向是符合逻辑的路径选择。

在证据认定层面，非法证据作为一种程序制裁措施，其应然本质是通过宣告证据无效实现对非法取证行为的制裁。但在司法实践中，不具有合法性的证据并非绝对不可作为定案证据。之所以会出现如此背离程序基本理论的困境，是因为非法证据的证明方式草率又模糊，且其证明标准不明。虽然我国法律明确检察机关承担举证责任，但在面临证据合法性质疑之时，法定的举证方式给予证明主体诸多弥补的方式，使有“非法”嫌疑的证据可以较为轻易地获得定案证据的资格。

2. 程序制裁方式的完善

其一，复合价值追求需要对应多层次程序性制裁方式。以违法的侦查手段实现打击犯罪的合法性已经被时代抛弃，取而代之的是违法的侦查行为可能导致放纵犯罪的现实性。刑事诉讼程序蕴含的多元化价值追求是现代化民主社会与国家权力分配理论所共同决定的。而证明标准主观性与客观性的辩证关系亦是契合刑事诉讼多元价值追求方能在司法实践中获得强大的生命力。因此，曾经的以惩罚犯罪为追求，因噎废食而不舍得排除非法证据已经被出现的冤假错案证明，不符合司法规律。多元化的价值追求反映在证据规则构建层面也应当是多层次。因此，非法证据的认定需要区分绝对的排除和裁量的排除。

其二，明确程序瑕疵与实质违法之间的界限，限缩可补正的证据范围。瑕疵证据补正规则的条款散见于各类与证据规则有关的司法解释。造成瑕疵的原因亦难以区分是取证客观条件的不满足还是存在侵犯权利的行为。例如,证人证言收集没有填写询问起止时间或者地点。难以区分这样的证人证言是程序瑕疵证据还是轻微违法证据。程序性制裁的本意是对侦查权、公诉权以及审判权的惩戒。瑕疵证据补正规则扭曲了司法权对权利的庇护和救济,反而成了国家权力的庇护者。因此,有必要给予瑕疵证据明确的内涵,并修正司法解释以列举式的方式描述可补正的条件。明确"瑕疵"仅限于与权利人权利无关,取证手段不具有强制性的证据,仅在证据材料的形式完整性或者内容的真实性存在疑问的证据。

其三,强制手段获得的证据与审判人员自由裁量排除。若以确定瑕疵证据单指取证手段不具有强制性的证据为前提,原瑕疵证据的内容中剩余的涉及公民基本权利且需要使用强制性手段获取的证据该如何判断?目前,"非法证据"的表现形式存在灰色空间。多数获取证据时使用的强制手段没有明确的合法与非法界限。具体而言,对通过强制手段获取的证据,若其强制手段超过了必要限度或法律要求的手续,但尚未达到严重违反程序法的程度,被冠以"轻微违法行为",那么轻微违法行为的法律后果是什么?这相当于犯罪行为已经完成,社会危害性是一种客观存在,即便不给予行为人法律上的否定评价,允许其不承担相应的刑事责任,也不能抹杀其行为的危害后果。由此可推知,补正行为之于获取证据的违法性实则是在掩盖权力运行的恣意本质,确有必要予以否定。至于轻微违法取证手段的违法程度与获取证据指控犯罪事实之间的成本收益权衡,实则是人权保障与惩罚犯罪之间的博弈。当前,我国的刑事诉讼是多元价值兼顾,两者不可偏废。因此,审判人员需要判断违法行为人的解释是否具有合理性。需要强调的是,"合理性"并不是对违法行为的必要性解释,以"合理"之名掩盖借口与托词之实。而是基于程序法律规范的文义、目的或者体系等方面的因素,说明既成事实的违法行为是否导致证据应当排除在定案证据范围之外的解释。亦有必要听取辩护人的辩护意见,综合评估轻微违法证据是否可以作为定案依据。

三、裁判文书说理制度的完善

裁判文书是人民法院生动展示司法公正的重要载体。裁判文书包含的事实认定、证据运用、释法说理、程序正当等多元要素,一方面,能向当事人、公众公开司法理性的具体内涵;另一方面,为判断司法人员事实认定的合理性、法律适用的正确性、司法程序的正当性提供了可靠的依据。当前,裁判文书说理还面临着制度困境,需要从司法规律与司法责任两个层面分析裁判文书说理与证明主体的证明行为之间的方法与目的的关系,明确裁判文书说理制度的完善路径。

(一)裁判文书说理面临的困境

诉讼证明既不能抛开心证,亦难以用法律规范给予事前引导。相应地,刑事证明标准的不确定特征如果不能通过认识论予以展现,则其不确定性结合心证的主观性,非常有可能异化为随意性。裁判文书说理可以认为是将"犯罪事实清楚,证据确实、充分”的法律规范效力转化为法律规范实际效力的机制。

早在20世纪末21世纪初，裁判文书说理制度就有学者提出。关于建立判决说理制度的论证且不在少数。[①] 以篇名包含“判决书”和“说理”为检索词，通过中国知网检索到的学术论文有51篇之多，作者除主要来自高等院校的研究人员以外，还有10篇学术论文来自全国不同地区法院的司法人员。由此可知，裁判文书说理制度构建的必要性与合理性在理论与实践当中已经达成应有的共识。然而，直至2013年《中共中央关于全面深化改革若干重大问题的决定》明确要求：“增强法律文书说理性，推动公开法院生效裁判文书。”依照该决定的内容，裁判文书说理正式纳入规范性范畴。

既然学术研究领域与司法实践领域都渴望裁判文书说理制度的建立，而真正的制度到目前还处于酝酿的状态，实践中说理内容流于形式。理想与现实之间的差异，促使我们分析裁判文书说理制度面临什么样的历史困境与现实条件的掣肘。

在实质困境层面，裁判文书说理是审判人员内心形成确信，排除其他合理怀疑的思维过程。根据辩证唯物主义真理论，客观存在的思维过程即可以客观存在的形式表现。但在我国目前的司法实践中，虽然各项综合配套改革工作已经开始，但毕竟司法体制改革是牵一发动全局，因为权力系统运行的客观复杂性，动

① 1999年四川大学龙宗智教授撰写的《刑事判决应加强判决理由》发表在《现代法学》1999年第2期；2004年四川大学法学院的万毅、林喜芬撰写的《从“无理”的判决到判决书“说理”——判决书说理制度的正当性分析》发表在《法学论坛》2004年第5期。

全局之后再形成新的动态平衡需要一定时间。因此，务必承认，目前的审判模式还存在"以侦查为中心"的惯性。所谓"巧妇难为无米之炊"，审判人员对案件的裁判没有经历由怀疑到确信的过程，通过裁判文书展现内心活动内容空洞也在情理之中。

在司法责任层面，司法责任制从提出到各类配套改革方案的公布与实施，已有一段时间。相比司法机关内部长达几十年的行政管理模式，司法责任制仍是新鲜事物。当新改革措施与旧思想观念龃龉之时，置身其中的审判人员与新的体制仍然需要磨合。加之，司法责任制正处于深入推进阶段，尚未形成长效机制，给予审判人员或者司法人员的激励力度或者制约力度有限。当遵守行为规范的成本高于不遵守行为规范的代价时，意味着激励机制没有达到其应有实效。是故，即便审判人员的说理内容空洞或者没有逻辑性，也无须为此付出诸多成本。由此可见，裁判文书说理敷衍既因审判人员自身动力不足，亦因来自外界司法环境的激励不足。

在程序设计层面，一审程序繁简分流不到位，办案工作量使审判人员对说理疲于应付。首先，我国刑事诉讼一审程序分为速裁程序、简易程序和普通程序。繁简分流从法经济学层面观察，应当符合"二八定律"。期望实现以简化简单多数的方式实现司法资源优化配置，将更多更好的资源配给疑难、复杂案件。然而，速裁程序开展试点以来，取得的效果与预期仍存在差距。① 其次，裁判文书说理制度亦没有与一审程序的不同形式相对应。使欲

① 参见洪浩、寿媛君：《我国刑事速裁程序迈向理性的崭新课题》，载《法学论坛》2017 年第 2 期。

将合理优化的司法资源配置又回归到了平均分配的原点。但案件本身的复杂性和难易程度的差异,势必会造成资源占比的不同。如果不加以人为干预与调控,凭借审判人员个体自发的分配,出现了说理内容参差不齐也属事出有因。

不难发现,审判中心主义改革与司法责任制落实是裁判文书说理制度摆脱流于形式或者疲于应付现状的前提。与之相配套的说理内容与说理条件是裁判文书说理制度的主要内容,程序性制裁措施是裁判文书说理的保障。

(二)裁判文书说理制度的目的

裁判文书说理制度是指裁判者应当在裁判文书中写明心证的过程并加以阐述。裁判文书说理制度构建于司法公开理论之上。在现代刑事诉讼中,裁判文书说理制度的构建与完善既是对法官自由心证的约束,亦是对裁判者落实公正裁判的保护。

1. 呈现探究案件事实的过程

根据唯物主义辩证法的原理,马克思曾言:“人的思维是否具有客观的真理性,这并不是一个理论问题,而是一个实践问题。”① 列宁亦表示:“实践高于认识,因为它不仅具有普遍的品格,而且还具有客观现实性的品格。”②依此,可以认为裁判文书说理制度是实践论与反应论在司法活动中的具体体现。裁判文书的格式要求与内容板块既可以呈现案件事实的来龙去脉,也可以将裁判

---

① 中共中央马克思恩格斯列宁斯大林著作编译局编译:《马克思恩格斯选集》(第1卷)(第3版),人民出版社2012年版,第16页。

② 中共中央马克思恩格斯列宁斯大林著作编译局编译:《列宁全集》(第55卷)(第2版),人民出版社1990年版,第183页。

者脑内形成意见的依据与理由通过语言表达予以描述。当我们从实现司法公正的角度观察,裁判文书显露的审判人员依据证据形成的心证过程,如果能获得利害关系人以及社会公众普遍认可的效果,则可以认定审判人员对犯罪事实的认定经过实践的检验,具有真理性和权威性。

2. 公开法官心证接受社会监督

一般而言,司法权的公开性在公开的审理过程与裁判结论的形成之间,还缺少一个中间环节——裁判结论形成的过程、理由和根据的公开。① 庭审被设计为一种真相发现过程,来为当事人谋得正义。但它同时也是公众参与的一出戏剧,在这出戏剧中公众从中吸收了行为信息。② 可见,一方面,司法程序可以实现涉诉当事人对正义的追求。另一方面,其也承担着通过个案将具体法律规则向不特定多数人推广,引导社会公众的行为模式形成应有的秩序的职能。司法权的权威与公信力应当表现为,当面临社会的无序状态时,社会公众能够基于信赖,而选择司法途径解决争端。诚然,美好愿景需要通过司法权运行的可接受性获取。假定法庭解说个案审判,不是以一种灌输的形式告知当事人及公众过去发生了什么,而是以论证的形式揭示证据的合法性,证据之间的因果、逻辑关系,展现通往定罪事实的路径。以说明的方式谋求说服的效果,会更好地实现"让人民群众在每一个司法案件中

① 参见陈瑞华:《司法权的性质——以刑事司法为范例的分析》,载《法学研究》2000 年第 5 期。

② Nesson, *The Evidence or the Event? On Judicial Proof and the Acceptability of Verdicts*, HARV. L. REV, 1985, p. 1357 – 1359.

感受到公平正义”的追求。与此同时，也为上级法院审查原判决是否存在司法不公的问题提供可评判的依据。

3. 呈现法官行使司法权的正当性

司法责任制改革是本轮司法改革的“牛鼻子”，对其他改革具有牵一发动全身的作用。[①] 既是司法权去行政化、官僚化的着力点，也与审判人员的个人利益与荣辱密切相关。因此，当司法权运行轨道回归让审判者裁判案件的正路时，裁判文书说理是据以判断司法权是否正当运行的载体或者判断介质。依此，可以认为，裁判文书说理制度是对司法人员的保护。

当审判人员真正置身于刑事审判之中，判断控、辩双方主张的本质属性、相互关系的存在或者不存在，凭借法律、经验等作出肯定或否定的决定。裁判文书说理制度则是该过程的外化。根据人类理性认知的齐一性理论和辩证唯物主义认识论可知，如果审判人员正确运用法律思维裁判案件，是可以说明并且说服利害关系人及不特定社会公众获得认同的。当司法人员的行为符合司法责任制预设的行为模式时，司法责任可以卸除。由此可见，裁判文书说理制度可以成为司法人员卸除司法责任的客观依据。

(三) 裁判文书说理制度的完善

司法体制改革是对既有司法体制的扬弃。需要打破原有格局，重新进行资源分配，重新确立司法机关之间的相互关系，重新植入新的运营机制。因此，需要站在司法体制之上的层面，除了找准着力点，还需要顾及综合配套措施的跟进与修正。裁判文书

① 参见胡云腾：《司法责任制是司法改革的牛鼻子》，载《法制日报》2017 年 5 月 8 日，第 1 版。

说理制度的构建与员额制改革、司法责任制改革、证据规则完善之间是水到渠成的关系。因此,笔者仅就裁判文书制度本身应当如何构建展开,并不表示裁判文书说理仅靠一己之力即可实现该制度应然带来的收益。

1. 裁判文书说理案件的类型

一般而言,裁判文书说理既是司法公开的内在要求,亦是法律思维的理性表达。其首要目的是获得涉案当事人接受并信服判决结果,最终期望是通过展现理性化解矛盾的方法,以树立司法公信力。

在我国的刑事诉讼程序中,一审案件的审判程序分别是速裁程序、简易程序与普通程序。既然裁判文书说理制度是呈现诉讼证明的理性,以维系司法权威,则判断是否需要说理的依据,应当以证明过程的难易为基准。适用速裁程序与简易程序的案件,以被告人认罪为前提,若证据、事实与法律适用不存在异议,则接受并信服判决的目的已经达到,无须说理。但若在证据、事实或者法律适用出现了新的情况,或者不常见的情况时,根据经验主义,有必要进行论证并形成新的认识。相应地,若案件在证据、事实与法律适用方面存在争议,或者存在学理通说层面的矛盾,根据怀疑主义可知需要判断怀疑是否合理,则有必要展现审判人员内心得出的肯定或否定结论的逻辑推理过程。综上,当刑事案件存有争议或者在证据、事实认定或者法律适用等任意因素中出现新的情况需要重新论证时,审判人员应当公开心证过程。

2. 裁判文书说理应当具备的内容

根据构建说理制度的目的可知,裁判文书作为司法人员刑事司法权过程的理性写照之一，也会成为事后判断错案与否的依据之一。司法人员可能会对裁判结果承担错案追究责任。

无论是普通法系还是大陆法系，都需要进行裁判文书说理，但两个法系遵循的说理方式不同。以德国为代表的大陆法系注重事实真相的逻辑推演，而以美国为代表的普通法系国家的裁判文书更具有文学性。若硬性规定裁判说理要注重修辞以展现推理的过程，未免会使主观认知活动陷入刻板与僵化。长此以往，判决书内容可能会陷入“模版化”的定势。又若强调像普通法系国家一样，注重裁判文书说理内容的语言优美，且每一份判决内容都仿佛一篇小型学术论文。一方面，可能会失去我国司法机关自古以来的权威形象。另一方面，亦可能会使裁判文书变得冗长而不利于受众阅读。可见，将裁判文书的内容预设说理风格或者模式既与刑事案件复杂多样的特性并不契合，亦不利于树立司法权威。因此，为司法人员预设裁判文书说理应当遵循诉讼证明的逻辑而展开。

首先，明确裁判说理的规则，既包括积极说理条件，也包括消极说理条件。控辩双方没有争议的证据，则不必在文书中有冗长烦琐的介绍。对于双方存在争议，且争议较大的证据，应当首先分别列明控辩双方关于证据采信的意见，随后由法官对证据采信阐述内心的判断过程。

其次，列明证据说理应当包含的内容。围绕证据的证据能力与证明力展开说理，在确认具有证据能力的证据范围之后，法官既要对单个证据的运用进行阐述，也需要对证据的综合运用进行阐述。

最后，呈现运用证据的逻辑与经验。法官运用证据时涉及的经验法则、逻辑推演、事实推定、司法认知等证明方法，论证“犯罪事实清楚，证据确实、充分”，既彰显了法官的专业能力，也体现了司法的艺术性。

3. 裁判文书说理的关键

证据裁判原则贯穿于诉讼始终，裁判文书是对诉讼程序、事实认定等的全面、理性的论证，证据裁判的过程与理由是裁判文书不可能或缺的内容。裁判文书证据说理既是“司法裁判要以事实为依据、以法律为准绳”的书面呈现，也关系到人民群众能否从司法案件中感受到公平正义。

既然我国的刑事证明标准是以证据与事实，事实与法律适用之间的逻辑关系为重点，以排除合理怀疑为终结，那么，作为审判人员内心活动的客观反映，如何肯定或者否定检察机关提起公诉时形成的内心确信，对证据的采信与排除的理由，辩护意见的采纳与否认都是不可回避的内容。特别是案件事实认定争议较大时，控辩双方主要是围绕证据与证明发表意见，但结论相悖，凸显了司法判断过程的精妙绝伦。司法证明中运用的经验法则、事实推定等方法本身就面临“可重复、可验证”的风险，在争议较大的案件中，其风险进一步被放大。裁判说理的过程既能向当事人、公众公开证据之间彼此如何印证、法官如何形成内心确信达到排除合理怀疑的证明过程，也是经验法则、事实推定等证明方法在具体个案中使用，接受验证其适切性的关键，两者应当成为法官卸除司法责任的行为依据。

结　论

刑事证明标准作为诉讼程序的重要内容，一方面涵盖丰厚且深邃的理论基础，既涉及法学理论，也触碰哲学、心理学，甚至自然科学理论。另一方面又与社会发展的文明程度、传统文化地积淀与渗透、人文的伦理道德观念密切相关。因此，刑事证明标准的内容可以成为我国当前文化制度文明程度与社会制度先进程度的缩影。

证明是人类理智的体现，是人之为人，脱离蒙昧走入理性的历史必然。诉讼证明作为广泛存世的各类证明中微小的子集，也会携带证明背后蕴含的人类理性。因此，诉讼证明无法脱离人的能动性而客观存在。我们过往极力追求刑事证明标准的客观性，其实是混淆了主观能动与主观恣意的界限。笔者通过解析刑事证明标准内涵的客观性与主观性本质，以及宏观不确定性的特质，并结合普通法系与大陆法系各自对应的"内心确信"与"排除合理怀疑”的自由心证历史实践，再沿着我国本土刑事证明标准的历史脉络梳理证明标准对司法实践的指导作用，以及面临的问题。不难发现，我们为了避免主观恣意参与诉讼证明会造成的不良影响，因噎废食地全盘否定了主观能动性的积极作用，造成了当前法律规范因与客观规律不相符的失准现象。从权力性质与构架的顶层设计层面到认识论的方法层面剖析成因之后，笔者提出以辩证的方法看待证据与证明在证明标准中的作用，其一，完善权力的规范。针对防止主观恣意可能带来的不良影响，建议构建并完善具有体系性的证据规则。其二，归还思维的自由。以承认人类认知能力是主观能动与局限性的辩证统一为前提，论证不同的国家机关对事实的认知与证明应当对应递进性、蕴含心证的证明标准。其三，通过裁判文书记载的内容将上述两个方面充分展现。

以对刑事证明标准为观察切入点，可了解我国传统的诉讼文化虽然因历史的原因受到影响，但得以传承的文化星岚般影响着现代诉讼文化的重构，直接移植域外成熟且成功的经验反而遇到来自人文与制度等方面的阻力，可见，当前诉讼制度的重构仍然不能满足诉讼制度科学化进步的需求。中华文明传承千年的历史积淀是前人留给我们的巨大财富，我们可以以史为鉴，以重建诉讼文化为契机，激发中华文明的复兴，并非痴人说梦，天方夜谭。全球一体化的经济模式席卷而来，中华文明历久弥新，富含生命力完全有可能反哺域外诉讼文化，实现交融。

参考文献

中文译著：

［1］［德］黑格尔：《法哲学原理：或自然法和国家学纲要》，范扬、张企泰译，商务印书馆 1961 年版。

［2］［意］切萨雷·贝卡里亚：《论犯罪与刑罚》，黄风译，中国大百科全书出版社 1993 年版。

［3］［法］孟德斯鸠：《论法的精神》，许明龙译，商务印书馆 2009 年版。

［4］［奥］埃尔温·薛定谔：《自然与希腊人 科学与人文主义》，张卜天译，商务印书馆 2015 年版。

［5］［德］克劳思·罗科信：《刑事诉讼法》（第 24 版），吴丽琪译，法律出版社 2003 年版。

［6］［德］汉斯·普维庭：《现代证明责任问题》，吴越译，法律出版社 2000 年版。

[7][德]康德:《纯粹理性批判》,蓝公武译,商务印书馆2015年版。

[8][德]莱奥·罗森贝克:《证明责任论》(第4版),庄敬华译,中国法制出版社2002年版。

[9][奥]维特根斯坦:《逻辑哲学论》,贺绍甲译,商务印书馆2017年版。

[10][英]史蒂芬·霍金:《时间简史——从大爆炸到黑洞》,许明贤、吴忠超译,湖南科技出版社2002年版。

[11][美]约翰·罗尔斯:《正义论》,何怀宏、何包钢、廖申白译,中国社会科学出版社2015年版。

[12][德]拉德布鲁赫:《法学导论》,米健、朱林译,商务印书馆2013年版。

[13]《美国联邦刑事诉讼规则和证据规则》,卞建林译,中国政法大学出版社1996年版。

[14][法]笛卡尔:《谈谈方法》,王太庆译,商务印书馆2017年版。

[15][法]贝尔纳·布洛克:《法国刑事诉讼法》(原书第21版),罗结珍译,中国政法大学出版社2009年版。

[16]《法国刑事诉讼法典》,方蔼如译,法律出版社1987年版。

[17]《德国刑事诉讼法典》,李昌珂译,中国政法大学出版社1995年版。

[18][意]朱塞佩·格罗索:《罗马法史》,黄风译,中国政法大学出版社1998年版。

[19][美]詹姆士·Q. 惠特曼:《合理怀疑的起源——刑事审判的神学根基》,佀化强、李伟译,中国政法大学出版社 2016 年版。

[20][美]拉里·劳丹:《错案的哲学:刑事诉讼认识论》,李昌盛译,北京大学出版社 2015 年版。

[21][法]基佐:《法国文明史:自罗马帝国败落起》(第 1 卷),沅芷、伊信译,商务印书馆 1993 年版。

[22][美]盖瑞·祖卡夫:《像物理学家一样思考》,廖世德译,海南出版社 2016 年版。

[23][美]哈罗德·J. 伯尔曼:《法律与革命——西方法律传统的形成》,高鸿均等译,中国大百科全书出版社 1993 年版。

[24][英]洛克:《人类理解论》(上册),关文运译,商务印书馆 2015 年版。

[25][德]M. 石里克:《普通认识论》,李步楼译,商务印书馆 2010 年版。

[26][英]伯特兰·罗素:《意义与真理的探究》,贾可春译,商务印书馆 2012 年版。

[27][美]约翰·W. 斯特龙主编:《麦考密克论证据》(第 5 版),汤维建等译,中国政法大学出版社 2004 年版。

[28][美]威廉·佩珀雷尔·蒙塔古:《认识的途径或哲学的方法》,吴士栋译,商务印书馆 2012 年版。

[29][英]R. C. 范·卡内冈:《英国普通法的诞生》(第 2 版),李红海译,中国政法大学出版社 2003 年版。

[30][德]卢曼:《社会的法律》,郑伊倩译,人民出版社 2009

年版。

[31][日]小野清一郎:《犯罪构成要件理论》,王泰译,中国人民公安大学出版社 2004 年版。

[32][日]田口守一:《刑事诉讼法》,刘迪等译,法律出版社 2000 年版。

[33][日]西原春夫、苏惠渔等:《中日刑事法若干问题——中日刑事法学术讨论会论文集》,上海人民出版社 1992 年版。

[34][美]米尔建·R.达马斯卡:《漂移的证据法》,李学军等译,中国政法大学出版社 2003 年版。

[35][英]哈特:《法律的概念》(第 2 版),许家馨、李冠宜译,法律出版社 2011 年版。

[36][美]乔恩·R.华尔兹:《刑事证据大全》(第 2 版),何家弘等译,中国人民公安大学出版社 2004 年版。

[37][美]约翰·亨利·梅利曼:《大陆法系》(第 2 版),顾培东、禄正平译,法律出版社 2004 年版。

[38][英]丹宁勋爵:《法律的正当程序》,李克强、杨百揆、刘庸安译,法律出版社 1999 年版。

[39][法]让·雅克·卢梭:《论人类不平等的起源》,吕卓译,中国社会科学出版社 2009 年版。

[40][美]罗纳德·J.艾伦:《理性 认知 证据》,贾峥、王佳译,法律出版社 2013 年版。

[41][美]兰博约:《对抗式刑事审判的起源》,王志强译,复旦大学出版社 2010 年版。

[42][加]大卫·戴岑豪斯:《合法性与正当性——魏玛时代

的施米特、凯尔森与海勒》,刘毅译,商务印书馆 2013 年版。

[43][英]弗雷德里克·威廉·梅特兰、[英]约翰·汉密尔顿·贝克:《英格兰法与文艺复兴》,易继明、杜颖译,北京大学出版社 2012 年版。

[44][法]霍尔巴赫:《自然政治论》,陈太先、眭茂译,商务印书馆 2009 年版。

[45][英]梅特兰:《普通法的诉讼形式》,王云霞、马海峰、彭蕾译,商务印书馆 2009 年版。

[46][美]米尔吉安·R. 达马斯卡:《比较法视野中的证据制度》,吴宏耀、魏晓娜等译,中国人民公安大学出版社 2006 年版。

[47][美]米尔伊安·R. 达玛什卡:《司法和国家权力的多种面孔:比较视野中的法律程序》,郑戈译,中国政法大学出版社 2015 年版。

[48][英]休谟:《人类理智研究》,吕大吉译,商务印书馆 1999 年版。

[49][法]勒内·弗洛里奥:《错案》,赵淑美、张洪竹译,法律出版社 2013 年版。

[50][意]利玛窦、[比]金尼阁:《利玛窦中国札记》,何高济、王遵仲、李申泽译,广西师范大学出版社 2001 年版。

[51][德]黑格尔:《历史哲学》,王造时译,商务印书馆 1963 年版。

[52][美]哈伯特·L. 帕克:《刑事制裁的界限》,梁根林等译,法律出版社 2008 年版。

[53][美]理查德·A. 波斯纳:《法律理论的前沿》,武欣、凌

斌译,中国政法大学出版社 2003 年版。

[54][奥]凯尔森:《法与国家的一般理论》,沈宗灵译,商务印书馆 2013 年版。

[55][美]亚伯拉罕·马斯洛:《动机与人格》,许金声等译,中国人民大学出版社 2012 年版。

[56][美]E. 博登海默:《法理学——法律哲学与法律方法》,邓正来译,中国政法大学出版社 2010 年版。

[57][美]迈克尔·D. 贝勒斯:《程序正义:向个人的分配》,邓海平译,高等教育出版社 2005 年版。

[58][美]罗伯特·诺奇克:《合理性的本质》,葛四友、陈昉译,上海译文出版社 2012 年版。

[59][英]托马斯·里德:《论人的理智能力》,李涤非译,浙江大学出版社 2010 年版。

[60]中共中央马克思恩格斯列宁斯大林著作编译局编译:《列宁全集》(第 55 卷)(第 2 版),人民出版社 1990 年版。

[61]中共中央马克思恩格斯列宁斯大林著作编译局编译:《列宁选集》(第 3 卷)(第 3 版),人民出版社 2012 年版。

[62]中共中央马克思恩格斯列宁斯大林著作编译局编译:《马克思恩格斯选集》(第 3 卷)(第 3 版),人民出版社 2012 年版。

中文著作:

[1]汪建成:《理想与现实——刑事证据理论的新探索》,北京大学出版社 2006 年版。

[2]卞建林主编:《刑事证明理论》,中国人民公安大学出版社2004年版。

[3]陈瑞华:《刑事证据法学》,北京大学出版社2012年版。

[4]陈光中:《陈光中法学文选》(第1卷),中国政法大学出版社2010年版。

[5]沈宗灵主编:《法理学》(第4版),北京大学出版社2014年版。

[6]陈光中主编:《证据法学》(第4版),法律出版社2019年版。

[7]王亚新:《对抗与判定——日本民事诉讼的基本结构》,清华大学出版社2002年版。

[8]由嵘:《日耳曼法简介》,法律出版社1987年版。

[9]徐益初、肖贤富编著:《刑事诉讼证据学基础知识》,法律出版社1983年版。

[10]张启安、李秀珍主编:《西方文明史》(第2版),西安交通大学出版社2014年版。

[11]汪海燕:《刑事诉讼法律移植研究》,中国政法大学出版社2015年版。

[12]何家弘主编:《外国证据法》,法律出版社2003年版。

[13]王天思:《理性之翼:人类认识的哲学方式》,人民出版社2002年版。

[14]陈一云主编:《证据学》(第4版),中国人民大学出版社2010年版。

[15]卞建林、谭世贵主编:《证据法学》(第3版),中国政法

大学出版社 2014 年版。

[16]张保生主编:《证据法学》(第 2 版),中国政法大学出版社 2014 年版。

[17]张泽涛:《刑事审判与证明制度研究》,中国检察出版社 2005 年版。

[18]樊崇义等:《刑事诉讼法修改专题研究报告》,中国人民公安大学出版社 2004 年版。

[19]杨奉琨校释:《疑狱集 折狱龟鉴校释》,复旦大学出版社 1988 年版。

[20](唐)长孙无忌等撰:《唐律疏议》,中国政法大学出版社 2013 年版。

[21]公丕祥主编:《近代中国的司法发展》,法律出版社 1999 年版。

[22]何家弘、刘品新:《证据法学》,法律出版社 2004 年版。

[23]陈瑞华:《刑事诉讼的前沿问题》(第 4 版),中国人民大学出版社 2013 年版。

[24]陈光中主编:《刑事诉讼法》(第 5 版),北京大学出版社、高等教育出版社 2013 年版。

[25]龙宗智、杨建广主编:《刑事诉讼法》(第 5 版),高等教育出版社 2016 年版。

[26]李玉华等:《诉讼证明标准研究》,中国政法大学出版社 2010 年版。

[27]赖早兴:《证据法视野中的犯罪构成研究》,湘潭大学出版社 2010 年版。

[28]江伟主编:《证据法学》,法律出版社1999年版。

[29]秦宗文:《自由心证研究——以刑事诉讼为中心》,法律出版社2007年版。

[30]邓子滨:《刑事法中的推定》,中国人民公安大学出版社2003年版。

[31]龙宗智:《上帝怎样审判》(增补本),法律出版社2006年版。

[32]陈兴良主编:《犯罪论体系研究》,清华大学出版社2005年版。

[33]朱雁冰:《耶稣会与明清之际中西文化交流》,浙江大学出版社2014年版。

[34]季卫东:《法律程序的意义》(增订版),中国法制出版社2012年版。

[35]张卫平:《诉讼构架与程式——民事诉讼的法理分析》,清华大学出版社2000年版。

[36]吴宏耀:《诉讼认识论纲——以司法裁判中的事实认定为中心》,北京大学出版社2008年版。

[37]王敏远:《一个谬误、两句废话、三种学说——对案件事实及证据的哲学、历史学分析》,中国政法大学出版社2013年版。

[38]谢安平、郭华:《刑事证据的争鸣与探索——新刑事诉讼法证据问题的展开》,法律出版社2013年版。

[39]王天民:《实质真实论》,法律出版社2013年版。

[40]何家弘主编:《刑事诉讼中科学证据的审查规则与采信标准》,中国人民公安大学出版社2014年版。

[41]李红海:《普通法的历史解读——从梅特兰开始》,清华大学出版社 2003 年版。

[42]顾准:《从理想主义到经验主义》,光明日报出版社 2013 年版。

[43]梁启超:《梁启超论中国法制史》,商务印书馆 2012 年版。

[44]蔡万进:《张家山汉简〈奏谳书〉研究》,广西师范大学出版社 2006 年版。

[45]张晋藩:《中国法律的传统与近代转型》,法律出版社 1997 年版。

[46]瞿同祖:《中国法律与中国社会》,中华书局 1981 年版。

[47]吴宏耀、郭恒编校:《1911 年刑事诉讼法律(草案)——立法理由、判决例及解释例》,中国政法大学出版社 2011 年版。

[48]尤志安:《清末刑事司法改革研究——以中国刑事诉讼制度近代化为视角》,中国人民公安大学出版社 2004 年版。

[49]陈瑞华:《程序性制裁理论》(第 3 版),中国法制出版社 2017 年版。

[50]李猛编:《韦伯:法律与价值》,上海人民出版社 2001 年版。

[51]杜汝楫主编:《法律专业形式逻辑》,群众出版社 1983 年版。

[52]何雪勤主编:《形式逻辑学》,辽宁人民出版社 1985 年版。

[53]何家弘编著:《外国犯罪侦查制度》,中国人民大学出版

社 2001 年版。

[54]洪浩:《检察权论》,武汉大学出版社 2001 年版。

[55]舒国滢:《在法律的边缘》(第 2 版),中国法制出版社 2016 年版。

[56]洪浩:《法律解释的中国范式 造法性司法解释研究》,北京大学出版社 2017 年版。

外文著作:

[1]Stephen, James Fitzjames, *A History of the Criminal Law of England*, Routledge, 1996.

[2]Barbara Shapiro, *Beyond Reasonable Doubt and Probable Cause: Historical Perspectives on the Anglo-American Law of Evidence*, University of California Press, 1991.

[3]J. Wigmore, *A Treatise on the System of Evidence in Trial at Common Law*, 3 ed., Gaunt, 2003.

[4]Michael Hirst, *Jurisdiction and the Ambit of the Criminal Law*, in Oxford Monographs on Criminal Law and Criminal Justice, Oxford University Press, 2003.

期刊论文:

[1]张卫平:《证明标准建构的乌托邦》,载《法学研究》2003 年第 4 期。

[2]何家弘:《司法证明标准与乌托邦——答刘金友兼与张卫平、王敏远商榷》,载《法学研究》2004 年第 6 期。

[3]樊崇义:《客观真实管见——兼论刑事诉讼证明标准》,载《中国法学》2000年第1期。

[4]黄胜、曹瑜:《重建我国刑事诉讼证明标准确有必要》,载《法学杂志》2007年第6期。

[5]任伊珊、田应朝:《对"以事实为根据"的再认识》,载《政法论坛》1999年第1期。

[6]阮丹生、杨正彤:《从系统论的观点看诉讼活动中的客观真实与法律真实》,载《法学杂志》2003年第3期。

[7]卞建林、郭志媛:《刑事证明主体新论——基于证明责任的分析》,载《中国刑事法杂志》2003年第1期。

[8]张弢、王敏远:《刑事诉讼法学研究述评》,载《法学研究》2002年第1期。

[9]陈瑞华:《刑事诉讼中的司法证明规则》,载《法学论坛》2003年第4期。

[10]闵春雷:《刑事诉讼中的程序性证明》,载《法学研究》2008年第5期。

[11]王亚新:《刑事诉讼中发现案件真相与抑制主观随意性的问题——关于自由心证原则历史和现状的比较法研究》,载《比较法研究》1993年第2期。

[12]张斌:《论英美刑事证明标准的神学渊源及启示——以"怀疑"的道德蕴涵为中心》,载《清华法学》2009年第5期。

[13]张斌:《英美刑事证明标准的理性基础——以"盖然性"思想解读为中心》,载《清华法学》2010年第3期。

[14]吴泽勇:《"正义标尺"还是"乌托邦"?——比较视野中的民事诉讼证明标准》,载《法学家》2014年第3期。

[15]陈瑞华:《刑事证明标准中主客观要素的关系》,载《中国法学》2014 年第 3 期。

[16]林喜芬:《证明理性化与刑事定罪标准之调整——基于防控司法错误的视角》,载《法制与社会发展》2011 年第 1 期。

[17]熊秋红:《对刑事证明标准的思考——以刑事证明中的可能性和确定性为视角》,载《法商研究》2003 年第 1 期。

[18]成凯:《在情理推断与证据裁量之间:论中国疑罪从无的实现》,载《河北大学学报(哲学社会科学版)》2007 年第 6 期。

[19]张昊:《也论刑事证明标准的确立》,载《法学评论》2001 年第 5 期。

[20]李学宽、汪海燕、张小玲:《论刑事证明标准及其层次性》,载《中国法学》2001 年第 5 期。

[21]龙宗智:《我国刑事诉讼的证明标准》,载《法学研究》1996 年第 6 期。

[22]龙宗智:《"确定无疑"——我国刑事诉讼的证明标准》,载《法学》2001 年第 11 期。

[23]龙宗智:《印证与自由心证——我国刑事诉讼证明模式》,载《法学研究》2004 年第 2 期。

[24]陈兴良:《犯罪论体系的位阶性研究》,载《法学研究》2010 年第 4 期。

[25]万毅、刘沛谞:《刑事审限制度之检讨》,载《法商研究》2005 年第 1 期。

[26]刘宪权:《论罪刑法定原则的内容及其基本精神》,载《法学》2006 年第 12 期。

[27]陈兴良:《罪刑法定司法化研究》,载《法律科学(西北政

法学院学报)》2005 年第 4 期。

[28]陈瑞华:《司法权的性质——以刑事司法为范例的分析》,载《法学研究》2000 年第 5 期。

[29]陈瑞华:《程序性制裁制度的法理学分析》,载《中国法学》2005 年第 6 期。

[30]张明仓:《怀疑方法:一种创造性思维方法》,载《学习与探索》2001 年第 6 期。

[31]陈光中、李玉华、陈学权:《诉讼真实与证明标准改革》,载《政法论坛》2009 年第 2 期。

[32]杨文革:《论刑事诉讼中的"真实"》,载《环球法律评论》2007 年第 3 期。

[33]陈学权:《刑事错案的三重标准》,载《法学杂志》2005 年第 4 期。

[34]张保生:《刑事错案及其纠错制度的证据分析》,载《中国法学》2013 年第 1 期。

[35]陈卫东:《司法责任制改革研究》,载《法学杂志》2017 年第 8 期。

[36]凌斌:《法官如何说理:中国经验与普遍原理》,载《中国法学》2015 年第 5 期。

[37]万毅:《论无证据能力的证据——兼评我国的证据能力规则》,载《现代法学》2014 年第 4 期。

[38]宋远升:《精英化与专业化的迷失——法官员额制的困境与出路》,载《政法论坛》2017 年第 2 期。

[39]陈永生:《刑事诉讼的程序性制裁》,载《现代法学》2004

年第 1 期。

[40]高艳东:《现代刑法中报复主义残迹的清算》,载《现代法学》2006 年第 2 期。

[41]龙宗智:《刑事印证证明新探》,载《法学研究》2017 年第 2 期。

[42]张保生:《事实、证据与事实认定》,载《中国社会科学》2017 年第 8 期。

[43]张继成:《命题获得证据地位的内在逻辑》,载《中国法学》2011 年第 4 期。

[44]左卫民:《时间都去哪儿了——基层法院刑事法官工作时间实证研究》,载《现代法学》2017 年第 5 期。